Classroom in a Book

Adobe GoLive 4.0

Classroom in a Book

Adobe GoLive 4.0

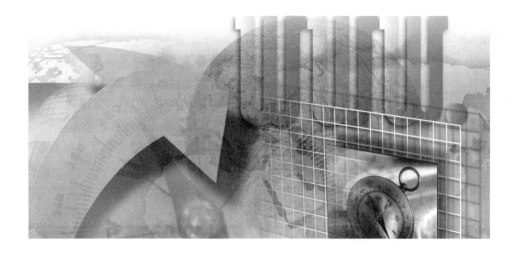

Markt+Technik Verlag

Die Deutsche Bibliothek – CIP-Einheitsaufnahme

Ein Titeldatensatz für diese Publikation ist
bei der Deutschen Bibliothek erhältlich.
ISBN 3-8272-5743-3

Die Informationen in diesem Produkt werden ohne Rücksicht auf einen eventuellen Patentschutz veröffentlicht.
Warennamen werden ohne Gewährleistung der freien Verwendbarkeit benutzt.
Bei der Zusammenstellung von Texten und Abbildungen wurde mit größter Sorgfalt vorgegangen.
Trotzdem können Fehler nicht vollständig ausgeschlossen werden.
Verlag, Herausgeber und Autoren können für fehlerhafte Angaben und deren Folgen
weder eine juristische Verantwortung noch irgendeine Haftung übernehmen.
Für Verbesserungsvorschläge und Hinweise auf Fehler sind Verlag und Herausgeber dankbar.

Titel der amerikanischen Originalausgabe: Adobe GoLive 4.0 – Classroom in a book
© 2000 by Adobe Systems Incorporated

Alle Rechte vorbehalten, auch die der fotomechanischen Wiedergabe und der Speicherung in elektronischen Medien.
Die gewerbliche Nutzung der in diesem Produkt gezeigten Modelle und Arbeiten ist nicht zulässig.

10 9 8 7 6 5 4 3 2 1
03 02 01 00

ISBN 3-8272-5743-3

© 2000 by Markt+Technik Verlag,
ein Imprint der Pearson Education Deutschland GmbH
Martin-Kollar-Str. 10-12, 81829 München/Germany
Einbandgestaltung: Adobe Press
Lektorat: Cornelia Karl, ckarl@pearson.de
Herstellung: Anna Plenk, aplenk@pearson.de
Übersetzung und Satz: Frank Baeseler, Börm
Druck: Kösel, Kempten, (www.KoeselBuch.de)
Dieses Produkt wurde mit Adobe FrameMaker, Adobe Photoshop und Adobe Illustrator
auf dem Macintosh erstellt und auf chlorfrei gebleichtem Papier gedruckt.
Printed in Germany

Inhalt

Einführung 9

Über dieses Buch 9
Voraussetzungen 10
Systemanforderungen 10
Installieren des Programms 11
Kopieren der Classroom-in-a-Book-Dateien 11
Weitere Unterlagen 12
Fehlersuche unter Mac OS 12
Adobe-Zertifizierung 13

Eine Tour durch Adobe GoLive

Vorbereitungen 16
Erstellen einer neuen WebSite 17
Hinzufügen von Dateien durch Drag&Drop 21
Entwerfen einer Webseite 23
Anzeigen von Webseiten in Adobe GoLive 34
Erstellen einer zweiten Webseite 35
Hinzufügen einer vorgefertigten Webseite
und ihrer Animation 42
Erstellen von Hyperlinks 46
Verwalten von Sites 50
Ansehen und Ausprobieren von Dateien 52

Mit Text arbeiten

Lektion 1.................................... 55
Vorbereitungen 56
Entwerfen der Webseite 57
Hinzufügen von Text 62
Formatieren von Text 63
Erzeugen von Listen 65
Erzeugen eines Zeilenumbruches 67
Ändern der Textfarbe 68
Hinzufügen von Tabellen 69
Hinzufügen von Zeichensätzen 79

	Bearbeiten von Text 81
	Vorschau der Webseite in Adobe GoLive 83
	Eigene Übungen 84
	Fragen und Antworten 87
Entwerfen von Webseiten	**Lektion 2**................................... **91**
	Vorbereitungen 92
	Eine neue WebSite erzeugen 94
	Hinzufügen von Dateien zu einer WebSite 95
	Erzeugen einer dynamischen Komponente 98
	Entwerfen der Homepage 110
	Entwurf der Appraisal-Seite aktualisieren 120
	Entwerfen der Seite *Hottest Buy* **123**
	Bearbeiten einer dynamischen Komponente 130
	Die Webseiten in der Adobe-GoLive-Vorschau betrachten . 132
	Eigene Übungen 132
	Fragen und Antworten 135
Verknüpfungen	**Lektion 3**................................... **139**
	Einführung in Verknüpfungen 141
	Vorbereitungen 141
	Öffnen einer WebSite 142
	Erzeugen einer Verknüpfung mit einer Grafik 144
	Erzeugen von Ankern 150
	Erzeugen von Hypertext-Verknüpfungen 154
	Erzeugen einer Aktion 162
	Verwenden von anwählbaren Bildkarten 164
	Voreinstellungen von Hyperlink-Warnungen 173
	Reparieren von fehlerhaften Verknüpfungen 173
	Überprüfen von Verknüpfungen 175
	Fragen und Antworten 176
Arbeiten mit Frames	**Lektion 4**................................... **183**
	Frame-Sets 184
	Vorbereitungen 185

	Erzeugen eines Frame-Sets 187
	Hinzufügen eines Frame-Sets 188
	Frame-Set ändern 189
	Frame für den Hauptinhalt einrichten 192
	Hinzufügen, Verschieben und Löschen von Frames 195
	Hinzufügen von Inhalt in Frames 196
	Erzeugen von Ziel-Verknüpfungen 199
	Erzeugen einer Verknüpfung zurück auf die Homepage . . 200
	Verknüpfen des Frame-Sets mit Ihrer Homepage 201
	Fragen und Antworten 202
Animationen	**Lekton 5** **207**
	Vorbereitungen 208
	Erzeugen von Maus-Rollover-Effekten 209
	Arbeiten mit Rahmen 213
	Animieren von Rahmen 220
	Animieren von mehreren Rahmen 227
	Aktionen 233
	Fragen und Antworten 241
Formulare	**Lektion 6** **245**
	Vorbereitungen 246
	Formulare 248
	Erstellen eines Formularabschnittes 250
	Verwenden der Registerkarte »Magazin« in der Palette zum Ablegen und Hinzufügen von Objekten 260
	Hinzufügen eines Bildes über zwei Spalten 262
	Hinzufügen von Auswahlfeldern 264
	Ändern einer Auswahlliste 267
	Hinzufügen eines Eingabebildes 269
	Hinzufügen einer »Formular zurücksetzen«-Schaltfläche . 271
	Ändern des Haupttabellenrandes und des Zellabstandes . 272
	Einrichten einer Tabulatorfolge 272
	Fragen und Antworten 276

Verwenden von Cascading Style Sheets

Lektion 7.................................281
Vorbereitungen 282
Stylesheets 283
Erkunden eines internen Stylesheets 286
Erzeugen eines Stylesheets 299
Speichern und Verknüpfen eines Stylesheets 301
Erzeugen eines Klassen-Styles 304
Duplizieren eines Styles 306
Ändern der Hintergrundfarbe 307
Voransicht der Ergebnisse in aktuellen Browsern 310
Eigene Übungen 312
Fragen und Antworten 314

Aufbau von WebSites

Lektion 8.................................319
WebSite-Aufbau mit Adobe GoLive 320
Vorbereitungen 321
Importieren einer vorhandenen Site in Adobe GoLive 323
Erkunden der Site im Site-Fenster 324
Erkunden des erweiterten Site-Fensters 327
Reparatur von Fehlern 329
Verwalten von Ordnern 335
Hinzufügen von neuen Seiten zu Ihrer Site 339
Verwenden des Site-Papierkorbes 342
Navigation in der Struktur-Ansicht 343
Erzeugen neuer Seiten in der WebSite-Ansicht 352
Ändern aller Hyperlink-Verknüpfungen
und Datei-Referenzen 357
Importieren von Ressourcen und Entfernen
von unbenutzten Ressourcen 359
Eigene Übungen 361
Fragen und Antworten 363

Index......................................365

Einführung

Willkommen zu Adobe® GoLive™ – der Universal-Lösung für Website-Design und -Management. Mit Adobe GoLive können Sie Websites mit hoher Genauigkeit entwerfen und gestalten und Ihre Site-Ressourcen mit leistungsfähigen Werkzeugen verwalten und aktualisieren.

Dazu gehört der Umgang mit umfangreichem Text, das Platzieren von Bildern und das Einbetten von häufig benötigten Objekten. Darüber hinaus können Sie Ihre Seiten und Seitenbestandteile durch Hyperlinks miteinander verbinden.

Adobe GoLive ermöglicht Ihnen den Zugriff auf vorgefertigte Frames, die Sie schnell nach Ihren Vorstellungen anpassen können und mit denen Sie den Aufbau und das Layout Ihrer WebSite leicht gliedern können. Mit schnell und einfach zu erzeugenden Formularen sind Sie in der Lage, Daten über das Internet zu erfassen.

Außerdem können Sie auf einfache Weise Webseiten mit den neuesten Multimedia-Funktionen entwickeln, wie zum Beispiel Cascading Style Sheets (CSS) zum Formatieren von Text oder Dynamic HTML für das Animieren Ihrer Sites, und mit JavaScript arbeiten.

Über dieses Buch

Adobe GoLive 4.0 Classroom in a Book® gehört zu den offiziellen Trainingsbüchern für Adobe-Grafik- und Satzprogramme und wurde von Experten im Hause Adobe Systems entwickelt. Die Lektionen sind so angelegt, dass Sie Ihren Lernrhythmus selber bestimmen können. Wenn Sie mit Adobe GoLive noch nicht vertraut sind, werden Sie alle wichtigen Grundlagen und Möglichkeiten kennen lernen, die Sie für die Arbeit mit dem Programm benötigen. Arbeiten Sie bereits mit Adobe GoLive, finden Sie in *Classroom in a Book* viele weiter gehende Techniken und Tipps für das Arbeiten mit der neuen Version.

Obwohl in jeder Lektion Schritt-für-Schritt-Anweisungen für das Erstellen eines bestimmten Projekts gegeben werden, gibt es viele Möglichkeiten für eigene Experimente. Sie können das Buch von Anfang bis Ende durcharbeiten oder sich nur die Lektionen vornehmen, für die Sie sich interessieren. Alle Lektionen werden mit Fragen und Antworten zum jeweiligen Lernstoff abgeschlossen.

Voraussetzungen

Bevor Sie mit *Adobe GoLive 4.0 Classroom in a Book* beginnen, sollten Sie mit dem Betriebssystem Ihres Computers vertraut sein. Sie sollten wissen, wie mit der Maus und den standardmäßigen Menüs und Befehlen umgegangen wird. Ihnen sollte außerdem bekannt sein, wie man Dateien öffnet, speichert und schließt. Um diese Techniken noch einmal aufzufrischen, können Sie die Dokumentation lesen, die mit Ihrem Computer ausgeliefert wurde. Außerdem muss Adobe GoLive 4.0 auf Ihrem Computer installiert sein. Das Programm ist nicht Bestandteil dieses Buches und befindet sich auch nicht auf der beigefügten CD. Um eine Vorschau der Webseiten ansehen zu können, benötigen Sie einen Webbrowser, der mit Netscape® Navigator® 4.0 oder höher bzw. Microsoft® Internet Explorer® 4.0 oder höher kompatibel ist.

Systemanforderungen

Vergewissern Sie sich, dass Ihr Computer und das Betriebssystem korrekt eingerichtet sind, bevor Sie beginnen, mit *Adobe GoLive 4.0 Classroom in a Book* zu arbeiten. Für die Arbeit mit Adobe GoLive benötigen Sie die folgende Hardware und Software:

Windows

- 200 MHz Pentium® oder vergleichbarer Prozessor
- Windows 98 oder Windows NT® 4.0 (oder höher) mit Service Pack 3
- 24 MB Arbeitsspeicher (RAM)
- 30 MB Festplattenspeicher
- Internet Explorer 4.0

Mac OS

- Apple® Power Macintosh® oder 100 % kompatibler Computer
- 24 MB (Minimum) freier Arbeitsspeicher (RAM) (32 MB wird empfohlen)
- 30 MB Festplattenspeicher
- Mac OS 8.0 oder höher

Abspielen und Bearbeiten von Movies

Adobe GoLive ermöglicht Ihnen unter Windows oder Mac OS das Abspielen und Bearbeiten von Movies. Damit Sie Movies abspielen können, benötigen Sie außerdem die folgende Hardware und Software:

- Unter Windows müssen Sie sowohl eine geeignete Sound- als auch eine geeignete Videokarte in Ihrem Computer eingebaut haben. Außerdem benötigen Sie das Programm Apple QuickTime® 3.0 oder höher
- Unter Mac OS benötigen Sie Apple QuickTime 3.0 oder höher

Das Programm *QuickTime* lässt sich optional mit dem Adobe-GoLive-Installationsprogramm installieren.

Installieren des Programms

Sie müssen Adobe GoLive 4.0 gesondert erwerben. Sie finden alle erforderlichen Informationen für die Programminstallation in der Einführung im *Adobe GoLive 4.0 Handbuch*.

Kopieren der Classroom-in-a-Book-Dateien

Die CD *Classroom in a Book* enthält Verzeichnisse mit allen elektronischen Dateien für die Lektionen dieses Buchs. Jede Lektion besitzt einen eigenen Ordner. Sie müssen diese Ordner auf Ihrer Festplatte installieren, um Zugriff auf die Dateien zu erhalten. Um Speicherplatz zu sparen, können Sie den Ordner für die jeweilige Lektion auch erst bei Bedarf einrichten.

1 Legen Sie die CD *Adobe GoLive Classroom in a Book* in Ihr CD-ROM-Laufwerk.

2 Legen Sie ein Verzeichnis bzw. einen Ordner mit dem Namen **AG4_CIB** auf Ihrer Festplatte an.

3 Führen Sie einen der folgenden Schritte aus:

- Kopieren Sie den Ordner *Lessons* in das Verzeichnis **AG4_CIB**.
- Kopieren Sie nur die jeweils benötigte Lektion in den Ordner *Lessons* auf Ihrer Festplatte.

Weitere Unterlagen

Adobe GoLive 4.0 Classroom in a Book ist nicht als Ersatz für die mit Adobe GoLive gelieferte Dokumentation gedacht, da im vorliegenden Buch nur Befehle und Optionen für die jeweiligen Beispiele erläutert werden. Ausführliche Informationen über alle Programmfunktionen finden Sie in folgenden Unterlagen:

- *Adobe GoLive Handbuch*. Das Handbuch gehört zum Lieferumfang von Adobe GoLive und umfasst die vollständige Beschreibung aller Programmfunktionen.

- Die *Adobe Website*, die Sie im World Wide Web mit dem Befehl **Datei: Adobe Online** besuchen können.

Fehlersuche unter Mac OS

Falls Sie mit dem Macintosh-Betriebssystem (Mac OS) arbeiten, müssen Sie zwei Voreinstellungen (Preferences) überprüfen. Die erste betrifft die Shareware-Applikation *Internet Config*, die bei der Verwaltung Ihrer Interneteinstellungen hilft. Die zweite betrifft Apples *Navigation Services System Enhancement*.

Internet Config

Es besteht ein Konflikt zwischen Adobe GoLive 4.0 und Internet Config. Adobe empfiehlt, dass Sie die Option »Internet Config benutzen« nicht auswählen. Diese Option ist per Voreinstellung nicht ausgewählt, aber es gibt drei Stellen, die Sie überprüfen sollten:

- Überprüfen Sie **Bearbeiten: Voreinstellungen: Allgemein: Dateien öffnen: Internet Config benutzen**

- Überprüfen Sie **Bearbeiten: Voreinstellungen: Netzwerk: Internet Config Einstellungen: Immer benutzen**

- Überprüfen Sie **Bearbeiten: Voreinstellungen: Netzwerk: FTP Übertragung: Immer benutzen**

Die Option »Internet Config benutzen« bzw. »Immer benutzen« darf in keiner der drei Voreinstellungen angewählt sein. Bei der Arbeit mit Adobe GoLive 4.0 können Leistungsprobleme auftreten, wenn auch nur eine dieser drei Voreinstellungen angewählt ist.

Navigation Services

Navigation Services verändern das Aussehen und das Verhalten des Dialogfeldes »Öffnen und Sichern«. Diese Möglichkeit steht immer auf der Systemebene zur Verfügung und lässt sich über eine eigene Anwendung steuern.

Da zwischen Navigation Services und Mac OS 8.5 (und niedriger) Konflikte bestehen, verwenden die Lektionen in diesem Buch die *Navigation Services* nicht. Adobe GoLive 4.0 versucht zwar, per Voreinstellung die Vorteile dieser Erweiterung zu nutzen, aber Adobe empfiehlt dringend, die Option »Navigation Services verwenden« nicht anzuwählen:

Überprüfen Sie **Bearbeiten: Voreinstellungen: Allgemein: Darstellung** und deaktivieren Sie die Option »Navigation Services verwenden«.

Adobe-Zertifizierung

Das Adobe-Zertifizierungsprogramm bietet Anwendern und Schulungszentren die Möglichkeit, ihre Professionalität im Umgang mit dem Programm darzustellen und sich als *Adobe Certified Experts*, *Adobe Certified Instructors* oder *Adobe Authorized Learning Providers* zu qualifizieren. Informationen über dieses Zertifizierungsprogramm finden Sie auf der Website *http://www.adobe.com*.

Eine Tour durch Adobe GoLive

Diese interaktive Tour gibt Ihnen einen Überblick über die wichtigsten Funktionen von Adobe GoLive. Während der Tour erstellen Sie eine WebSite, die eine Startseite und zwei verknüpfte Seiten hat. Diese Seiten enthalten formatierten Text, GIF-Bilder, Rollovers, JavaScripts und sogar Animation.

Schrittweise Anleitung zu den einzelnen in diesem Lehrgang angesprochenen Funktionen finden Sie in den weiteren Kapiteln in diesem Buch. Weitere Anleitungen zur Verwendung von Adobe GoLive finden Sie im *Adobe GoLive 4.0 Handbuch*.

Wichtig: *Bevor Sie Adobe GoLive ausführen, muss das QuickTime 3-Plug-In im Ordner* Plugins *(Windows) bzw. im Ordner* Plug-Ins *(Mac OS) von Adobe GoLive installiert sein. Ohne dieses Plug-In bzw. Zusatzmodul können Sie in Adobe GoLive keine QuickTime-Filme in der Vorschau betrachten.*

Sie benötigen etwa eine Stunde, um die Tour abzuschließen. Sie können den *Tour-*Ordner auf Ihre Festplatte kopieren, um in diesem Ordner dann auch Dateien speichern zu können.

Vorbereitungen

Sehen Sie sich zunächst mit Ihrem Webbrowser eine Kopie der fertiggestellten WebSite an.

1 Starten Sie einen Webbrowser, z. B. Netscape® Communicator™ oder Microsoft Internet Explorer™ 4.0.

Hinweis: *Für einige Funktionen der angezeigten Webseiten ist ein Browser erforderlich, der JavaScript und Dynamic Hyper Text Markup Language (DHTML) unterstützt. Wenn Ihnen kein geeigneter Webbrowser zur Verfügung steht, können Sie einige Elemente der Site Adobe GoLive in der Vorschau betrachten. Weitere Informationen finden Sie unter »Anzeigen von Webseiten in Adobe GoLive« auf Seite 34.*

2 Öffnen Sie die Startseite der Site:

- Unter Windows ist der Pfad *Tour/TEnd/Matchbox Folder/Matchbox/index.html*.

Wichtig: *Unter Windows sind die Systemeinstellungen gegebenenfalls so gesetzt, dass Dateinamenerweiterungen bestimmter Dateitypen verborgen sind. In diesem Fall werden die Dateien* cat.gif*,* cat.jpg *und* cat.html *im Explorer alle als* cat *angezeigt. Ihr System kann außerdem so eingestellt werden, dass bestimmte Dateien wie Plug-Ins und Module, die von Adobe GoLive verwendet werden, verborgen werden. Informationen darüber, wie Sie alle Dateien und Erweiterungen anzeigen können, finden Sie im Benutzerhandbuch Ihres Betriebssystems. Sie sollten diese Einstellungen* ändern, da die Unterscheidung der einzelnen Dateinamen in einigen Schritten sonst möglicherweise schwierig ist.

- Unter Mac OS lautet der Pfad *Tour/TEnd/Matchbox f /Matchbox/index.html*.

3 Klicken Sie auf die Hyperlinks der Webseite *index.html* und sehen Sie sich die Site an.

4 Nachdem Sie sich die WebSite angesehen haben, beenden Sie den Browser.

Erstellen einer neuen WebSite

Jetzt beginnen Sie mit der Erstellung Ihrer eigenen WebSite.

1 Starten Sie Adobe GoLive.

Eine oder mehrere Paletten und eine kontextsensitive Werkzeugleiste werden angezeigt und (abhängig von Ihren Voreinstellungen) wird ein leeres Dokument mit dem Namen *Ohne Titel.html* im Dokumentfenster geöffnet. Das Dokumentfenster kann ein Dokument in verschiedenen Ansichten anzeigen, von reinem HTML-Code bis zur Browser-spezifischen Vorschau. Das Dokument wird aktuell in der Layout-Ansicht angezeigt. Diese Ansicht verwenden Sie, um Ihre Seiten zu bearbeiten.

2 Wenn Sie unter Windows arbeiten, fixieren Sie die Werkzeugleiste unterhalb der Menüleiste.

Da Adobe GoLive eine leere Startseite als Teil der von Ihnen zu erstellenden Site zur Verfügung stellt, benötigen Sie diese unbenannte leere Seite für die Tour nicht.

3 Wenn die Seite *Ohne Titel.html* gerade geöffnet ist, schließen Sie sie. Sie können jetzt eine neue, leere WebSite erstellen.

4 Wählen Sie **Datei: Neue WebSite: Leere WebSite**.

5 Suchen und öffnen Sie den Ordner *Tour*, den Sie auf Ihren Desktop kopiert haben. (Verwenden Sie dazu unter Windows die Schaltfläche »Durchsuchen« und dann das eingeblendete Dialogfeld.)

6 Geben Sie **Matchbox** als »Neuer WebSite Name« ein. Dies ist der Name des Ordners, der die Site enthält. Wählen Sie dann »Ordner anlegen«. Dadurch wird ein Gruppenordner erstellt (in diesem Fall *Matchbox Folder* unter Windows und *Matchbox f* unter Mac OS), der den *Matchbox*-Site-Ordner sowie einen speziellen Datenordner und ein Site-Dokument zur Verwaltung der Site durch Adobe GoLive enthält.

*Hinweis: Wenn Sie Mac OS 8.5 verwenden und den Namen nicht eingeben können, drücken Sie dreimal auf die Tab-Taste und geben Sie den Namen erneut ein. Sie können auch auf »Abbrechen« klicken, um das Dialogfeld zu schließen. Wählen Sie dann **Bearbeiten: Voreinstellungen: Allgemein: Darstellung** und deaktivieren Sie »Use Navigation Services«. Klicken Sie anschließend auf OK und wiederholen Sie die Schritte 4 bis 6.*

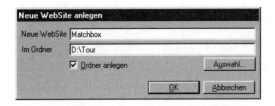

7 Klicken Sie auf OK (Windows) bzw. »Sichern« oder »Wählen« (Mac OS), um die neue WebSite zu erstellen.

ADOBE GOLIVE 4.0 | **19**
Classroom in a Book

Adobe GoLive zeigt ein Site-Fenster an, in dem eine Startseite-Datei mit dem Namen *index.html* bereits sichtbar ist. Mit dem Site-Fenster können Sie Webseiten und Ressourcen Ihrer WebSite verwalten. In der Registerkarte »Dateien« Ihres Site-Fensters wird die Dateistruktur der Site angezeigt.

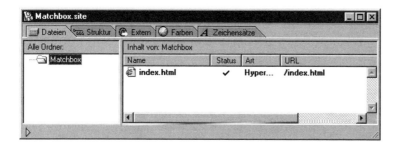

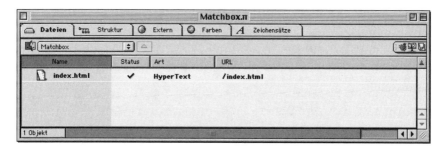

8 Öffnen Sie im Windows Explorer (Windows) oder Finder (Mac OS) im *Tour*-Ordner den neu erstellten Gruppen-Ordner *Matchbox Folder* (Windows) bzw. *Matchbox ƒ* (Mac OS), um dessen Inhalt kennen zu lernen.

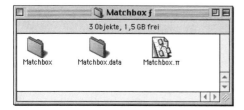

Der Ordner *Matchbox Folder* (Windows) bzw. *Matchbox ƒ* (Mac OS) enthält folgende Ordner und Dateien :

- Im Ordner *Matchbox* werden die Webseiten und Medien, aus denen Ihre WebSite besteht, gespeichert. Wenn Sie die Site hochladen, laden Sie diesen Ordner auf den Server. Der Ordnerinhalt erscheint in der Registerkarte »Dateien« im Site-Fenster. Wenn Sie eine neue Site erstellen, enthält sie bereits eine leere Startseite mit dem Namen *index.html*.

Die Startseite einer WebSite wird üblicherweise *index.html* genannt. Sie wird angezeigt, wenn ein Besucher eine Site aufruft, ohne den Namen einer bestimmten Seite der Site anzugeben. Wenn Sie z.B. den Ordner *Matchbox* auf *www.FirstStrikeMatches.com* laden, erscheint beim Aufrufen von *http://www.FirstStrikeMatches.com/Matchbox* die Datei *index.html*, die im Ordner *Matchbox* liegt.

- Der Ordner *Matchbox.data* enthält Formularblöcke und andere Elemente, die Adobe GoLive verwendet, um Sie bei dem Aufbau und der Verwaltung der WebSite zu unterstützen, die aber nicht als Bestandteile der Site hochgeladen werden müssen.

- Im Dokument *Matchbox.site* (Windows) bzw. *Matchbox.π* (Mac OS) wird der Aufbau Ihrer WebSite aufgezeichnet, damit Sie den Inhalt der Site auf der Registerkarte »Dateien« im Site-Fenster verwalten können. Wenn Sie das Dokument *Matchbox.site* bzw. *Matchbox.π* öffnen, indem Sie darauf doppelklicken oder den Befehl »Öffnen« verwenden, wird das Site-Fenster in Adobe GoLive angezeigt. Diese Dokumente sind keine Bestandteile der WebSite und werden nicht auf den Server geladen.

Hinzufügen von Dateien durch Drag&Drop

Jetzt können Sie beginnen, die WebSite zu strukturieren, indem Sie ihr Dateien hinzufügen. Zuerst fügen Sie einen Ordner mit Bildern und anderen Mediendateien hinzu. Dieser Ordner ist die Quelle für Bilder und Mediendateien, die Sie der WebSite hinzufügen.

1 Wählen Sie im Windows Explorer (Windows) bzw. Finder (Mac OS) den Ordner *Tour/TStart/Media* aus und ziehen Sie ihn vom Desktop in den Ordner *Matchbox* auf der Registerkarte »Dateien« des Site-Fensters.

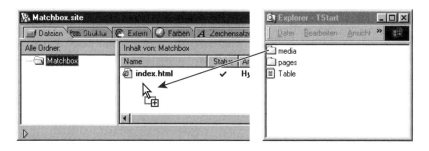

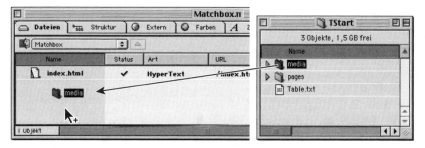

Sie können Dateien entweder über den Desktop Ihres Betriebssystems oder über das Site-Fenster von Adobe GoLive verwalten.

2 Öffnen Sie den Order *Media* im Site-Fenster, um den Inhalt des Ordners anzuzeigen:

- Doppelklicken Sie unter Windows auf den Ordner *Media* im Site-Fenster.

- Klicken Sie unter Mac OS auf den Pfeil neben dem Ordner *Media* im Site-Fenster.

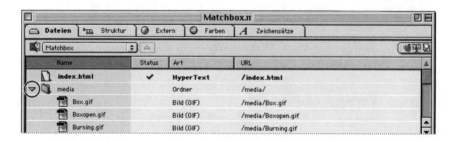

Als Nächstes fügen Sie der Site einen neuen Ordner für die Webseiten, die Sie erstellen, hinzu.

3 Erstellen Sie einen neuen Ordner:

- Klicken Sie unter Windows auf *Matchbox* im linken Fenster des Site-Fensters. Wählen Sie **Site: Neu: Ordner**, um den Ordner zu erstellen.
- Wählen Sie unter Mac OS **Site: Neu: Gruppe**, um den Ordner zu erstellen.

4 Wählen Sie den neuen unbenannten Ordner im Site-Fenster aus und benennen Sie ihn in **Pages** um.

💡 *Die meisten Webserver unterscheiden zwischen Groß- und Kleinschreibung und beschränken die Zeichen, die Sie in Datei- und Ordnernamen verwenden können. Verwenden Sie keine Schrägstriche (/), Leerzeichen oder Und-Zeichen (&). Vermeiden Sie auch Punkte (.), außer als Teil einer Dateinamenerweiterung (z.B. index.html), und Bindestriche (-) als erstes Zeichen eines Datei- oder Ordnernamens. Ihr Webserver stellt möglicherweise weitere Anforderungen.*

Die WebSite besteht jetzt aus der Datei *index.html* (die Startseite Ihrer WebSite) sowie aus zwei Ordnern: dem Ordner *Media*, der einige Bilddateien enthält, und dem noch leeren Ordner *Pages*, den Sie erstellt haben.

Entwerfen einer Webseite

Zuerst öffnen Sie die Startseite *index.html*, die im Site-Fenster angezeigt wird.

1 Öffnen Sie die Webseite *index.html*:

- Wählen Sie unter Windows den Ordner *Matchbox* im Site-Fenster. Doppelklicken Sie auf *index.html*.
- Doppelklicken Sie unter Mac OS im Site-Fenster auf *index.html*.

Damit Sie auf die verschiedenen Fenster und Paletten in Adobe GoLive einfach zugreifen können, platzieren Sie das Dokumentfenster über das Site-Fenster und setzen die Paletten daneben. Unter Mac OS minimieren Sie eine Palette auf Symbolgröße, indem Sie die Befehlstaste gedrückt halten und auf die Titelleiste der Palette klicken oder sie auf die rechte Seite des Schreibtisches ziehen. Klicken Sie auf das Symbol, um die minimierte Palette in Mac OS erneut zu öffnen. Unter Windows fixieren Sie Paletten, indem Sie sie verschieben oder auf ihre Titelleiste doppelklicken. Klicken Sie auf die Doppellinien am oberen Rand der Palette, um die Fixierung aufzuheben. Sie können auch das Dokumentfenster über dem Site-Fenster anordnen und mit Hilfe der Schaltfläche »Zwischen Fenstern wechseln« ( ) in der Werkzeugleiste zwischen den Fenstern wechseln.

Zuerst ändern Sie den Titel der Webseite. Dies ist der Text, der in der Titelleiste eines Webbrowsers angezeigt wird, wenn Ihre Seite aufgerufen wird.

2 Wählen Sie den Text *Willkommen bei Adobe GoLive 4* aus, der neben dem Seitensymbol (▤) oben im Dokumentfenster angezeigt wird. Ersetzen Sie den Text durch den neuen Titel **First Strike Matches**.

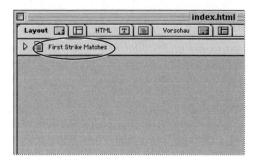

Hinzufügen von Layout und Text

Ein Objekt, das Sie häufig verwenden werden, ist das *Layout-Raster*. Mit Hilfe eines Layout-Rasters können Sie Objekte auf einer Seite pixelgenau ausrichten. Das Layout-Raster kann dabei kürzer als die Seite sein. Es liegt an Ihnen, ob Sie Layout-Raster auf allen Seiten verwenden wollen, aber sie sind zweifellos sehr nützlich.

Das Raster verlängert sich automatisch, um ausreichend Platz für alle Objekte, die Sie in ihm anordnen, zu bieten. Sie können das Raster auch skalieren, indem Sie es auswählen und an einem Anfasser ziehen oder eine präzise Größe festlegen. Das Layout-Raster ist eines der zahlreichen Werkzeuge, die in der Palette verfügbar sind und mit denen Sie Webseiten Elemente hinzufügen können.

1 Wählen Sie, falls erforderlich, **Ansicht** (Windows) bzw. **Fenster** (Mac OS): **Palette**, um die Palette anzuzeigen. Wählen Sie in der Palette die Registerkarte »Elemente« (▣) aus.

2 Ziehen Sie das Symbol *Layout-Raster* von der Palette auf die Webseite.

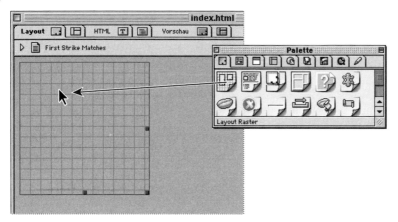

💡 *Wenn Sie den Namen eines Elements aus der Werkzeugleiste oder Palette anzeigen möchten, halten Sie den Mauszeiger darüber. Der Name einer Schaltfläche auf der Werkzeugleiste oder einer Registerkarte in der Palette erscheint neben dem Mauszeiger. Der Name eines Palettensymbols wird unten in der Palette angezeigt.*

Sie können Text direkt und ohne ein Layout-Raster zu verwenden in eine Webseite eingeben, die Sie in Adobe GoLive erstellen. Bei dieser Tour müssen Sie zuerst einen so genannten Layout-Textrahmen auf dem Layout-Raster platzieren. Anschließend können Sie Text in den Layout-Textrahmen eingeben, den Rahmen anpassen und ihn auf dem Raster verschieben, um Aussehen und Position des Textes einfach zu formatieren.

 3 Ziehen Sie das Symbol *Layout-Textrahmen* von der Palette in den linken Bereich des Layout-Rasters.

4 Sie verschieben den Layout-Textrahmen (oder andere Objekte), indem Sie ihn deaktivieren und den Mauszeiger an einen der Ränder bewegen. Wird der Zeiger zur Hand, ziehen Sie den Rahmen.

Hinweis: *Außerdem können Sie ein Objekt auswählen und es jeweils um ein Pixel verschieben, indem Sie die Tasten Strg+Alt (Windows) bzw. die Wahltaste (Mac OS) drücken und die Pfeiltasten betätigen.*

5 Klicken Sie in den Layout-Textrahmen und geben Sie **Welcome to First Strike Matches** ein.

6 Erstellen Sie einen zweiten Absatz mit der Eingabetaste und geben Sie ein: **For answers to your burning questions about our matches, use the links below.**

Sie können Text wie in einem Textverarbeitungsprogramm bearbeiten und formatieren.

7 Wählen Sie den Text *Welcome to First Strike Matches* im Layout-Textrahmen aus.

8 Klicken Sie in der Werkzeugleiste auf die Schalflächen *Zentriert ausrichten* (≡) und *Fett* (F) und wählen Sie **6** aus dem Menü »Schriftgröße« (3).

9 Um den Layout-Textrahmen (oder ein Objekt) zu skalieren, bewegen Sie den Mauszeiger auf einen Anfasser. Erscheint ein heller (nicht schwarzer) Pfeil, ziehen Sie den Rahmen auf die gewünschte Größe.

💡 *Webseiten sollten nicht breiter als der Bildschirm des Besuchers sein. Sie können 580 aus dem Menü am rechten unteren Rand des Dokumentfensters wählen, um die aktuelle Seite mit einer Breite von 580 Pixel anzuzeigen, was der Standardbreite eines 14-Zoll-Monitors entspricht. Dadurch vermeiden Sie, dass Sie Objekte hinzufügen, die zu breit sind, um auf einer Standardseite angezeigt zu werden (z.B. große Banner).*

Hinweis: *Unter Windows erstellt Adobe GoLive neue Seiten standardmäßig mit einer Breite von 520 Pixel. Ändern Sie die Breite dieser Seiten auf 580 Pixel.*

Speichern Sie Ihr Projekt regelmäßig, wenn Sie es über längere Zeit hinweg bearbeiten.

10 Wählen Sie **Datei: Speichern** (Windows) bzw. **Ablage: Sichern** (Mac OS).

Hinzufügen von Farben

Jetzt fügen Sie dem eingegebenen Text und dem Hintergrund der Seite Farbe hinzu.

1 Wählen Sie den Text *Welcome to First Strike Matches* aus, den Sie auf der Webseite eingegeben haben.

2 Wählen Sie, falls erforderlich, **Ansicht:** (Windows) bzw. **Fenster:** (Mac OS) **Farbpalette**, um die Palette anzuzeigen.

Die Farbpalette enthält Registerkarten für die verschiedenen Farbräume. Die am meisten verwendete Registerkarte ist die mit den »Web-sicheren« (auch »Browser-sicheren«) Farben. Sie sollten die Web-sicheren Farben verwenden, da bei diesen Farben kein Dithering (Verschiebung) stattfindet, wenn sie auf Plattformen angezeigt werden, die diese Farbe nicht darstellen können.

3 Klicken Sie in der Farbpalette auf die Registerkarte »Web-sicher« ( ).

4 Wählen Sie eine Farbe aus dem Raster der Beispielfarbfelder oder der Liste oder geben Sie einen Wert in das Textfeld ein. (Wir haben die Farbe FF6633 gewählt.)

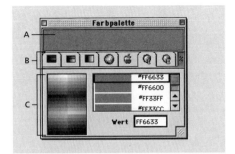

A. Vorschaufenster **B.** Registerkarten für Farbräume **C.** Farbfelder

5 Ziehen Sie die Farbe aus dem Vorschaufenster im oberen Bereich der Farbpalette auf den ausgewählten Text auf der Webseite. Klicken Sie auf eine andere Stelle auf der Webseite, um das Ergebnis zu sehen.

Ändern Sie jetzt die Hintergrundfarbe Ihrer Seite.

6 Wählen Sie aus der Farbpalette eine Hintergrundfarbe. (Wir haben die Farbe 66CCCC gewählt.)

7 Ziehen Sie die Farbe aus dem Vorschaufenster im oberen Bereich der Farbpalette auf das Seitensymbol (▤) in der linken oberen Ecke des Dokumentfensters.

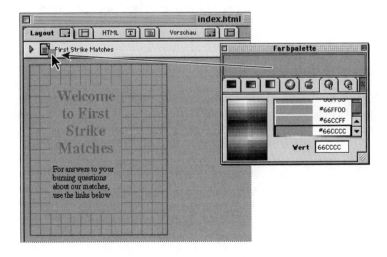

8 Wählen Sie **Datei: Speichern** (Windows) bzw. **Ablage: Sichern** (Mac OS).

Hinzufügen von Bildern

Fügen Sie Ihrem Design Bilder hinzu, um Ihre Webseite optisch ansprechender zu gestalten. In diesem Teil der Tour fügen Sie Ihrer Seite drei Bilder hinzu, indem Sie für jedes Bild einen Platzhalter auf der Seite einfügen und ihn mit einer Bilddatei verknüpfen.

Die Standard-Bildformate für das Web sind *Graphical Interchange Format* (GIF) und *Joint Photographic Experts Group* (JPEG). GIF-Bilder werden normalerweise für Schwarzweiß-Grafiken verwendet, JPEGs für Fotos und andere Bilder mit mehr als 256 Farben. In dieser Tour verwenden Sie GIF-Bilder.

Fügen Sie zuerst einen Platzhalter für das Bild auf der Webseite ein.

1 Wählen Sie das Bildsymbol auf der Palette und ziehen Sie es auf das Layout-Raster rechts neben dem Layout-Textrahmen auf der Webseite. (Falls nicht genügend Platz vorhanden ist, wählen Sie das Layout-Raster und ziehen Sie an einem seiner Anfasser, um es zu vergrößern.)

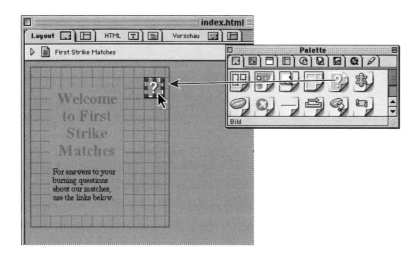

Adobe GoLive stellt eine kontextsensitive Palette mit dem Namen *Inspektor* zur Verfügung. Mit Hilfe dieser Palette ändern Sie Objekte, ohne die Befehle in der Menüleiste zu verwenden. Sie verwenden diese Palette jetzt, um die Bild-Platzhalter zu bearbeiten.

2 Wählen Sie, falls erforderlich, **Ansicht:** (Windows) bzw. **Fenster:** (Mac OS) **Inspektor**, um den Inspektor anzuzeigen.

Da Sie einen Bild-Platzhalter ausgewählt haben, wird der Inspektor als *Bild-Inspektor* angezeigt. Das Textfeld URL zeigt *(Leere Referenz!)* an, da der Bild-Platzhalter auf Ihrer Webseite noch nicht mit einem Bild verknüpft ist.

Jetzt verwenden Sie das Symbol *Point & Shoot*, um den Platzhalter auf der Webseite mit einer Bilddatei im Site-Fenster zu verknüpfen.

3 Klicken Sie auf das Symbol *Point & Shoot* ( ) im Bild-Inspektor und ziehen Sie es auf die Datei *Matchbox.gif* im *Media*-Ordner im Site-Fenster.

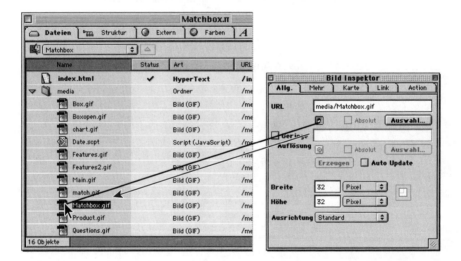

Die Verknüpfung wird erstellt, sobald die Linie von dem Symbol *Point & Shoot* mit dem Bild verbunden und der Dateiname im Site-Fenster hervorgehoben ist.

Das GIF-Bild erscheint jetzt auf der Webseite, und unter URL im Bild-Inspektor wird der relative Bildpfad angezeigt.

4 Um das Layout-Raster zu vergrößern und mehr Bilder einfügen zu können, klicken Sie auf das Raster. Der Inspektor verwandelt sich daraufhin in den *Layout-Raster-Inspektor*. Geben Sie **360** für die »Höhe« ein und klicken Sie auf die Schaltfläche »Eingabe« ( ) auf dem Layout-Raster-Inspektor. Oder drücken Sie die Eingabetaste auf der Tastatur.

5 Ziehen Sie zwei weitere Bild-Symbole aus der Palette und ordnen Sie sie nebeneinander am unteren Rand des Layout-Rasters der Seite an. Sie können andere Objekte auf der Seite verschieben, wenn sie im Weg sind.

6 Wählen Sie den linken leeren Bild-Platzhalter und verwenden Sie den Bild-Inspektor, um ihn mit der Datei *Features.gif* im Site-Fenster zu verknüpfen.

💡 *Sie können auch die Tasten Strg+Alt (Windows) bzw. die Befehlstaste (Mac OS) drücken und dann vom Bild-Platzhalter auf eine Datei im Site-Fenster ziehen. Dieses Verfahren entspricht der Verwendung des Symbols* Point & Shoot *im Inspektor.*

7 Wählen Sie den letzten Platzhalter aus und verknüpfen Sie ihn mit der Datei *Questions.gif*.

Jetzt richten Sie beide Bilder aus.

8 Klicken Sie mit gedrückter Umschalttaste auf beide Bilder.

Der Inspektor wird zum *Mehrfachselektion-Inspektor*.

9 Klicken Sie im Mehrfachselektion-Inspektor auf die Schaltfläche »Oben ausrichten«, um die oberen Kanten der Bilder auszurichten. (Die Schaltfläche ist deaktiviert, wenn die Bilder schon ausgerichtet sind.)

10 Klicken Sie auf die Registerkarte »Verteilen« im Mehrfachselektion-Inspektor. Wählen Sie im Bereich »Horizontal« die Option »Versatz«, geben Sie einen Abstand in Pixel ein (wir haben 60 gewählt) und klicken Sie auf die Schaltfläche »Gleichmäßiger Abstand«.

11 Klicken Sie auf die Schaltfläche »Zentrieren« (   ) in der Werkzeugleiste, um die Bilder zu zentrieren.

12 Wählen Sie **Datei: Speichern** (Windows) bzw. **Ablage: Sichern** (Mac OS).

Hinzufügen von Schlüsselwörtern

Mit Adobe GoLive können Sie Ihrer Webseite Schlüsselwörter hinzufügen. Dieser nicht angezeigte Text wird von Suchmaschinen verwendet, um die Themen Ihrer Seite zu identifizieren. Sie fügen Ihrer Seite jetzt Schlüsselwörter hinzu.

1 Klicken Sie auf das Dreieck neben dem Seitensymbol (▤) im Dokumentfenster, um den Head-Abschnitt anzuzeigen.

2 Klicken Sie auf die Registerkarte »Head« (▭) auf der Palette (die dritte Registerkarte von links).

3 Ziehen Sie das Symbol »Schlüsselwörter« aus der Palette auf den Head-Abschnitt im Dokumentfenster.

Der Inspektor wird zum *Schlüsselwort-Inspektor*.

4 Geben Sie Wörter oder Begriffe im Textfeld am unteren Rand des Schlüsselwort-Inspektors ein. (Wir haben *First Strike Matches* verwendet.)

5 Klicken Sie auf die Schaltfläche »Eingabe« (▣) im Schlüsselwort-Inspektor oder drücken Sie die Eingabetaste auf der Tastatur.

6 Sie können nach Belieben weitere Wörter und Begriffe eingeben.

7 Wenn Sie die Eingabe beendet haben, klicken Sie auf das Dreieck neben dem Seitensymbol, um den Kopfbereich zu schließen.

8 Wählen Sie **Datei: Speichern** (Windows) bzw. **Ablage: Sichern** (Mac OS).

Anzeigen von Webseiten in Adobe GoLive

Sie haben Ihre erste Webseite mit Adobe GoLive fertiggestellt. Sie können die Seite in Adobe GoLive oder in Ihrem Browser in der Vorschau anzeigen lassen. Im Folgenden verwenden Sie Adobe GoLive, um Ihre Webseite in der Vorschau anzeigen zu lassen.

In der Vorschau von Adobe GoLive können nicht alle Objekte einer Webseite angezeigt werden. Adobe GoLive kann z.B. bestimmte JavaScript-Aktionen, Anker und Animationen nicht anzeigen. Aus diesem Grund sollten Sie Seiten direkt im Webbrowser anzeigen lassen.

1 Klicken Sie im Dokument auf die Registerkarte »Vorschau« ( ).

Der Inspektor zeigt den Namen *Layout Einstellungen*. Sie können in dieser Palette definieren, welcher Browser und welche Plattform in der Vorschau emuliert werden sollen. Die Definition einer anderen Plattform ist deshalb nützlich, da die Schriftarten einer Webseite unter Windows meistens größer als unter Mac OS angezeigt werden.

2 Wählen Sie eine Browser-Option aus dem Einblendmenü »Root« in Layout-Einstellungen, z. B. **Explorer 4 (Windows)**, um die Seite so anzuzeigen, wie sie im Internet Explorer 4 unter Windows angezeigt wird. Wechseln Sie zwischen den verschiedenen Optionen des Root-Menüs und sehen Sie sich die Unterschiede in der Vorschau an.

3 Wenn Sie die Vorschau beendet haben, klicken Sie auf die Registerkarte »Layout-Editor« ( ) in Dokumentfenster, um zur Layoutansicht zurückzukehren.

Jetzt legen Sie einen Webbrowser für die Ansicht der Seiten fest.

4 Wählen Sie **Bearbeiten: Voreinstellungen**. Wählen Sie *Browser* aus der Liste auf der linken Seite des Dialogfelds »Voreinstellungen«, um die Voreinstellungen für den Browser anzuzeigen.

5 Klicken Sie auf »Alle finden«, um die Festplatte nach Browsern durchsuchen zu lassen.

6 Wählen Sie den Browser aus der Liste auf der rechten Seite des Dialogfelds und klicken Sie auf OK. Wählen Sie den gewünschten Browser, indem Sie auf das kleine Dreieck des Menüs »Im Browser anzeigen« ( ) auf der Werkzeugleiste klicken. Im Browser wird die aktuelle Seite *index.html* angezeigt.

7 Schließen Sie die Seite *index.html* in Adobe GoLive.

Erstellen einer zweiten Webseite

Jetzt können Sie eine zweite Webseite für die Site erstellen. Die fertige Seite enthält formatierten Text, ein JavaScript-Beispiel und einen QuickTime-Film.

1 Wählen Sie **Datei: Neu**, um eine neue, leere Webseite zu erstellen.

2 Wählen Sie den Text *Willkommen bei Adobe GoLive 4* aus, der neben dem Seitensymbol ( ) oben im Dokumentfenster angezeigt wird. Ersetzen Sie diesen Text durch den neuen Titel **Burning Questions**.

Jetzt ändern Sie die Hintergrundfarbe der Seite.

3 Wählen Sie eine Farbe auf der Farbpalette für den Hintergrund. (Wir haben die Farbe 66CCCC gewählt.)

4 Ziehen Sie die Farbe aus dem Vorschaubereich der Farbpalette auf das Seitensymbol.

5 Wählen Sie **Datei: Speichern**, um diese Seite zu sichern. Nennen Sie das Dokument *Questions.html*, und speichern Sie es in dem für Ihre Site erstellten Ordner *Pages* (*Tour/Matchbox Folder/ Matchbox/Pages* unter Windows bzw. *Tour/Matchbox ƒ /Matchbox/Pages* unter Mac OS).

Kopieren von Design-Elementen von einer Seite auf eine andere

Um die Gestaltung Ihrer Seite zu vereinfachen, kopieren Sie Elemente von einer anderen Seite und verwenden sie als Modell.

1 Wählen Sie **Datei:** (Windows) bzw. **Ablage:** (Mac OS) **Öffnen**.

2 Suchen und öffnen Sie die Datei *Sample.html*, die sich im Ordner *Tour/TStart/Pages* befindet.

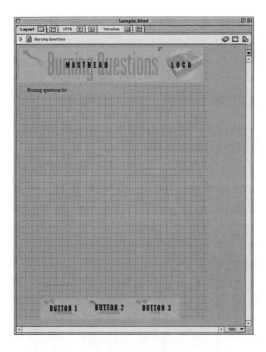

3 Wählen Sie **Bearbeiten: Alles auswählen**. Wählen Sie **Bearbeiten: Kopieren**, um den gesamten Inhalt zu kopieren.

4 Schließen Sie die Seite *Sample.html*.

5 Gehen Sie zur Seite *Questions.html* und wählen Sie **Bearbeiten: Einfügen**, um den Inhalt in diese Seite einzufügen.

Die Bilder in *Questions.html* sind noch mit den Bildern im Ordner *Tour/TStart/Pages/SampleMedia* verknüpft. Jetzt verknüpfen Sie sie mit Bildern im Ordner *Matchbox/Media*.

6 Wählen Sie das Bild mit dem Namen *Masthead* in der Datei *Questions.html* aus.

7 Halten Sie die Tasten Strg+Alt (Windows) bzw. die Befehlstaste (Mac OS) gedrückt und ziehen Sie vom Bild-Platzhalter *Masthead* auf das Bild *Burning.gif* im Site-Fenster. (Dies ist die Tastenkombination, die Sie statt des Symbols *Point & Shoot* im Bild-Inspektor verwenden können.) Die temporäre Grafikvorlage wird durch die spezielle Grafik der Matchbox-Site ersetzt.

8 Wählen Sie das Bild mit dem Namen *Logo* in der Webseite aus.

Der Inspektor wird zum *Feld-Inspektor*.

9 Klicken Sie auf das Symbol *Allgemein* im Bild-Inspektor und ziehen Sie von dem Symbol *Point & Shoot* ( ) auf das Bild *Box.gif* im Site-Fenster.

10 Rollen Sie das Fenster, falls nötig, nach unten, um die Bilder am unteren Rand von *Questions.html* anzuzeigen.

11 Verknüpfen Sie *Button 1* mit dem Bild *Features.gif* im Site-Fenster.

12 Verknüpfen Sie *Button 2* mit dem Bild *Questions.gif*.

13 Verknüpfen Sie *Button 3* mit dem Bild *Main.gif*.

Sie haben jetzt alle Bilder der Seite verknüpft.

14 Wählen Sie **Datei: Speichern** (Windows) bzw. **Ablage: Sichern** (Mac OS).

15 Wählen Sie das Site-Fenster.

16 Klicken Sie auf die Schaltfläche »Aktualisieren« ( ) auf der Werkzeugleiste, um die neuen Hyperlinks einzurichten und die Site zu aktualisieren.

Hinzufügen einer Tabelle und Importieren von Text

Statt eines Layout-Textrahmens verwenden Sie auf dieser Seite eine Tabelle, um Text zu formatieren. Dadurch können Sie die Abstände zwischen den Absätzen besser steuern. Außerdem werden Sie diesmal Text importieren anstatt ihn einzugeben.

1 Klicken Sie in der Palette auf die Registerkarte »Elemente«.

2 Ziehen Sie das Symbol *Tabelle* aus der Palette unter dem Text *Burning Questions for* auf der Seite.

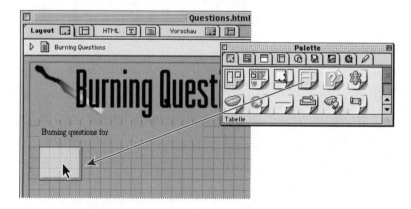

Der Inspektor wird zum *Tabellen-Inspektor*.

3 Geben Sie, während die Tabelle immer noch ausgewählt ist, **450** im Tabellen-Inspektor unter »Breite« ein, um die Tabelle zu verbreitern.

4 Klicken Sie auf die Schaltfläche »Auswahl« im Tabellen-Inspektor, um die Textdatei, die Sie importieren möchten, auszuwählen.

5 Wählen Sie die Datei *Table.txt*, die sich im Ordner *Tour/TStart* befindet.

6 Wählen Sie unter Separator die Option »Tabulator« aus. Klicken Sie auf »Öffnen«, um die Datei in die Tabelle zu importieren.

Beachten Sie, dass der Text über mehrere Zeilen in der ganz links stehenden Spalte verteilt wurde. Sie löschen jetzt die überflüssigen Spalten und formatieren die Tabelle.

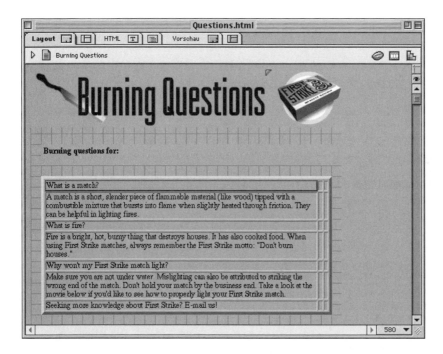

7 Geben Sie im Tabellen-Inspektor **1** unter »Spalten« ein.

8 Geben Sie **0** im Feld »Rand« ein, damit nur der Text angezeigt wird.

9 Geben Sie **5** im Feld »Zellinnenrand« ein, um den Abstand zwischen Text und Tabellenrand zu vergrößern.

10 Wählen Sie den Text *What is a match?* in der ersten Zeile der Tabelle aus. Wählen Sie dann **5** aus dem Menü »Schriftgröße« (3) in der Werkzeugleiste aus, um den Text als Überschrift zu kennzeichnen.

11 Wählen Sie die Texte *What is Fire?* und *Why won't my First Strike match light?* aus und ändern Sie die Größe im Menü »Schriftgröße« ebenfalls auf **5**.

12 Wählen Sie **Datei: Speichern** (Windows) bzw. **Ablage: Sichern** (Mac OS).

Hinzufügen von JavaScript

Jetzt fügen Sie der Seite ein einfaches JavaScript hinzu. Adobe GoLive enthält einen vollständigen JavaScript-Editor. In dieser Tour fügen Sie eine JavaScript-Datei hinzu, die Datum und Uhrzeit anzeigt.

1 Klicken Sie in der Datei hiner dem Text *Burning Questions for*.

2 Ziehen Sie das Symbol *JavaScript* aus der Palette in den Layout-Textrahmen. Der JavaScript-Platzhalter wird angezeigt.

Der Inspektor wird zum *Body-Script-Inspektor*.

3 Klicken Sie in das Optionsfeld »Quelldatei«, um das Symbol *Point & Shoot* ( ) anzuzeigen.

4 Ziehen Sie von *Point & Shoot* auf die Datei *Date.scpt* im Ordner *Media* im Site-Fenster.

Hinzufügen von QuickTime-Filmen

Sie können jedes Multimedia-Element, das von Netscape Navigator oder Microsoft Internet Explorer unterstützt wird, in Adobe GoLive in einer Webseite integrieren. Jetzt fügen Sie der Seite einen QuickTime-Film hinzu.

1 Rollen Sie die Seite, falls nötig, nach unten, um den Bereich zwischen der Tabelle und den Bildern anzuzeigen. Ziehen Sie dann das Symbol *Plug-in* aus der Palette auf diesen Bereich.

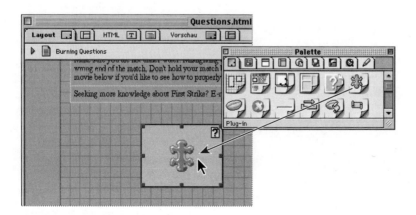

Der Inspektor wird zum *Plug-In-Inspektor*. Sie verbinden jetzt den Plug-In-Platzhalter auf der Webseite mit einem QuickTime-Film im Site-Fenster.

Hinweis: *Das Plug-In QuickTime 3 muss im Ordner* Plugins *(Windows) bzw.* Plug-Ins *(Mac OS) von Adobe GoLive installiert sein, damit die QuickTime-Vorschau angezeigt wird.*

2 Wählen Sie den Platzhalter auf der Webseite aus und ziehen Sie dann von dem Symbol *Point & Shoot* im Plug-In-Inspektor auf den QuickTime-Film *Strike.mov* im Ordner *Media* im Site-Fenster.

Der Titel *Strike* erscheint jetzt im Platzhalter auf der Webseite. Der Inspektor wird zum *Ordner-Inspektor*.

3 Wählen Sie den Plug-In-Platzhalter erneut aus. Der Inspektor wird zum *Plug-In- Inspektor*.

4 Klicken Sie auf die Schaltfläche »QuickTime« im Plug-In-Inspektor.

5 Wählen Sie *Kontrollleiste*, um eine Filmleiste anzuzeigen, wenn ein Besucher den Film abspielt.

6 Deaktivieren Sie die Option »Automatisch abspielen«. So kann ein Besucher wählen, ob er den Film sehen möchte.

7 Wählen Sie den *Plug-In-Platzhalter* aus. Klicken Sie auf »Zentriert ausrichten« ( ) in der Werkzeugleiste, um den Film im Layout-Raster zu zentrieren. (Die Schaltfläche ist deaktiviert, wenn der Film bereits zentriert wurde.)

8 Wählen Sie **Datei: Speichern** (Windows) bzw. **Ablage: Sichern** (Mac OS).

9 Wählen Sie eine der folgenden Möglichkeiten:

- Wählen Sie einen Browser aus dem Menü »Im Browser anzeigen« ( ) in der Werkzeugleiste. Der Browser zeigt die Datei *Questions.html* an. Sie können Datum und Uhrzeit (JavaScript) sehen und den Film abspielen.

- Klicken Sie auf die Registerkarte »Vorschau« im Dokumentfenster, um den Film abzuspielen (allerdings können Sie Datum und Zeit nicht sehen, da JavaScript nicht angezeigt wird).

10 Schließen Sie die Seite *Questions.html* in Adobe GoLive.

Hinzufügen einer vorgefertigten Webseite und ihrer Animation

In diesem Abschnitt der Tour fügen Sie der Site eine bestehende Webseite hinzu und gestalten ihren Inhalt dynamisch, indem Sie Rollovers und Animationen zuweisen.

1 So verschieben Sie die vorgefertigte Seite:

- Verwenden Sie unter Windows den Windows Explorer, um die Seite *Features.html* aus dem Ordner *Tour/TStart/Pages* in den Ordner *Tour/Matchbox Folder/Matchbox/Pages* zu verschieben. (Ziehen Sie sie nicht in das Site-Fenster.)

- Verschieben Sie unter Mac OS im Finder die Seite *Features.html* aus dem Ordner *Tour/TStart/Pages* in den Ordner *Tour/Matchbox f /Matchbox/Pages*. (Ziehen Sie sie nicht in das Site-Fenster.)

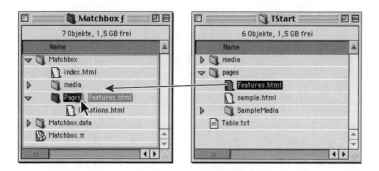

Als Sie vorhin die Seite *Sample.html* in das Site-Fenster zogen, wurden die Hyperlinks so aktualisiert, dass sie noch mit den Originalbildern im Ordner *Tour/TStart/Pages/SampleMedia* verknüpft waren. Daher mussten Sie die Bilder erneut mit den Dateien im Ordner *Tour/Matchbox Folder/Media folder* (Windows) bzw. *Tour/Matchbox f /Media folder* (Mac OS) verknüpfen.

Diesmal werden die Verknüpfungen nicht aktualisiert, da die Datei *Features.html* einfach von einem Ordner in den anderen verschoben wird, ohne ins Site-Fenster gezogen zu werden. Stattdessen sucht die Seite nach Bildern, die sich in einem *Media*-Ordner eine Ebene höher befinden. Da der Ordner *Tour/Matchbox Folder/Matchbox/Media* (Windows) bzw. *Tour/Matchbox f /Matchbox/Media*

(Mac OS) die korrekten Bilder enthält, müssen Sie nur die Seite aktualisieren, damit diese auf der Seite *Features.html* angezeigt werden.

2 Öffnen Sie den Ordner *Pages* im Site-Fenster.

3 Klicken Sie auf die Schaltfläche »Aktualisieren« (✓) in der Werkzeugleiste, um die Site mit der neuen Seite zu aktualisieren. Die neue Seite *Features.html* wird jetzt im Site-Fenster angezeigt.

4 Doppelklicken Sie auf die Seite *Features.html* im Site-Fenster, um die Seite zu öffnen.

Erstellen von Rollovers in Adobe GoLive

Jetzt erstellen Sie ein *Rollover* auf der Seite. Rollovers sind Objekte, die ihr Aussehen verändern, wenn Sie den Mauszeiger über sie bewegen oder auf sie klicken.

Um Zeit zu sparen, wurde bereits ein Feld-Platzhalter aus der Palette auf der Seite eingefügt und ein GIF-Bild einer geschlossenen Zündholzschachtel wurde mit dem Platzhalter verknüpft.

1 Wählen Sie das Bild der Zündholzschachtel aus.

Beachten Sie, dass der Inspektor zum *Feld-Inspektor* wird. Beachten Sie auch, dass das Symbol *Normal* im Feld-Inspektor ausgewählt ist. Dadurch wird angezeigt, dass der Feld-Platzhalter mit der Datei *Box.gif* verknüpft ist, dem Bild, das angezeigt werden soll, wenn sich der Mauszeiger nicht über dem Feld bzw. dem Button befindet.

Jetzt wählen Sie das Bild aus, das angezeigt wird, wenn sich der Mauszeiger über dem Feld befindet.

2 Klicken Sie auf das Symbol *Maus* im Feld-Inspektor. Klicken Sie auf die Schaltfläche neben dem Textfeld, um das Symbol *Point & Shoot* (⬚) zu aktivieren.

3 Ziehen Sie von *Point & Shoot* auf die Datei *Boxopen.gif* im Ordner *Media* im Site-Fenster.

Da Sie sich in der Layout-Ansicht befinden, wird auf der Webseite immer noch das Bild *Normal* für das Rollover angezeigt. Trotzdem erscheint das richtige Bild unter *Maus* im Feld-Inspektor.

4 Wählen Sie **Datei: Speichern** (Windows) bzw. **Ablage: Sichern** (Mac OS).

5 Wählen Sie einen Browser aus »Im Browser anzeigen« (⬚) in der Werkzeugleiste. Der Browser zeigt die Datei *Features.html* an. Bewegen Sie den Mauszeiger über das Feld, um das Rollover anzuzeigen.

6 Wählen Sie anschließend das Dokumentfenster *Features.html* in Adobe GoLive.

Animieren einer Seite

HTML 4.0 erweitert die Option, die Sie zur Erstellung von Webseiten verwenden können, um die *Dynamic Hypertext Markup Language* (DHTML). Mit DHTML können Sie einer Webseite verschiebbare, stapelbare Ebenen namens *Rahmen* hinzufügen, die sich über eine Seite bewegen und so Ihre WebSite animieren. Diese Rahmen können Text, Bilder und sogar JavaScripts enthalten. Im Folgenden animieren Sie eine Seite mit einer Grafik in einem Rahmen.

Hinweis: *Nur Browser, die mit HTML 4.0 kompatibel sind, wie z.B. Microsoft Internet Explorer 4.0 und Netscape Communicator können DHTML-Animationen darstellen.*

Um Zeit zu sparen, wurde der Seite bereits ein Platzhalter für einen Rahmen aus der Palette hinzugefügt. Er enthält einen Bild-Platzhalter, der mit einem GIF-Bild eines Zündholzes verknüpft ist.

Sie können jetzt dem Rahmen Bewegung hinzufügen, so dass er sich von Element zu Element bewegt, wenn ein Besucher diese Seite anschaut.

1 Klicken Sie auf eine Kante des Rahmens, um ihn auszuwählen. Stellen Sie sicher, dass der Rahmen ausgewählt ist, nicht das in ihm enthaltene Bild. Der Rahmen ist ausgewählt, wenn der Mauszeiger sich in eine nach links zeigende Hand verwandelt. (Zeigt die Hand nach oben, ist das Bild ausgewählt.)

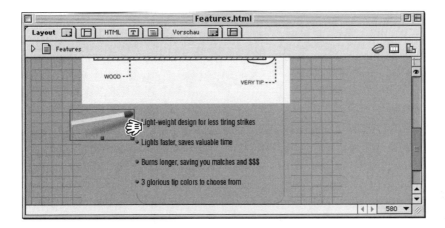

Der Inspektor wird zum *Rahmen-Inspektor*.

2 Klicken Sie auf die Schaltfläche »Aufzeichnen« ( ) im Rahmen-Inspektor, um die Aufnahme zu beginnen.

3 Ziehen Sie den Mauszeiger über den Rahmen, bis die Hand nach links zeigt, und ziehen Sie dann den Rahmen über die Webseite. (Wir haben den Rahmen so verschoben, dass sich das Streichholz durch die Liste der Elemente bewegt.) Lassen Sie die Maustaste los, um die Aufnahme zu stoppen.

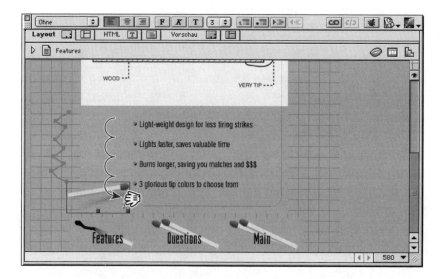

4 Wählen Sie **Datei: Speichern** (Windows) bzw. **Ablage: Sichern** (Mac OS).

5 Klicken Sie auf die Registerkarte »Vorschau« ( ) im Dokumentfenster, um die fertiggestellte Bewegung anzusehen.

6 Klicken Sie auf die Registerkarte »Layout« ( ) im Dokumentfenster, um zur Ansicht Layout zurückzukehren.

7 Schließen Sie die Seite.

Erstellen von Hyperlinks

Sie haben drei Seiten mit unterschiedlichen Inhalten erstellt. Aber bis jetzt kann ein Besucher Ihrer Site nicht von einer Seite auf eine andere gelangen. Daher müssen als nächstes Hyperlinks erstellt werden, die die Seiten untereinander verknüpfen.

Zuerst verknüpfen Sie den Text auf der Seite *index.html*, damit Besucher von dort aus auf die anderen beiden Seiten zugreifen können.

1 Doppelklicken Sie auf die Seite *index.html* im Site-Fenster, um die Seite zu bearbeiten.

2 Wählen Sie auf der Seite *index.html* den Text *burning questions* aus.

Der Inspektor wird zum *Text-Inspektor*.

3 Klicken Sie auf die Schaltfläche »Neuer Hyperlink« ( ) in der Werkzeugleiste.

4 Ziehen Sie von dem Symbol *Point & Shoot* ( ) im Text-Inspektor auf die Datei *Questions.html* im Site-Fenster (Ordner *Pages*). Klicken Sie anschließend auf eine andere Stelle im Dokument, um die Auswahl aufzuheben.

Der Text in der Datei *index.html* ist jetzt blau und unterstrichen, um anzuzeigen, dass er ein Hyperlink ist. Sie haben gerade Ihren ersten Hyperlink in Adobe GoLive erstellt.

5 Wählen Sie **Datei: Speichern** (Windows) bzw. **Ablage: Sichern** (Mac OS).

6 Klicken Sie auf die Registerkarte »Vorschau« ( ) im Dokumentenfenster, um die Seite anzuzeigen.

7 Klicken Sie auf den Text *burning questions*, um den neuen Hyperlink zu testen.

Unter Windows wird die Datei *index.html* durch die Datei *Questions.html* im Dokumentfenster ersetzt. Unter Mac OS wird die Datei *Questions.html* in einem neuen Dokumentfenster über der Datei *index.html* geöffnet.

8 Wählen Sie eine der folgenden Möglichkeiten:

- Klicken Sie unter Windows auf die Registerkarte »Layout« ( ) im Dokumentfenster, um zur Layout-Ansicht der Datei *index.html* zurückzukehren.
- Unter Mac OS schließen Sie die Datei *Questions.html*, die über *index.html* geöffnet wurde, so dass nur die Datei *index.html* angezeigt wird.

Verknüpfen von Bildern

Es kann nicht nur Text verknüpft werden, sondern auch Bilder. Sie verknüpfen jetzt die Felder bzw. Buttons, die Sie auf der Seite *index.html* erstellt haben, mit den Seiten *Features.html* und *Questions.html*.

1 Klicken Sie , falls nötig, auf die Registerkarte »Layout« ( ) im Dokumentfenster, um die Datei *index.html* in der Layout-Ansicht anzuzeigen.

2 Wählen Sie das Bild *Features* auf der Seite *index.html*.

Der Inspektor wird zum *Bild-Inspektor*.

3 Klicken Sie auf die Registerkarte »Link« im Bild-Inspektor.

4 Klicken Sie auf die Schaltfläche »Neuer Hyperlink« ( ) im Bild-Inspektor. Dieser Vorgang entspricht dem Klicken auf die Schaltfläche »Neuer Hyperlink« in der Werkzeugleiste.

5 Ziehen Sie von dem Symbol *Point & Shoot* ( ) im Bild-Inspektor auf die Datei *Features.html* im Site-Fenster.

Das Bild wird blau umrandet, um anzuzeigen, dass es ein Hyperlink ist. Sie werden diese Umrandung entfernen, da diese Schaltfläche bereits deutlich als Hyperlink gekennzeichnet ist. Außerdem wird der Inspektor zum *Ordner-Inspektor*.

6 Wählen Sie das Bild erneut aus. Der Inspektor wird zum *Bild-Inspektor*.

7 Klicken Sie auf die Registerkarte »Mehr« im Bild-Inspektor. Wählen Sie anschließend *Rand*, um dem Bild einen Rand mit der Breite 0 zuzuweisen.

8 Wählen Sie das Bild *Questions.gif* auf der Webseite aus. Erstellen Sie einen Hyperlink und entfernen Sie seinen blauen Rand, indem Sie die gleichen Schritte wiederholen, die Sie für das Bild *Features.gif* verwendet haben. Verknüpfen Sie *Questions.gif* mit der Seite *Questions.html* im Site-Fenster.

9 Wählen Sie **Datei: Speichern** (Windows) bzw. **Ablage: Sichern** (Mac OS).

10 Klicken Sie auf die Registerkarte »Vorschau« ( ) im Dokumentfenster, um sich die Seite anzuschauen.

11 Klicken Sie auf den Hyperlink *Features*, um die Seite *Features.html* zu öffnen.

12 Wählen Sie eine der folgenden Möglichkeiten:

- Unter Windows klicken Sie auf die Registerkarte »Layout« ( ) im Dokumentfenster, um zur Datei *index.html* in der Layout-Ansicht zurückzukehren. Klicken Sie anschließend auf den Hyperlink *Questions*, um die Seite *Questions.html* zu öffnen.

- Unter Mac OS klicken Sie auf den Hyperlink *Questions*, um die Seite *Questions.html* zu öffnen.

13 Schließen Sie alle geöffneten Seiten.

Erstellen von E-Mail-Verknüpfungen

Sie fügen jetzt der Seite *Questions.html* eine Verknüpfung hinzu, die ein E-Mail-Fenster mit einer E-Mail-Adresse öffnet.

1 Doppelklicken Sie auf die Seite *Questions.html* im Site-Fenster, um die Seite zu öffnen.

2 Klicken Sie auf die Registerkarte »Extern« ( ) im Site-Fenster.

Auf der Registerkarte »Extern« können Sie Objekte speichern, die keine Datei sind, wie z.B. *URLs* und *E-Mail-Adressen*. Sie verwenden die Registerkarte »Extern«, um eine E-Mail-Adresse zu speichern.

3 Klicken Sie auf die Registerkarte »Web-Site« ( ) (die fünfte von links) in der Palette. Diese Registerkarte enthält Elemente für Seiten, URLs und E-Mail-Adressen.

4 Ziehen Sie das Symbol *Adresse* aus der Palette auf das Site-Fenster.

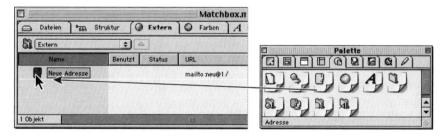

5 Doppelklicken Sie auf das Symbol *Adresse* im Site-Fenster. Der Inspektor wird zum *Referenz-Inspektor*.

6 Geben Sie einen Namen für die Adresse unter *Name* im Referenz-Inspektor ein. Ändern Sie z.B. *Neue Adresse* in **Annes Adresse**. Obwohl die Eingabe eines Namens nicht zwingend erforderlich ist, empfehlen wir Ihnen, einen zu wählen, da dies die Verwaltung einer Site vereinfacht.

7 Geben Sie im Textfeld *URL* eine E-Mail-Adresse nach *mailto:* ein. Ändern Sie z.B. *mailto:untitled@1* in **mailto:AnneSchmidt@meinefirma.de**. Stellen Sie sicher, dass *mailto:* im Textfeld erhalten bleibt und dass zwischen *mailto:* und der E-Mail-Adresse keine Leerzeichen vorhanden sind.

8 Wählen Sie den Text *E-Mail us* am unteren Ende der Frageliste auf der Seite *Questions.html* aus.

9 Klicken Sie auf die Schaltfläche »Neuer Hyperlink« ( ) in der Werkzeugleiste.

Der Hyperlink wird hervorgehoben und unterstrichen. Sie können jetzt den Text in einen Hyperlink zur gerade erstellten E-Mail-Adresse umwandeln.

10 Ziehen Sie von dem Symbol *Point & Shoot* ( ) im Text-Inspektor auf das Adressensymbol im Site-Fenster.

11 Wählen Sie **Datei: Speichern** (Windows) bzw. **Ablage: Sichern** (Mac OS).

12 Wählen Sie einen Webbrowser aus dem Menü »Browser« ( ) in der Werkzeugleiste. Klicken Sie auf die im Browser angezeigte Seite *Questions.html* auf den E-Mail-Hyperlink, um einen E-Mail-Editor aufzurufen.

13 Schließen Sie die Seite *Questions.html* in Adobe GoLive.

Um Zeit zu sparen, werden die übrigen Hyperlinks zur Verfügung gestellt.

Verwalten von Sites

Jetzt ändern Sie den Namen einer Datei und aktualisieren die zugehörigen Hyperlinks. So lernen Sie, eine Site in Adobe GoLive zu verwalten.

1 Klicken Sie auf die Registerkarte »Dateien« im Site-Fenster.

2 Wählen Sie die Datei *Questions.html* im Site-Fenster aus und ändern Sie ihren Namen in *Answers.html*.

Da durch die Änderung des Dateinamens Hyperlinks, die von anderen Seiten auf diese Seite über den alten Namen verweisen, normalerweise ungültig werden, zeigt Adobe GoLive ein Dialogfeld an, in dem Sie alle Hyperlinks aktualisieren können, die von der Namensänderung betroffen sind.

3 Klicken Sie auf OK.

Im Hyperlink-Inspektor können Sie alle Hyperlinks, die auf diese Seite verweisen oder von ihr weggehen, sowie alle eingebetteten Elemente, wie z. B. Bilder, überprüfen.

4 Wählen Sie die Webseite *Answers.html* im Site-Fenster aus.

5 Klicken Sie auf die Schaltfläche »Hyperlinkansicht« ( ) in der Werkzeugleiste, um alle Hyperlinks und eingebetteten Elemente dieser Seite anzuzeigen.

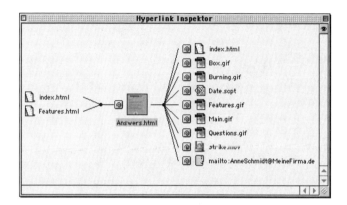

6 Schließen Sie den Hyperlink-Inspektor.

Adobe GoLive stellt auch einen visuellen Überblick über die WebSite zur Verfügung, damit Sie sehen können, wie die Seiten untereinander zusammenhängen.

7 Klicken Sie auf die Registerkarte »Struktur« im Site-Fenster.

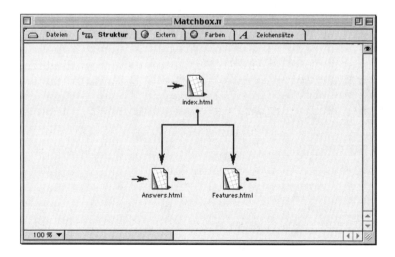

Ihre Webseiten werden grafisch anschaulich in einer Hyperlink-Hierarchie dargestellt, die von der Startseite *index.html* ausgeht. Beachten Sie, dass in dieser Registerkarte keine Ordner-Hierarchie wie auf der Registerkarte *Dateien*, im Windows Explorer (Windows) oder im Finder (Mac OS) angezeigt wird. Dort sehen Sie, dass sich die Dateien *Answers.html* und *Features.html* im Ordner *Pages* befinden.

Ansehen und Ausprobieren von Dateien

Sie haben jetzt die Erstellung einer Site in Adobe GoLive beendet. Sehen Sie sich das Ergebnis im Webbrowser an.

1 Wählen Sie eine der folgenden Möglichkeiten:

- Klicken Sie auf die Registerkarte »Dateien« im Site-Fenster. Doppelklicken Sie auf die Seite *index.html* im Site-Fenster. Wählen Sie anschließend einen Webbrowser aus dem Menü »Im Browser anzeigen« ( ) in der Werkzeugleiste.

- Starten Sie, falls nötig, einen Webbrowser. (Wenn nicht genügend Arbeitsspeicher vorhanden ist, um Adobe GoLive und Ihren Webbrowser auszuführen, beenden Sie Adobe GoLive.) Öffnen Sie dann mit Hilfe des Öffnen-Befehls die Datei *Tour/Matchbox Folder/Matchbox/index.html* (Windows) bzw. *Tour/Matchbox f /Matchbox/index.html* (Mac OS).

- Klicken Sie auf die Hyperlinks-Webseite *index.html* und erforschen Sie die Site, die Sie gerade erstellt haben.

Lektion 1

1 | Mit Text arbeiten

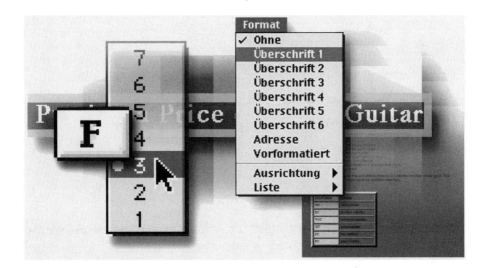

Mit Adobe GoLive können Sie einer Seite Text auf unterschiedliche Weise zufügen und beispielsweise direkt in das Dokumentfenster schreiben. Ist der Text einmal eingegeben, können Sie ihn einfach formatieren und einfärben. Außerdem können Sie Tabellen verwenden, um den Textumbruch auf einer Seite zu beeinflussen oder um Daten oder andere Informationen in Reihen und Spalten darzustellen.

LEKTION 1
Mit Text arbeiten

In dieser Lektion lernen Sie Folgendes:

- Einer Seite Text durch unmittelbares Eingeben in das Dokumentfenster hinzufügen
- Texten Absatzformate und Auszeichnungen zuweisen
- Nummerierte und unnummerierte Listen erzeugen
- Zeilenumbrüche erzwingen
- Textfarbe ändern
- Einer Seite Tabellen hinzufügen und formatieren
- Eine Tabelle zum Festlegen des Textflusses auf der Seite verwenden
- Daten aus einer anderen Anwendung in eine Tabelle importieren
- Dem Text auf einer Seite ein neues Zeichensatz-Verzeichnis zuweisen
- Eine Webseite in Adobe GoLive in der Vorschau betrachten

Für diese Lektion werden Sie etwa 45 Minuten benötigen.

Kopieren Sie, falls nötig, den Ordner *Lesson01* auf Ihre Festplatte. Beim Arbeiten mit dieser Lektion werden Sie die Dateien im Ordner *Start* überschreiben. Falls Sie die Start-Dateien wieder herstellen möchten, kopieren Sie sie von der *Adobe GoLive Classroom in a Book*-CD.

Vorbereitungen

In dieser Lektion werden Sie mit dem Entwurf einer Webseite der fiktiven Firma *Gage Vintage Guitars* arbeiten. Die Webseite enthält Informationen darüber, wie Sie den Wert Ihrer Gitarre von dem Unternehmen schätzen lassen können.

Zuerst werden Sie die fertige Webseite in Ihrem Webbrowser betrachten.

1 Starten Sie Ihren Webbrowser.

2 Öffnen Sie die Datei *Appraise.html* im Ordner *Lesson01/01End*.

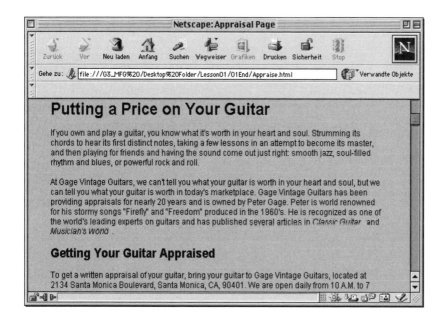

3 Schließen Sie die Datei *Appraise.html* und beenden Sie Ihren Webbrowser, wenn Sie mit dem Betrachten der Seite fertig sind.

Entwerfen der Webseite

Damit Sie gleich mit dem Entwerfen der Webseite beginnen können, haben wir die Seite bereits in Adobe GoLive erzeugt und auch schon Text hinzugefügt. Sie werden nun die Seite öffnen.

1 Starten Sie Adobe GoLive. Es wird ein neues Dokument mit dem Namen *Ohne Titel.html* geöffnet.

Einrichten des Arbeitsbereiches

Wir empfehlen Ihnen die Aufteilung Ihres Arbeitsbereiches wie in den folgenden Illustrationen gezeigt. Wenn Sie unter Windows arbeiten, koppeln Sie die Werkzeugleiste an die Menüleiste, indem Sie die Werkzeugleiste an ihrer Titelleiste unmittelbar unter die Menüleiste ziehen und auf die Schaltfläche »Maximieren« klicken, um das Anwendungsfenster auf maximale Größe zu bringen. Unter beiden Betriebssystemen (Windows und Mac OS) platzieren Sie das Dokumentfenster oben, das Site-Fenster darunter und die Paletten auf der rechten Seite des Arbeitsbereiches. (Um ein Fenster zu bewegen, ziehen Sie es an seiner Titelleiste.)

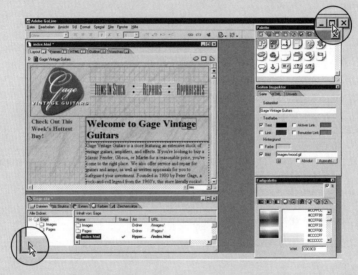

Klicken Sie unter Windows hier (auf das Dreiecksymbol unten links im Site-Fenster), um den unteren Abschnitt des Site-Fensters zu öffnen

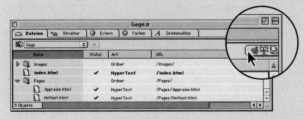

Unter Mac OS klicken Sie auf den Reiter mit den drei Symbolen oben rechts im Site-Fenster

Windows Paletten können an die rechte Seite des Arbeitsbereiches gekoppelt werden. Wir empfehlen allerdings, Paletten frei auf dem Arbeitsbereich zu platzieren, damit Sie ihre Bezeichnungen leichter sehen können. Um eine Palette wieder zu entkoppeln, doppelklicken Sie auf ihre Titelleiste.

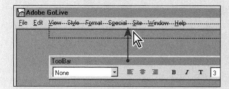 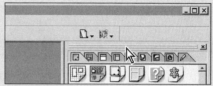

Werkzeugleiste ziehen, um sie zu koppeln   Palette doppelklicken, um sie frei zu platzieren

Mac OS Sie können Paletten zusammenklappen, indem Sie mit gedrückter Control-Taste in ihre Titelleisten klicken oder sie an den rechten Rand der Arbeitsfläche ziehen. Sie können auch Dokumentfenster und das Site-Fenster zusammenklappen, indem Sie mit gedrückter Control-Taste in ihre Titelleisten klicken oder sie an den unteren Rand der Arbeitsfläche ziehen. Klicken Sie auf das Symbol einer Palette, um sie wieder auf ihre ursprüngliche Größe zu bringen.

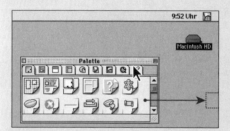 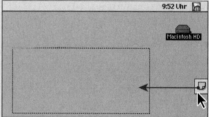

Palette ziehen, um sie zusammenzuklappen   Palette ziehen, um sie wieder zu vergrößern

Site-Fenster ziehen, um es zusammenzuklappen

Sie können das Site-Fenster am unteren Rand zusammengeklappt lassen und trotzdem Dateien mit Platzhaltern auf der Webseite verbinden, indem Sie das »Point & Shoot«-Symbol im Inspektor verwenden. Ziehen Sie vom »Point & Shoot«-Symbol im Inspektor auf das Site-Fenster am unteren Rand der Arbeitsfläche und halten Sie die Maustaste weiter gedrückt. Das Site-Fenster vergrößert sich und Sie können auf die gewünschte Datei im Fenster ziehen.

Für diese Lektion benötigen Sie kein neues Dokument.

2   Wählen Sie **Datei: Schließen**, um *Ohne Titel.html* zu schließen.

3   Wählen Sie **Datei: Öffnen** und öffnen Sie die Datei *Appraise.html* im Verzeichnis *Lesson01/01Start*.

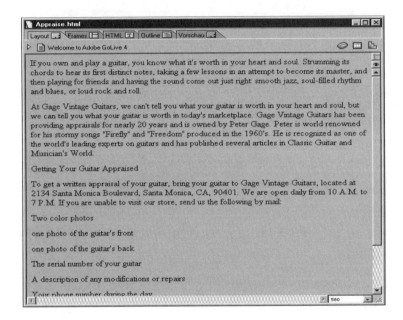

Nun können Sie mit dem Entwerfen der Webseite beginnen. Zuerst werden Sie den Titel der Seite ändern. Der Titel der Seite erscheint beim Betrachten in einem Webbrowser in der Titelleiste des Browsers.

4   Wählen Sie den Seitentitel »Welcome to Adobe GoLive 4« aus.

5   Geben Sie als neuen Titel **Appraisal Page** ein und klicken Sie in den Leerraum unterhalb des Titels, um die Auswahl aufzuheben.

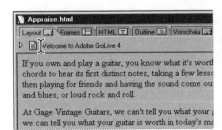   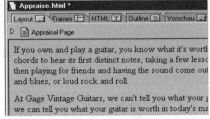

Titel der Seite auswählen   *Neuer Seitentitel*

Nun werden Sie eine voreingestellte Fenstergröße für die Seite auswählen.

6 Wählen Sie im Menü »Fenstergröße einstellen« unten rechts im Dokumentfenster »580«.

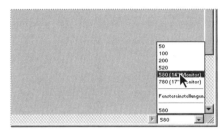

Fenstergröße ändern

Jetzt werden Sie die Hintergrundfarbe der Seite in »Khaki« ändern.

7 Wählen Sie, wenn nötig, **Ansicht: Inspektor** (Windows) bzw. **Fenster: Inspektor** (Mac OS), um das Inspektor-Fenster anzuzeigen.

8 Klicken Sie auf das Seite-Symbol (▤) in der Ecke oben links im Dokumentfenster. Der Inspektor verändert sich zum *Seiten-Inspektor*.

9 Vergewissern Sie sich, dass der Reiter »Seite« im Seiten-Inspektor angewählt ist. Klicken Sie unter »Hintergrund« in das »Farbe«-Feld. Falls die Farbpalette nicht bereits zu sehen war, wird sie nun aufgerufen.

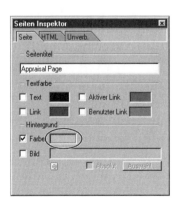

In dieser Lektion werden Sie mit den Farben der Registerkarte »Web-sicher I« der Farbpalette arbeiten; sie enthält 216 Farben, bei denen kein Dithering stattfindet und die plattformunabhängig in allen Browsern gleich dargestellt werden.

10 Klicken Sie in der Farbpalette auf den Reiter »Web I« ( ). Geben Sie in das Feld »Wert« **CCCC99** ein und drücken Sie die Eingabetaste. Die ausgewählte Farbe erscheint im Vorschau-Feld der Farbpalette.

11 Ziehen Sie die Farbe mit gedrückter Maustaste aus dem Vorschau-Feld der Farbpalette auf das Seite-Symbol im Dokumentfenster.

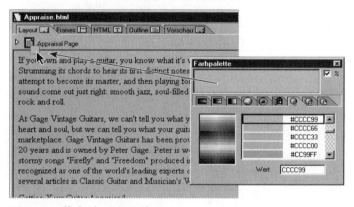

Hintergrundfarbe der Seite ändern

Das Kontrollkästchen für »Farbe« im Seiten-Inspektor wird automatisch angewählt und die Hintergrundfarbe der Seite verändert sich in Khaki.

12 Wählen Sie **Datei: Speichern**, um die Seite zu sichern.

Hinzufügen von Text

Sie können einem Adobe-GoLive-Dokument Text hinzufügen, indem Sie ihn direkt in das Dokumentfenster eingeben. Sie werden jetzt der Seite eine Überschrift hinzufügen.

1 Klicken Sie vor das erste Wort im Dokument, um eine Einfügemarke zu setzen.

2 Geben Sie **Putting a Price on Your Guitar** ein und drücken Sie die Eingabetaste.

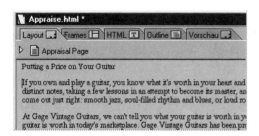

Adobe GoLive stellt Ihnen noch eine Reihe weiterer Methoden zur Verfügung, damit Sie Ihren Dokumenten Text hinzufügen können:

- Sie können Text aus anderen Anwendungen in eine Tabelle importieren (wie Sie weiter hinten in dieser Lektion noch sehen werden).
- Sie können einer Seite Text hinzufügen, indem Sie *Layout Textrahmen und Rahmen* verwenden. Sie werden diese Vorgehensweise in Lektion 2 »Webseiten gestalten« kennen lernen.
- Sie können Text in einem Dokument aus einer anderen Anwendung, wie zum Beispiel Microsoft Word, kopieren, und ihn dann in ein Adobe-GoLive-Dokument einfügen.
- Sie können Text-Clips, die mit *SimpleText* oder *Note Pad* erzeugt wurden, vom Desktop mittels Drag&Drop in Adobe-GoLive-Dokumente ziehen.

Weitere Informationen zum Hinzufügen von Text in Adobe-GoLive-Dokumente finden Sie in Kapitel 4 »Einfügen von Inhalt« im *Adobe GoLive 4.0 Handbuch*.

Formatieren von Text

Mit Adobe GoLive können Sie Text auf vielfältige Weise formatieren. Verwenden Sie Absatzformate, wie zum Beispiel »Überschrift 1« und »Überschrift 2«. Benutzen Sie Auszeichnungen, wie »Fett« oder »Kursiv«, um Text hervorzuheben. Außerdem können Sie Gliederungen verwenden, um Text zu ordnen und hervorzuheben.

Nun werden Sie Absatzformate anwenden, um die Überschriften im Dokument zu formatieren.

1 Klicken Sie irgendwo in die Überschrift *Putting a Price on Your Guitar*.

2 Wählen Sie aus dem Menü *Absatzformat* in der Werkzeugleiste »Überschrift 1«.

3 Klicken Sie in den Absatz unter der Überschrift *Getting Your Guitar Appraised* und wählen Sie »Überschrift 2« aus dem Menü *Absatzformat*.

Jetzt werden Sie dem Text einige Auszeichnungen hinzufügen.

4 Wählen Sie das Satzglied *Classic Guitar* am Ende des Absatzes vor der Überschrift *Getting Your Guitar Appraised*.

5 Klicken Sie auf die Schaltfläche »Fett« (F) in der Werkzeugleiste, um den ausgewählten Text fett auszuzeichnen.

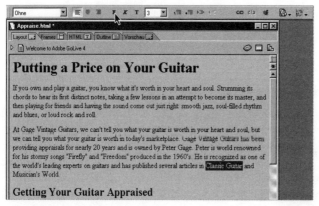

Hinzufügen einer Auszeichnung (Fett)

Sie können eine Auszeichnung einfach wieder entfernen und eine andere hinzufügen.

6 Klicken Sie erneut auf die Schaltfläche »Fett«, um die fette Auszeichnung vom ausgewählten Text zu entfernen.

7 Klicken Sie in der Werkzeugleiste auf die Schaltfläche »Kursiv« (*K*), um den ausgewählten Text kursiv erscheinen zu lassen, und klicken Sie anschließend außerhalb des Textes, um die Auswahl aufzuheben.

8 Fügen Sie die Auszeichnung »Kursiv« auch dem Satzglied *Musician's World* am Ende des gleichen Satzes zu.

Um einem ausgewählten Text einen Strukturstil hinzuzufügen, wählen Sie eine Möglichkeit aus dem Untermenü *Struktur* unter **Stil: Struktur** aus. Weitere Informationen über Strukturstile finden Sie in Kapitel 4 unter »Formatieren von Text mit strukturellen Tags« im *Adobe GoLive 4.0 Handbuch*.

Erzeugen von Listen

Sie können Adobe GoLive verwenden, um Absätze schnell in nummerierte oder nicht nummerierte Listen zu formatieren. Jetzt werden Sie aus einem Teil des Textes der Seite eine nummerierte Liste machen.

1 Rollen Sie im Text nach unten, um den Abschnitt *Getting Your Guitar Appraised* anzuzeigen.

2 Wählen Sie die sieben Absätze unter dem ersten Absatz in diesem Abschnitt aus (Ihre Auswahl sollte mit *Two color photos* beginnen und mit *$25 payable by Visa, Mastercard, or a personal check drawn from a US bank* enden.)

3 Klicken Sie auf die Schaltfläche »Numerierte Liste« ( ) in der Werkzeugleiste, um die sieben Absätze als nummerierte Liste zu formatieren.

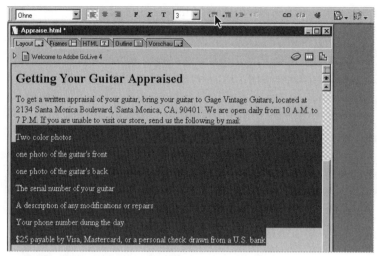

Text als nummerierte Liste formatieren

Adobe GoLive erstellt per Voreinstellung eine nummerierte Liste mit arabischen Ziffern. Sie können aus mehreren Möglichkeiten auswählen, um die Art der Nummerierung der Liste zu ändern.

4 Wählen Sie **Format: Liste: Groß-Römisch**, um die führenden Zeichen in große römische Ziffern zu ändern.

Nun werden Sie die nummerierte Liste in eine nicht nummerierte Liste ändern.

5 Klicken Sie in der Werkzeugleiste auf die Schaltfläche »Numerierte Liste (▥)«, um die führenden Zeichen von Nummern in Punkte zu ändern.

6 Klicken Sie außerhalb der Liste, um die Auswahl aufzuheben.

Mit Adobe GoLive können Sie einfach hierarchische Listen mit unterschiedlichen Nummerierungsstilen oder Führungszeichen erzeugen.

7 Wählen Sie den zweiten und den dritten Punkt der Liste an.

8 Klicken Sie in der Werkzeugleiste auf die Schaltfläche »Listeneintrag einrücken« ( ), um die ausgewählten Punkte weiter einzurücken und ihre Führungszeichen von Punkten in Kreise zu ändern.

Einrücken von Listenpunkten

Sie können die Schaltfläche »Listeneintrag einrücken« auch verwenden, um einen Absatz auf der Seite einzurücken.

9 Klicken Sie in den Absatz über der unnummerierten Liste und klicken Sie anschließend zweimal auf die Schaltfläche »Listeneintrag einrücken«, um den Absatz zweimal einzurücken.

10 Sie können den Absatz auf einfache Weise an seinen ursprünglichen Platz zurückbringen.

Klicken Sie in der Werkzeugleiste zweimal auf die Schaltfläche »Listeneintrag ausrücken« ( ), um den Einzug des Absatzes wieder rückgängig zu machen.

Erzeugen eines Zeilenumbruches

Beachten Sie, dass der letzte Punkt in der unnummerierten Liste länger als die anderen Punkte ist. Sie können einen Zeilenumbruch verwenden, um den letzten Punkt in zwei Zeilen statt einer fließen zu lassen.

1 Klicken Sie vor das Wort *drawn* im letzten Punkt, um eine Einfügemarke zu setzen.

2 Wählen Sie, falls nötig, **Ansicht: Palette** (Windows) bzw. **Fenster: Palette** (Mac OS), um die Palette anzuzeigen, und stellen Sie sicher, dass der Elemente-Reiter ( ) ausgewählt ist.

3 Doppelklicken Sie in der Palette auf das Zeilenumbruch-Symbol oder ziehen Sie das Zeilenumbruch-Symbol aus der Palette auf die Einfügemarke in der Seite.

Es wird ein Zeilenumbruch ausgeführt und der Text nach *check* wird in die nächste Zeile bewegt.

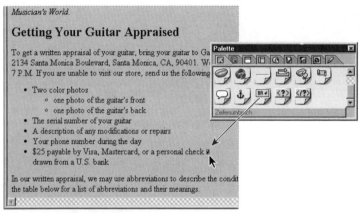

Hinzufügen eines Zeilenumbruches

💡 *Sie können auch einen Zeilenumbruch erzeugen, indem Sie in einen Absatz klicken, um eine Einfügemarke zu setzen, und anschließend mit gedrückter Umschalttaste die Eingabetaste drücken.*

Ändern der Textfarbe

Nun werden Sie die Farbe der unnummerierten Liste in Rot ändern.

1 Wählen Sie den Text in der unnummerierten Liste mit dem Führungszeichen des ersten Punktes der Liste aus.

2 Geben Sie in der Farbpalette in das Feld »Wert« **990000** ein und drücken Sie die Eingabetaste. Die gewählte Farbe erscheint im Vorschau-Feld. Ziehen Sie die Farbe aus dem Vorschau-Feld auf den ausgewählten Text auf der Seite.

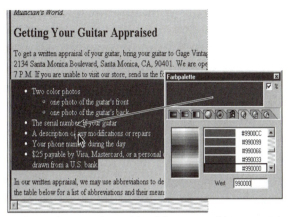

Farbe aus dem Vorschau Feld auf den ausgewählten Text ziehen

3 Klicken Sie außerhalb des ausgewählten Textes, um die Auswahl aufzuheben.

4 Wählen Sie **Datei: Speichern**.

Hinzufügen von Tabellen

Adobe GoLive ermöglicht Ihnen das schnelle Hinzufügen von Tabellen in Ihre Dokumente. Tabellen werden häufig eingesetzt, um den Textfluss auf einer Webseite zu steuern. Außerdem werden Tabellen benutzt, um Informationen in Zeilen und Spalten darzustellen. Sie werden in dieser Lektion Tabellen für beide Anwendungsbereiche erstellen und formatieren.

Hinzufügen einer Tabelle, um den Textfluss zu steuern

Um eine Vorstellung davon zu bekommen, wie Text auf einer Seite ohne Tabellen fließt, werden Sie die Fenstergröße des Dokumentes ändern.

1 Wählen Sie aus dem Menü »Fenstergröße einstellen« im Dokumentfenster unten rechts **200**.

Beachten Sie, dass sich der Textfluss dem kleineren Fenster anpasst. Falls Sie verhindern möchten, dass sich der Text einem größenveränderten Fenster anpasst, können Sie ihn in einer einzelligen Tabelle platzieren. Text in einer einzelligen Tabelle behält auch dann die eingestellte Breite der Tabelle, wenn sich das umgebende Fenster in der Größe ändert.

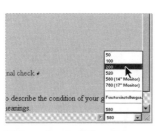 

Kleinere Fenstergröße wählen   *Ergebnis*

Nun werden Sie der Seite eine Tabelle hinzufügen, mit der Sie den Textfluss auf der Seite steuern können.

2 Wählen Sie aus dem Menü »Fenstergröße einstellen« *580*, um die voreingestellte Fenstergröße wieder herzustellen.

3 Rollen Sie im Dokumentfenster an den Anfang des Dokumentes. Klicken Sie auf der Seite vor die Überschrift *Putting a Price on Your Guitar*, um eine Einfügemarke zu setzen.

Sie werden jetzt an der Einfügemarke eine Tabelle einfügen.

 4 Doppelklicken Sie auf das Tabelle-Symbol in der Palette oder ziehen Sie das Tabelle-Symbol aus der Palette auf die Einfügemarke in der Seite.

An der Einfügemarke erscheint eine leere Tabelle mit drei Zeilen und drei Spalten und der Text auf der Seite wird unter die Tabelle bewegt. Der Inspektor ändert sich zum *Tabellen-Inspektor* mit angewählter Tabellen-Registerkarte.

Hinzufügen einer Tabelle zu einer Seite

Nun werden Sie Zeilen und Spalten entfernen, um eine einzellige Tabelle zu erstellen.

5   Geben Sie im Tabellen-Inspektor im Feld »Zeilen« **1** ein und klicken auf die Schaltfläche »Eingabe« ( ) oder drücken die Eingabetaste. (Immer, wenn hinter einem Text- oder Wertefeld die Schaltfläche »Eingabe« erscheint, müssen Sie die Schaltfläche anklicken oder die Eingabetaste auf der Tastatur drücken, um den Wert dem Dokument zuzuweisen.)

6   Geben Sie unter »Spalten« **1** ein und drücken Sie die Eingabetaste.

Jetzt werden Sie Optionen für das Erscheinungsbild der Tabelle festlegen.

7   Geben Sie unter »Breite« **580** ein und drücken Sie die Eingabetaste, um die Tabelle zu verbreitern.

8   Geben Sie unter »Rand« **0** ein und drücken Sie die Eingabetaste, um den Rahmen der Tabelle zu entfernen. Geben Sie unter »Zellinnenrand« **25** ein und drücken Sie die Eingabetaste, um den horizontalen und vertikalen Abstand der Tabellenzelle zu erhöhen.

Die Option »Zellinnenrand« legt die Ränder innerhalb jeder Tabellenzelle für »Oben«, »Links«, »Rechts« und »Unten« fest. Falls Sie diese Option bei einer einzelligen Tabelle benutzen, die den gesamten Text einer Seite enthält, legen Sie so im Grunde genommen die Ränder der Seite fest.

Nun werden Sie den Text der Seite auf die Tabellenzelle ziehen.

9   Platzieren Sie den Zeiger vor die Überschrift *Putting a Price on Your Guitar* und ziehen Sie mit gedrückter Maustaste über den gesamten Text, um ihn auszuwählen.

10 Rollen Sie nach oben, so dass Sie die Tabelle sehen können. Platzieren Sie den Zeiger über den ausgewählten Text, so dass der Zeiger sich in eine Hand ändert, und ziehen Sie den ausgewählten Text auf die Tabellenzelle.

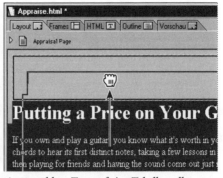

| Ziehen, um Text auf einer Seite auszuwählen | Ausgewählten Text auf eine Tabellenzelle ziehen |

11 Rollen Sie nach oben, um den Anfang des Dokumentes zu sehen, und klicken Sie außerhalb des ausgewählten Textes, um die Auswahl aufzuheben.

Hinweis: Falls unter Mac OS die Hauptüberschrift ihre Absatzformatierung verloren hat, weisen Sie das Absatzformat **Überschrift 1** *erneut zu.*

Jetzt werden Sie erneut die Fenstergröße ändern, um zu sehen, wie sich der Textfluss innerhalb einer Tabelle verhält.

12 Wählen Sie im Menü »Fenstergröße einstellen« **200**.

Beachten Sie, dass der Textfluss in der Tabelle sich auch dann an der eingestellten Tabellenbreite orientiert, wenn die Größe des Dokumentfensters geändert wird.

13 Wählen Sie im Menü »Fenstergröße einstellen« **580**, um wieder die ursprüngliche Fenstergröße einzustellen.

14 Wählen Sie **Datei: Speichern**.

Hinzufügen einer Tabelle zur Darstellung von Tabellenkalkulationsdaten

In den schriftlichen Beurteilungen verwendet Gage Vintage Guitars Abkürzungen, um den Zustand einer Gitarre zu beschreiben. Sie werden eine zweite Tabelle hinzufügen, die eine Liste mit den verwendeten Abkürzungen und ihre Bedeutung enthält. Danach werden Sie Daten aus einer reinen Textdatei importieren, die mit einem Textverarbeitungsprogramm erstellt wurde.

1 Rollen Sie im Dokument nach ganz unten. Klicken Sie hinter das letzte Wort des Absatzes, der mit *In our written appraisal* beginnt und drücken Sie die Eingabetaste.

 2 Doppelklicken Sie auf das Tabelle-Symbol in der Palette oder ziehen Sie das Tabelle-Symbol aus der Tabelle an die Einfügemarke auf der Seite.

An der Einfügemarke erscheint eine leere Tabelle und der Inspektor wird zum *Tabellen-Inspektor*.

Achten Sie darauf, dass Sie die zweite Tabelle innerhalb der vorhandenen Tabellenzelle auf der Seite platziert haben. Adobe GoLive ermöglicht das Platzieren einer Vielzahl von Objekten innerhalb von Tabellenzellen. Dazu gehören Text, weitere Tabellen und Bilder.

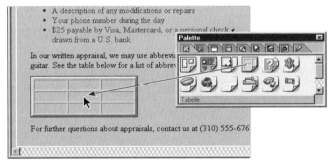

Einnisten einer Tabelle

Jetzt werden Sie eine Textdatei, die durch Tabulatoren getrennte Daten enthält, in die Tabelle importieren. Falls Sie auf Ihrem System eine Textverarbeitung installiert haben, können Sie die Textdatei zuvor öffnen und ihren Inhalt betrachten. Wenn Sie nicht über ein Textverarbeitungsprogramm verfügen, überspringen Sie die folgenden drei Schritte und machen bei Schritt 6 weiter.

3 Starten Sie Ihr Textverarbeitungsprogramm.

4 Öffnen Sie die Datei *Table.txt* im Ordner *Lesson01/01Start*.

5 Wenn Sie mit dem Betrachten der Datei fertig sind, schließen Sie sie und beenden Sie Ihre Textverarbeitung.

Mit Text arbeiten

6 Klicken Sie im Tabellen-Inspektor von Adobe GoLive auf die Schaltfläche »Auswahl« neben der Option »Tab-Text einlesen«.

7 Wählen Sie die Datei *Table.txt* im Ordner *Lesson01/01Start*. Wählen Sie »TAB« (Windows) bzw. »Tabulator« (Mac OS) im Popup-Menü »Separator« und klicken Sie auf «Öffnen».

 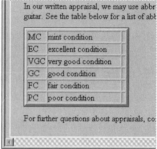

Importieren einer Datei mit Tabulator-Separator   Ergebnis

Adobe GoLive fügt der Tabelle die notwendigen Zeilen und Spalten hinzu, damit die Daten untergebracht werden können, und importiert sie in die Tabelle.

Hinweis: *Die meisten Tabellenkalkulationsanwendungen können Daten als reine Textdateien exportieren, die als Trennzeichen zwischen den einzelnen Daten Tabulatoren enthalten. Weitere Informationen finden Sie in der Dokumentation Ihrer Tabellenkalkulationsanwendung.*

Formatieren einer Tabelle mit Tabellenkalkulationsdaten

Da die dritte Spalte keine Daten enthält, werden Sie sie aus der Tabelle entfernen.

1 Geben Sie im Tabellen-Inspektor unter Spalten 2 ein und drücken Sie die Eingabetaste.

Nun werden Sie Optionen für das Erscheinungsbild der Tabelle festlegen.

2 Wählen Sie »Auto« aus dem Popup-Menü »Breite«.

3 Geben Sie für »Rand« 6 ein und drücken Sie die Eingabetaste, um die Breite des Tabellenrandes zu erhöhen. Geben Sie unter »Zellinnenrand« 4 ein und drücken Sie die Eingabetaste, um den horizontalen und vertikalen Abstand der

Tabellenzellen zu erhöhen. Geben Sie unter »Zellabstand« **4** ein und drücken Sie die Eingabetaste, um den Abstand zwischen den Tabellenzellen zu erhöhen.

Nun werden Sie über der Tabelle eine Überschrift einfügen.

4 Klicken Sie das Kontrollkästchen links neben »Überschrift« an. Falls die Option »Über Tabelle« nicht bereits angezeigt wird, wählen Sie sie aus dem Popup-Menü aus.

5 Klicken Sie unmittelbar über der Tabelle, um eine Einfügemarke zu setzen, und geben Sie **Abbreviations** ein.

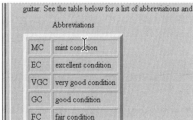

Überschrift und Option »Über Tabelle«   *»Abbreviations« über Tabelle*

6 Klicken Sie in der Werkzeugleiste auf die Schaltfläche »Linksbündig ausrichten« ( ), um die Überschrift an der linken Seite der Tabelle auszurichten.

7 Wählen Sie den Text *Abbreviations* aus und klicken Sie in der Werkzeugleiste auf die Schaltfläche »Fett« (**F**).

💡 *Anstatt den Text durch Ziehen mit der Maus auszuwählen, können Sie ein einzelnes Wort durch Doppelklicken oder eine Textzeile durch Dreifachklicken auswählen.*

Jetzt werden Sie die Schriftgröße des Textes *Abbreviations* erhöhen.

Sie können das Menü »Schriftgröße« dazu verwenden, eigene Schriftgrößen hinzuzufügen, die die Voreinstellungen der Browser umgehen. Die meisten Browser sind auf die Darstellung von Text in 12 Punkt voreingestellt. Das Adobe-GoLive-Schriftgröße-Menü enthält Schriftgrößen von 1 bis 7. Die Schriftgröße 3 stellt Text in der voreingestellten Größe des Browsers dar, die Schriftgröße 2 stellt Text eine Stufe kleiner und die Schriftgröße 4 eine Stufe größer dar.

8 Wählen Sie in der Werkzeugleiste aus dem Menü die »Schriftgröße« **4** und klicken Sie in den Leerraum außerhalb der Überschrift, um die Auswahl aufzuheben.

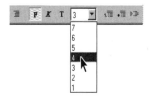

Nun werden Sie über jede Spalte eine Überschrift setzen. Sie werden damit beginnen, indem Sie eine leere Zeile an den Anfang der Tabelle einfügen.

9 Klicken Sie auf die untere Kante der ersten Zelle in der linken Spalte der Tabelle, um sie auszuwählen. (Stellen Sie sicher, dass Sie die Zelle und nicht den Text ausgewählt haben.)

Im Tabellen-Inspektor wird automatisch die Registerkarte »Zelle« ausgewählt.

10 Klicken Sie im Tabellen-Inspektor auf die Schaltfläche »Zeile einfügen«, um eine Zeile über der aktuellen Auswahl einzufügen.

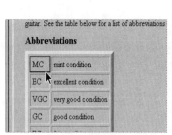

Auf die untere Kante einer Zelle klicken, um sie auszuwählen

Schaltfläche »Zeile einfügen«

11 Klicken Sie innerhalb der neuen leeren ersten Zelle in der linken Spalte der Tabelle, um eine Einfügemarke zu platzieren.

12 Geben Sie **Abbreviation** ein, drücken Sie die Tab-Taste, um die Einfügemarke in die erste Zelle der rechten Spalte zu bewegen, und geben Sie **Meaning** ein.

Nun werden Sie die Spaltenüberschriften formatieren.

13 Wählen Sie den Text *Abbreviation* aus und wählen Sie **Stil: Unterstrichen**, um ihn zu unterstreichen. Wählen Sie anschließend den Text *Meaning* aus und unterstreichen Sie auch ihn.

Jetzt werden Sie die Breite der Spalten in der Tabelle anpassen.

14 Klicken Sie die untere Kante einer beliebigen Zelle in der linken Spalte der Tabelle an, um sie auszuwählen.

15 Wählen Sie im Tabellen-Inspektor »Pixel« aus dem Popup-Menü rechts neben dem Textfeld »Breite« aus. Geben Sie unter »Breite« **100** ein und drücken Sie die Eingabetaste.

Die ausgewählte Zelle und alle anderen Zellen in der Spalte verbreitern sich.

16 Klicken Sie die untere Kante einer beliebigen Zelle in der rechten Spalte der Tabelle an, um sie auszuwählen. Wählen Sie »Pixel« aus dem Popup-Menü rechts vom Textfeld »Breite«, geben Sie unter »Breite« **140** ein und drücken Sie die Eingabetaste.

Sie können die Breite einer Tabellenspalte auch verändern, indem Sie den Zeiger auf dem rechten Rand der Spalte platzieren, so dass der Zeiger sich in einen Doppelpfeil ändert, und dann nach rechts oder links ziehen.

17 Wählen Sie **Datei: Speichern**.

Ändern der Farbe von Tabellenzellen

Jetzt werden Sie die Farbe der Zellen in der Tabelle in Gelb ändern.

1 Bewegen Sie den Zeiger auf den linken Rand der Tabelle, so dass der Zeiger sich in eine Hand ändert, und klicken Sie, um die Tabelle auszuwählen.

Im Tabellen-Inspektor wird automatisch die Registerkarte »Tabelle« ausgewählt.

2 Geben Sie in das Textfeld »Wert« in der Farbpalette **FFFFCC** ein und drücken Sie die Eingabetaste. Die gewählte Farbe erscheint im Vorschau-Fenster. Ziehen Sie die Farbe auf das Feld »Farbe« im Tabellen-Inspektor.

Im Tabellen-Inspektor wird automatisch die Option »Farbe« ausgewählt und die Farbe der Tabelle ändert sich in Gelb.

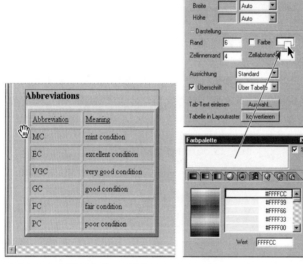

Linken Rand der Tabelle anklicken, um sie auszuwählen

Farbe aus dem Vorschau-Fenster in das Farbfeld im Tabellen-Inspektor ziehen

Sie können auch die Farbe einzelner Zellen einer Tabelle ändern. Sie werden nun die Farbe der Zellen in der rechten Spalte in Grün ändern.

3 Klicken Sie mit gedrückter Umschalttaste auf den oberen Rand der rechten Spalte, um alle Zellen dieser Spalte auszuwählen.

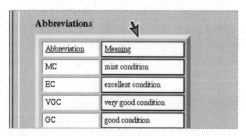

Alle Zellen einer Spalte auswählen

Die Registerkarte »Zelle« wird im Tabellen-Inspektor automatisch ausgewählt.

4 Geben Sie als »Wert« in der Farbpalette **99CC99** ein und drücken Sie die Eingabetaste. Die gewählte Farbe erscheint im Vorschau-Fenster. Ziehen Sie die Farbe aus dem Vorschau-Fenster in das Feld »Farbe« im Tabellen-Inspektor.

Im Tabellen-Inspektor wird automatisch die Option »Farbe« ausgewählt und die Farbe der ausgewählten Zellen ändert sich in Grün.

5 Klicken Sie in den Leerraum außerhalb der Tabelle, um die Auswahl aller Zellen aufzuheben.

Hinzufügen von Zeichensätzen

Adobe GoLive enthält voreingestellte Verzeichnisse von Zeichensätzen, die Sie dem Text Ihrer Dokumente zufügen können. Eines der Verzeichnisse enthält die Zeichensätze *Arial*, *Helvetica* und *Geneva*. Wenn Sie dieses Verzeichnis in Ihrer Webseite verwenden, wird der Browser eines Betrachters zuerst versuchen, den Text in *Arial* darzustellen, dann in *Helvetica* und zuletzt in *Geneva*. Falls keine dieser Schriften im Betriebssystem des Betrachters installiert ist, stellt der Browser Text mit seinen voreingestellten Schriften dar.

Jetzt werden Sie den Zeichensatz-Editor aufrufen, um mehr über die Ihrem Dokument zur Verfügung stehenden Verzeichnisse von Zeichensätzen zu erfahren.

1 Wählen Sie **Stil: Zeichensatz: Web-Zeichensätze bearbeiten**, um den Zeichensatz-Editor aufzurufen.

2 Rufen Sie die voreingestellten Zeichensatz-Verzeichnisse auf:

- Unter Windows wählen Sie »Standard« aus dem Menü oben links im Dialogfeld.
- Unter Mac OS wählen Sie »Standard« in der linken Spalte des Dialogfeldes.

3 Wählen Sie »Arial« in der Spalte »Web-Zeichensätze« des Dialogfeldes.

In der Spalte »Zeichensatznamen« des Dialogfeldes erscheinen die Zeichensätze, die im Arial-Verzeichnis voreingestellt sind.

4 Klicken Sie auf »Abbruch«, um das Dialogfeld zu schließen.

Nun werden Sie das für Text verwendete Zeichensatz-Verzeichnis in Ihrem Dokument ändern.

5 Wählen Sie **Bearbeiten: Alles auswählen**, um den gesamten Text im Dokument auszuwählen.

6 Wählen Sie **Stil: Zeichensatz: Arial**, um das Zeichensatz-Verzeichnis »Arial« für den ausgewählten Text zu übernehmen.

7 Klicken Sie irgendwo innerhalb des Dokumentes, um die Textauswahl aufzuheben.

Der überwiegende Teil des Textes übernimmt den Zeichensatz *Arial*. Sie bemerken, dass der Text in der Tabelle weiterhin den Zeichensatz *Times* verwendet. Um den Zeichensatz von Tabellen zu ändern, müssen Sie zunächst die Tabellenüberschrift und die Zellen einzeln auswählen.

8 Wählen Sie den Text *Abbreviations* in der Tabellenüberschrift aus und wählen Sie dann **Stil: Zeichensatz: Arial**. Klicken Sie anschließend außerhalb des ausgewählten Textes, um die Auswahl aufzuheben.

Der Text in der Tabellenüberschrift ändert sich in den Zeichensatz *Arial*.

9 Klicken Sie bei gedrückter Umschalttaste auf den oberen Rand der linken Spalte, um alle Zellen dieser Spalte auszuwählen. Klicken Sie mit gedrückter Umschalttaste auf den oberen Rand der rechten Spalte, um diese Zellen ebenfalls auszuwählen. Wählen Sie dann **Stil: Zeichensatz: Arial** und klicken Sie anschließend außerhalb der ausgewählten Zellen, um die Auswahl aufzuheben.

Der Text in den Zellen der Tabelle ändert sich in den Zeichensatz *Arial*.

Sie können mit Adobe GoLive auch selbst Zeichensatz-Verzeichnisse anlegen, die Sie dem Text Ihrer Dokumente hinzufügen können. Weitere Informationen finden Sie unter »Auswählen eines Zeichensatzes« im Kapitel 4 im *Adobe GoLive 4.0 Handbuch*.

Bearbeiten von Text

Mit Adobe GoLive können Sie den Text in Ihren Dokumenten so einfach wie mit Ihrer Textverarbeitung bearbeiten:

- Sie können Text löschen, indem Sie ihn entweder auswählen und die Löschtaste drücken oder **Bearbeiten: Ausschneiden** wählen oder die Tasten Strg+X (Windows) bzw. Befehl+X (Mac OS) drücken.
- Sie können Rechtschreibfehler suchen und berichtigen lassen, indem Sie **Bearbeiten: Rechtschreibprüfung** (Windows) bzw. **Bearbeiten: Rechtschreibkorrektur** (Mac OS) auswählen.
- Sie können Text suchen und ersetzen, indem Sie **Bearbeiten: Suchen und ersetzen** wählen.

Sie werden jetzt das Wort *loud* suchen und durch das Wort *powerful* ersetzen. Sie werden damit beginnen, Voreinstellungen für das Finden von Text festzulegen. Dabei soll in Adobe GoLive das Dialogfeld »Finden« immer vor dem Dokumentfenster zu sehen sein.

1 Wählen Sie **Bearbeiten: Voreinstellungen**.

2 Klicken Sie im Dialogfeld »Voreinstellungen« auf das Symbol »Finden«, um die Voreinstellungen für das Suchen von Text aufzurufen.

3 Legen Sie die Voreinstellungen fest:

- Unter Windows wählen Sie aus dem Popup-Menü »Finden-Dialog weiter im Vordergrund« und klicken auf OK.
- Unter Mac OS deaktivieren Sie, falls nötig, das Kontrollkästchen vor »Finden-Dialog schließen, wenn ein Wort gefunden wurde«. Klicken Sie anschließend auf OK.

Jetzt werden Sie nach dem zu ersetzenden Text suchen.

4 Rollen Sie an den Anfang des Dokumentes und klicken Sie auf dieser Seite vor die Hauptüberschrift, um eine Einfügemarke zu setzen.

5 Wählen Sie **Bearbeiten: Suchen und ersetzen**.

6 Vergewissern Sie sich, dass im Dialogfeld »Finden« die Registerkarte »Suchen & Ersetzen« angewählt ist. Geben Sie dann in das Textfeld »Suchen« **loud** ein.

7 Klicken Sie auf den Pfeil (▶) links neben »Ersetzen«, um das Textfeld »Ersetzen« zu öffnen. Geben Sie in das Textfeld »Ersetzen« **powerful** ein und klicken Sie auf »Suchen«.

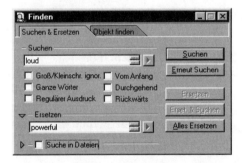

Das Wort *loud* wird im Dokument hervorgehoben.

8 Klicken Sie im Dialogfeld »Finden« auf die Schaltfläche »Ersetzen«. Das Wort *loud* wird im Dokument durch *powerful* ersetzt.

9 Schließen Sie das Dialogfeld »Finden« und wählen Sie **Datei: Speichern**.

Sie haben den Entwurf der »Appraisal«-Seite in dieser Lektion abgeschlossen. Jetzt können Sie die Seite in der Vorschau von Adobe GoLive zu betrachten.

> **Suchen in einem Dokument und in einer Site**
>
> Mit den Suchwerkzeugen von Adobe GoLive können Sie Text und HTML-Code in jeder Datei auf der Festplatte suchen und ersetzen. Sie können die Suche von Suchmaschinen simulieren und komplexe Sites nach bestimmten Dateien durchsuchen.
>
> **Durchsuchen des aktuellen Dokumentes**
>
> Sie können »Suchen & Ersetzen« in den Ansichten »Layout«, »Outline« und »HTML« einsetzen. Abhängig von der Ansicht können Sie Text und einige HTML-Code-Elemente im aktuellen Dokument suchen. Wenn Sie das Gesuchte gefunden haben, können Sie es automatisch ändern. Sie können auch nach ausgewähltem Text suchen, ohne das Dialogfeld »Finden« zu öffnen.
>
> Aus dem Adobe GoLive 4.0 Handbuch, Kapitel 4

Vorschau der Webseite in Adobe GoLive

1 Klicken Sie im Dokumentfenster auf den Reiter »Vorschau«.

Adobe GoLive zeigt eine Vorschau der Seite »Appraisal« an. Der Inspektor ändert sich in »Layout Einstellungen« (nur Mac OS).

2 Wählen Sie »Explorer 4 (Windows)« in den »Layout Einstellungen« aus dem Popup-Menü »Root«, um zu sehen, wie Ihre Seite im Internet Explorer 4 unter Windows erscheint. Probieren Sie die unterschiedlichen Menüoptionen aus und beobachten Sie, wie sich Ihre Seite jeweils in der Vorschau verändert. Beachten Sie, dass der Text immer etwas größer wird, wenn Sie auf einen Browser unter Windows schalten.

3 Wählen Sie **Datei: Schließen**, um die Datei *Appraise.html* zu schließen.

> **Vorschau von Seiten**
>
> Im Vorschaumodus von Adobe GoLive können Sie Ihre Arbeit betrachten und die Hyperlinks testen, ohne eine externe Anwendung aufzurufen. Sie sehen in Adobe GoLive ein »Standfoto« für normale Webseiten oder eine animierte Vorschau, wenn Ihre Seite QuickTime-Filme, animierte GIF-Bilder, DHTML-Animationen oder andere vom Programm unterstützte Plug-In-Objekte enthält. Das Vorschaubild vermittelt Ihnen einen guten Eindruck davon, wie Ihre Seite nach der Veröffentlichung im Internet aussehen wird. Sie können eine Vorschau der Seiten auch im Browser anzeigen. Die Vorschau im Browser ist z.B. erforderlich, um potentielle Browser-Unterschiede zu finden, aber auch, um JavaScript, DHTML, Macromedia-Shockwave™-Animationen oder andere Elemente anzuzeigen, die Adobe GoLive nicht unterstützt.
>
> Aus dem Adobe GoLive 4.0 Handbuch, Kapitel 4

Eigene Übungen

Hypertext Markup Language (HTML) wird zur Veröffentlichung von Informationen im World Wide Web verwendet. In dieser Lektion haben Sie mit der Ansicht »Layout« von Adobe GoLive gearbeitet, um eine Webseite zu entwerfen. In dieser Ansicht schreibt Adobe GoLive den HTML-Code für Ihre Seite. Manchmal möchten Sie jedoch selbst unmittelbar mit dem HTML-Code Ihrer Seite arbeiten. Adobe GoLive stellt dafür zwei unterschiedliche Ansichten von HTML-Code zur Verfügung, die Sie benutzen können, um Ihre Webseiten zu entwerfen und zu bearbeiten. Mit der Ansicht »HTML« können Sie sich den HTML-Code direkt ansehen und mit der Ansicht »Outline« können Sie die hierarchisch geordnete Struktur des HTML-Codes betrachten.

Jetzt, da Sie gelernt haben, wie mit der Ansicht »Layout« gearbeitet wird, können Sie versuchen, mit den Ansichten »HTML« und »Outline« zu arbeiten, um Veränderungen an der Seite »Appraisal« vorzunehmen.

Zuerst werden Sie die Seite »Appraisal« öffnen.

1 Wählen Sie in Adobe GoLive **Datei: Öffnen**. Öffnen Sie die Datei *Appraise.html* im Ordner *Lesson01/01End*.

2 Wählen Sie im Dokumentfenster »Appraise.html« die Hauptüberschrift *Putting a Price on Your Guitar* aus.

3 Klicken Sie auf den Reiter »HTML«, um das Dokument in der Ansicht »HTML« anzuzeigen.

4 Beachten Sie, dass die Hauptüberschrift im HTML-Code hervorgehoben ist. Verwenden Sie die Rollbalken unten im Dokumentfenster und rollen Sie nach rechts, um den hervorgehobenen Text sehen zu können.

Nun werden Sie den HTML-Editor dazu benutzen, das Absatzformat der Hauptüberschrift von »Überschrift 1« in »Überschrift 2« zu ändern.

5 Wählen Sie den Text »h1« am Anfang der Zeile, die die Hauptüberschrift enthält, aus. Dieser Text weist den Webbrowser an, wie er die Hauptüberschrift darstellen soll und wird *Tag* genannt.

Text »h1« auswählen

6 Geben Sie **h2** ein, um den ausgewählten Text zu ersetzen.

7 Klicken Sie auf den Reiter »Layout«, um zurück in die Ansicht »Layout« zu gelangen. Sie werden bemerken, dass das Absatzformat der Hauptüberschrift nun »Überschrift 2« ist.

Sie werden jetzt mit Hilfe des HTML-Outline-Editors das Absatzformat der Hauptüberschrift auf »Überschrift 1« einstellen.

8 Wählen Sie die Hauptüberschrift aus.

9 Klicken Sie auf den Reiter »Outline«, um das Dokument in der Ansicht »Outline« darzustellen. Beachten Sie, dass die Hauptüberschrift in dieser Ansicht von einem schwarzen Rahmen umgeben ist.

10 Klicken Sie auf den Text »h2«, der sich zwei Zeilen über der Hauptüberschrift befindet, um ihn auszuwählen.

11 Geben Sie **h1** ein, um den ausgewählten Text zu ersetzen, und klicken Sie in den Leerraum außerhalb des ausgewählten Textes, um die Auswahl aufzuheben.

Sie werden den HTML-Outline-Editor nun dazu benutzen, die Hauptüberschrift auf der Seite zu zentrieren.

LEKTION 1
Mit Text arbeiten

12 Klicken Sie auf den Pfeil neben dem Text »h1«. Es wird ein Popup-Menü aufgerufen.

13 Wählen Sie »align« aus dem Popup-Menü aus.

14 Klicken Sie auf den Pfeil neben »align«, um ein weiteres Popup-Menü aufzurufen, und wählen Sie dort »center« aus.

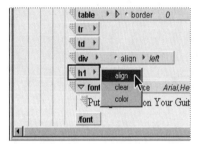
»align« aus dem Popup-Menü auswählen

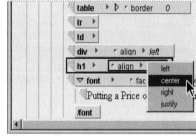
»center« aus dem zweiten Popup-Menü auswählen

Außerdem werden Sie den HTML-Outline-Editor dazu benutzen, die Hintergrundfarbe der Seite in Gelb zu ändern.

15 Geben Sie auf der Registerkarte »Web I« der Farbpalette **FFFFCC** in das Textfeld »Wert« ein und drücken Sie die Eingabetaste. Die gewählte Farbe erscheint im Vorschau-Fenster.

16 Ziehen Sie die Farbe aus dem Vorschau-Fenster auf das Farbfeld für die Hintergrundfarbe (body bgcolor) der Seite in Zeile 9 in der Ansicht »Outline«.

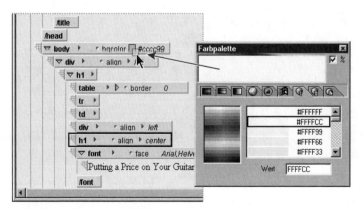
Hintergrundfarbe der Seite ändern

17 Klicken Sie auf den Reiter »Layout«, um zurück in die Ansicht »Layout« zu gelangen. Sie sehen, dass das Absatzformat der Hauptüberschrift jetzt »Überschrift 1« lautet und auf der Seite zentriert ist und die Hintergrundfarbe Gelb ist.

18 Wählen Sie **Datei: Schließen**, um die Seite zu schließen. Sie brauchen die Veränderungen, die Sie vorgenommen haben, nicht zu speichern.

Fragen

1 Nennen Sie zwei Möglichkeiten, einem Dokument Text hinzuzufügen.
2 Wie fügen Sie einem Text einen Absatzstil hinzu? Wie fügen Sie einem Text eine Auszeichnung zu?
3 Wie ändern Sie die Farbe eines Textes?
4 Was ist der weit verbreitete Grund dafür, den gesamten Text eines Dokumentes in eine einzellige Tabelle einzugeben?
5 Lassen sich Daten aus einer Tabellenkalkulation in eine Tabelle importieren?
6 Wie fügen Sie einer Tabelle eine Überschrift hinzu?
7 Wie können Sie mehr über die Verzeichnisse von Zeichensätzen eines Dokumentes erfahren?
8 Wie können Sie Text in einem Dokument suchen und ersetzen?

Antworten

1 Sie können einem Dokument Text hinzufügen, indem Sie ihn unmittelbar in das Dokumentfenster eingeben; Text aus einer anderen Anwendung in eine Tabelle importieren; Layout-Textrahmen oder Rahmen verwenden; Text aus einem Dokument einer anderen Anwendung kopieren und ihn in ein Adobe-GoLive-Dokument einsetzen oder einen Text-Ausschnitt aus einem SimpleText- oder NotePad-Dokument mit der Maus vom Desktop in ein Adobe-GoLive-Dokument ziehen.

2 Um ein Absatzformat hinzuzufügen, klicken Sie irgendwo in einen Absatz und wählen ein Absatzformat aus dem Absatzformat-Menü in der Werkzeugleiste oder dem Menü »Format«. Um eine Auszeichnung hinzuzufügen, wählen Sie den Text aus und klicken auf »Fett«, »Kursiv« oder »Fernschreiber« in der Werkzeugleiste oder Sie wählen eine Auszeichnung aus dem Menü »Stil«.

3 Um die Farbe eines Textes zu ändern, wählen Sie zunächst den Text aus, wählen dann eine Farbe in der Farbpalette und ziehen die Farbe anschließend aus dem Vorschau-Fenster der Farbpalette auf den ausgewählten Text auf der Seite.

4 Einer der häufigsten Gründe dafür, den gesamten Text eines Dokumentes in eine einzellige Tabelle einzugeben, ist, so den Textfluss auf der Seite vorzugeben. Text in einer einzelligen Tabelle orientiert sich auch dann an der eingestellten Breite der Tabelle, wenn die Größe des Fensters verändert wird.

5 Ja, Daten lassen sich aus den meisten Tabellenkalkulationsanwendungen in eine Tabelle importieren. Dazu müssen Sie die Daten aus der Tabellenkalkulation (durch Tabulatoren getrennt) in eine reine Textdatei exportieren. Weitere Informationen finden Sie in der Dokumentation Ihrer Tabellenkalkulationsanwendung.

6 Um einer Tabelle eine Überschrift hinzuzufügen, aktivieren Sie das Kontrollkästchen neben »Überschrift« im Tabellen-Inspektor und wählen dann »Über Tabelle« oder »Unter Tabelle« aus dem Popup-Menü daneben. Dann klicken Sie über oder unter die Tabelle, um eine Einfügemarke zu setzen und geben den Text der Überschrift ein.

7 Um mehr über die Verzeichnisse von Zeichensätzen eines Dokumentes zu erfahren, wählen Sie **Stil: Zeichensatz: Web-Zeichensätze bearbeiten**, um das Dialogfeld »Web-Zeichensätze bearbeiten« aufzurufen. Im Dialogfeld wählen Sie eines der Zeichensatz-Verzeichnisse aus, um seinen Inhalt darzustellen.

8 Sie können **Bearbeiten: Suchen und Ersetzen** wählen, um Text in einem Dokument zu suchen und zu ersetzen.

Lektion 2

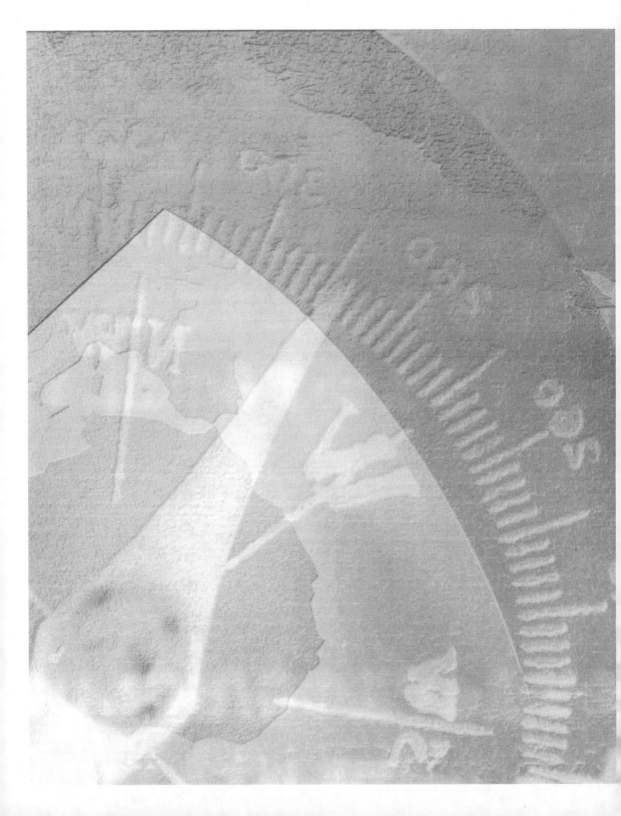

2 | Entwerfen von Webseiten

Adobe GoLive stellt für das Entwerfen Ihrer Webseiten vielfältige Möglichkeiten bereit, damit Sie Text, Bilder und andere Objekte auf jeder Seite präzise platzieren können. Außerdem ermöglicht es Ihnen, häufig benötigte Objekte und Farben Ihrer WebSite schnell und einfach hinzuzufügen, damit Sie beim Erstellen Ihrer Seiten Zeit sparen. Beim Arbeiten mit dem Entwurf dreier Seiten werden Sie in dieser Lektion die vielfältigen Werkzeuge des Seitenlayouts entdecken.

In dieser Lektion lernen Sie Folgendes:

- Erstellen einer neuen WebSite und Hinzufügen von Dateien
- Erzeugen einer dynamischen Komponente, die häufig benötigten Seiteninhalt aufnimmt, und Hinzufügen der Komponente zu einer Seite
- Anlegen einer neuen Seite
- Verwenden eines Layout-Rasters, um Objekte präzise auf einer Seite zu platzieren
- Hinzufügen von Bildern zu einer Seite unter Verwendung unterschiedlicher Methoden
- Bewegen, Ausrichten und Verteilen von Objekten auf einem Layout-Raster
- Hinzufügen eines Hintergrundbildes zu einer Seite
- Hinzufügen von Text zu einer Seite unter Verwendung von Layout-Textrahmen
- Erzeugen einer Spezial-Farbpalette, die häufig benötigte Farben aufnimmt; Hinzufügen dieser Farben zu einer Seite
- Entnehmen von Farbe unter dem Bereich des Zeigers
- Verwenden von Rahmen, um Objekte auf einer Seite zu überlappen

Für diese Lektion werden Sie etwa eine Stunde benötigen.

Entfernen Sie, falls nötig, den Ordner mit der vorigen Lektion von Ihrer Festplatte und kopieren Sie den Ordner *Lesson02* an seine Stelle. Beim Arbeiten mit dieser Lektion werden Sie die Dateien im Ordner *Start* überschreiben. Falls Sie die Start-Dateien wieder herstellen möchten, kopieren Sie sie von der *Adobe GoLive Classroom in a Book*-CD.

Vorbereitungen

In Lektion 1, »Mit Text arbeiten«, haben Sie eine Webseite für Gage Vintage Guitars entworfen. In dieser Lektion werden Sie eine ganze WebSite für die Firma erzeugen und mit drei Seiten-Entwürfen der Site arbeiten.

Zuerst werden Sie die fertige Webseite in Ihrem Webbrowser betrachten.

1 Starten Sie Ihren Webbrowser.

2 Öffnen Sie die Datei *Index.html*. Unter Windows finden Sie sie im Pfad *Lesson02/02End/Gage Folder/Gage/Index.html*. Unter Mac OS finden Sie sie im Pfad *Lesson02/02End/Gage f /Gage/Index.html*.

3 Öffnen Sie die Datei *Appraise.html*, unter Windows im Pfad *Lesson02/02End/Gage Folder/Gage/Pages/Appraise.html* und unter Mac OS im Pfad *Lesson02/02End/Gage f /Gage/Pages/Appraise.html*.

4 Öffnen Sie die Datei *Hottest.html*, unter Windows im Pfad *Lesson02/02End/Gage Folder/Gage/Pages/Hottest.html* und unter Mac OS im Pfad *Lesson02/02End/Gage f /Gage/Pages/Hottest.html*.

5 Wenn Sie mit dem Betrachten der Seiten fertig sind, schließen Sie die Dateien wieder und beenden Sie Ihren Browser.

Eine neue WebSite erzeugen

Sie werden in dieser Lektion damit beginnen, mit Adobe GoLive eine neue WebSite zu erstellen.

1 Starten Sie Adobe GoLive. Es wird ein neues Dokument mit dem Namen *Ohne Titel.html* geöffnet. In diesem Teil der Lektion benötigen Sie allerdings kein neues Dokument.

2 Wählen Sie **Datei: Schließen**, um *Ohne Titel.html* zu schließen.

Jetzt können Sie mit dem Erstellen einer neuen WebSite beginnen.

3 Wählen Sie **Datei: Neue Web-Site: Leere Web-Site**.

4 Geben Sie **Gage** als Namen der neuen Site ein.

Hinweis: Falls Sie unter Mac OS 8.1 arbeiten und den Namen nicht eingeben können, drücken Sie die Tabulator-Taste dreimal und geben den Namen noch einmal ein. Sie können außerdem auf »Abbrechen« klicken, danach **Bearbeiten: Voreinstellungen: Allgemein: Darstellung** *wählen, dort die Option »Navigation Services verwenden« abwählen, anschließend auf OK klicken und die Schritte 3 und 4 wiederholen.*

5 Wählen Sie den Ordner *Lesson02* aus. (Klicken Sie unter Windows auf »Auswahl« und verwenden Sie das aufgerufene Dialogfeld, um den Ordner *Lesson02* auszuwählen.)

6 Stellen Sie sicher, dass die Option »Ordner anlegen« angewählt ist, damit Adobe GoLive einen neuen Ordner anlegt.

7 Klicken Sie unter Windows auf OK. Unter Mac OS klicken Sie auf »Sichern«.

Neue Site erzeugen (Windows)   *Neue Site erzeugen (Mac OS)*

Im Ordner *Lesson02* wird der Ordner *Gage Ordner* (Windows) bzw. *Gage f* (Mac OS) anlegt. Außerdem erscheint das Site-Fenster mit ausgewählter Registerkarte »Dateien« und geöffnetem Ordner *Gage*.

8 Öffnen Sie den Ordner *Gage Folder* im Windows Explorer (Windows) bzw. *Gage f* im Finder (Mac OS) und untersuchen Sie seinen Inhalt.

Der Ordner *Gage Folder* bzw. *Gage f* enthält Folgendes:

- Den Ordner *Gage*, der die Seiten und Medien Ihrer WebSite aufnimmt. Beim Erzeugen einer neuen WebSite enthält er automatisch eine leere Seite namens *Index.html*.

- Den Ordner *Gage data*, der Dateien für den Aufbau und das Instandhalten Ihrer Site aufnimmt.

- Die Datei *Gage.site* (Windows) bzw. *Gage.π* (Mac OS), die Informationen über die Struktur Ihrer WebSite aufnimmt. Wenn Sie diese Datei öffnen, wird das Site-Fenster in Adobe GoLive aufgerufen.

Hinzufügen von Dateien zu einer WebSite

Nun können Sie der WebSite Dateien hinzufügen. Zuerst fügen Sie einen Ordner mit Bilddateien hinzu. Später werden Sie diese Bilddateien benutzen, um den Seiten der WebSite Bilder hinzuzufügen.

1 Verwenden Sie den Windows Explorer (Windows) bzw. den Finder (Mac OS), um den Ordner *Images* im Pfad *Lesson02/02Start* auszuwählen. Ziehen Sie den Ordner *Images* vom Desktop in das Site-Fenster.

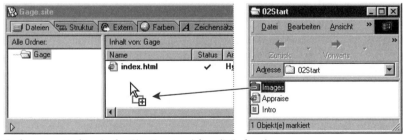

Ordner vom Desktop in das Site-Fenster ziehen (Windows)

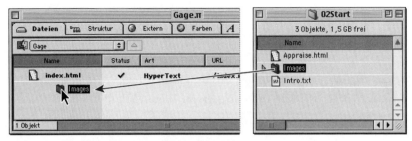

Ordner vom Desktop in das Site-Fenster ziehen (Mac OS)

2 Klicken Sie unter Mac OS auf den Pfeil (▶) neben dem Ordnersymbol des Ordners *Images* im Site-Fenster, um seinen Inhalt darzustellen.

Nun werden Sie der WebSite einen neuen Ordner hinzufügen. Dieser Ordner wird die Seiten der WebSite aufnehmen.

3 Wählen Sie **Site: Neu: Ordner**. Im Site-Fenster erscheint ein neuer Ordner mit dem Namen »Neuer Ordner«.

4 Geben Sie **Pages** ein, um den Ordner zu benennen, und klicken Sie außerhalb des Ordners, um die Auswahl aufzuheben.

Jetzt werden Sie dem Ordner *Pages* die fertiggestellte Webseite aus Lektion 1, »Arbeiten mit Text«, hinzufügen. Sie werden später in dieser Lektion den Entwurf der Seite noch auf den neuesten Stand bringen.

5 Benutzen Sie den Windows Explorer (Windows) bzw. den Finder (Mac OS), um die Datei *Appraise.html* im Pfad *Lesson02/02Start* auszuwählen. Ziehen Sie die Datei *Appraise.html* vom Desktop auf das Ordnersymbol des Ordners *Pages* im Site-Fenster.

Der Ordner *Pages* wird im Site-Fenster geöffnet und enthält dann die Datei *Appraise.html*.

Wenn Sie mit Adobe GoLive für Windows arbeiten, fahren Sie mit dem nächsten Abschnitt »Erzeugen einer dynamischen Komponente« auf Seite 98 fort. Wenn Sie mit Adobe GoLive für Mac OS arbeiten, folgen Sie den nächsten Schritten.

6 Um zurück in den Ordner *Gage* zu gelangen, wählen Sie ihn aus dem Menü oben links in der Ecke des Site-Fensters aus.

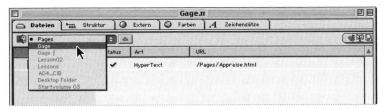

Zurück zum Ordner Gage

💡 *Sie können auch auf die Schaltfläche ( ) rechts neben dem Menü im Site-Fenster klicken, um im Site-Fenster in eine höhere Ordnerebene zu gelangen.*

7 Klicken Sie auf den Pfeil ( ) neben dem Ordnersymbol des Ordners *Pages* im Site-Fenster, um seinen Inhalt darzustellen.

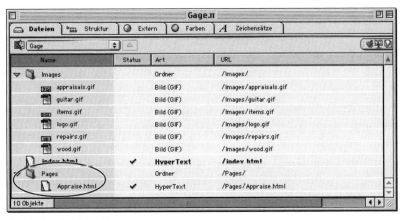

Ordnerinhalte darstellen

Erzeugen einer dynamischen Komponente

Jetzt sind Sie bereit, mit dem Entwerfen der Seiten der WebSite zu beginnen. Sie werden oben auf jeder Seite das *Gage Vintage Guitars*-Logo und eine Navigationsleiste für die Site platzieren. Anstatt diesen Seiteninhalt mehrmals zu erstellen, werden Sie ihn einmal anlegen und ihn als *dynamische Komponente* speichern, die Sie Ihren Seiten jederzeit hinzufügen können.

Verwenden von dynamischen Komponenten

Mit dynamischen Komponenten können Sie in einer Quelldatei Elemente erstellen, die Sie auf mehreren Seiten verwenden können. Diese Funktion ist nützlich für Schaltflächen, Logos, Titel und andere Elemente, die Sie auf Ihrer Site verwenden möchten.

Über dynamische Komponenten

Mit Adobe-GoLive-Komponenten können Sie andere HTML-Seiten referenzieren und in die Seite einbetten, einschließlich Text, Bilder und anderen visuellen Inhalt. Wenn Sie ein Element als dynamische Komponente einbetten, statt den HTML-Kode in Ihre Seite zu schreiben, können Sie das Objekt einfach ändern, indem Sie durch Doppelklicken die Quelldatei (eine HTML-Seite, die nur das Element enthält) öffnen und dann das Objekt bearbeiten. Wenn Sie die Quelldatei speichern, aktualisiert Adobe GoLive automatisch alle Seiten, die das Element enthalten.

Adobe GoLive schließt die eingebettete HTML-Seite in ein benutzerdefiniertes Tag ein, das der Browser bei der Ausführung ignoriert (auch wenn der Inhalt korrekt verstanden und interpretiert wird), und markiert es als dynamischen Seiteninhalt, der jedesmal aktualisiert werden muss, wenn die Quelldatei sich ändert.

Hinweis: *Dynamische Komponenten werden nur aktualisiert, wenn Sie auf Ihrer lokalen Festplatte arbeiten. Seiten im Webserver werden nicht einfach durch Hochladen der Quelldatei aktualisiert. Sie müssen alle Seiten hochladen, die eine Komponente referenzieren, um Ihre Site nach dem Ändern der Quelldatei zu aktualisieren.*

Aus dem Adobe GoLive 4.0 Handbuch, Kapitel 5

Nun werden Sie eine neue Seite anlegen, die Sie als dynamische Komponente speichern werden.

1 Platzieren Sie das Site-Fenster unten auf Ihrem Desktop so, dass es sichtbar ist, wenn Sie eine neue Seite erzeugen. Um ein Fenster zu bewegen, ziehen Sie es an seiner Titelleiste.

Weitere Informationen über das Einrichten Ihres Arbeitsbereiches finden Sie unter »Einrichten des Arbeitsbereiches« auf Seite 58.

2   Wählen Sie **Datei: Neu**, um eine neue Seite zu erhalten.

Falls nötig, können Sie das Dokumentfenster und das Site-Fenster in der Größe anpassen, so dass sie weniger Platz auf dem Desktop benötigen. Um ein Fenster in der Größe zu verändern, ziehen Sie an seiner unteren rechten Ecke.

3   Wählen Sie den Seitentitel **Welcome to Adobe GoLive 4** aus.

4   Geben Sie **Navigation Bar** als neuen Titel ein und klicken Sie in den Leerraum unter dem Titel, um die Auswahl aufzuheben.

5   Wählen Sie **580** aus dem Menü »Fenstergröße einstellen« in der rechten unteren Ecke des Dokumentfensters.

6   Falls nötig, wählen Sie **Ansicht: Inspektor** (Windows) bzw. **Fenster: Inspektor** (Mac OS), um den Inspektor aufzurufen.

7   Klicken Sie auf das Seite-Symbol (▣) in der oberen linken Ecke des Dokumentfensters. Der Inspektor ändert sich in den *Seiten-Inspektor*.

8   Klicken Sie im Seiten-Inspektor auf den Reiter »HTML«. Klicken Sie anschließend auf die Schaltfläche »Komponente«, um die aktuelle Seite als dynamische Komponente zu verwenden.

9   Wählen Sie **Datei: Speichern**, geben Sie der Seite den Namen **Navbar.html** und speichern Sie sie im Ordner *Komponenten*. Unter Windows lautet der Pfad *Lesson02/Gage Folder/Gage.data/Komponenten*. Unter Mac OS ist es der Pfad *Lesson02/Gage f /Gage.data/Komponenten*.

Der Ordner *Komponenten* nimmt alle dynamische Komponenten der Site auf. Sie können den Inhalt des Ordners im Site-Fenster sehen.

10   Blenden Sie den unteren bzw. rechten Abschnitt des Site-Fensters ein:

- Unter Windows klicken Sie auf den Pfeil unten links im Site-Fenster.
- Unter Mac OS klicken Sie auf das Symbol oben rechts im Site-Fenster.

Der untere bzw. rechte Abschnitt des Site-Fensters wird eingeblendet; dabei ist der Reiter »Extra« ausgewählt und der Ordner *Gage.data* geöffnet. Der Inhalt des Ordners *Komponenten* wird automatisch dargestellt, weil er eine Datei enthält.

Ordner Komponenten *im unteren Abschnitt des Site-Fensters (Windows)*

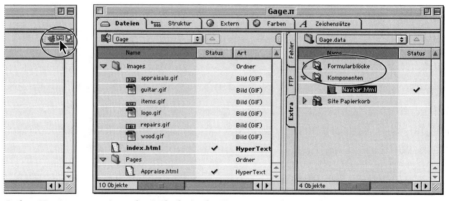

Ordner Komponenten *im rechten Abschnitt des Site-Fensters (Mac OS)*

Hinzufügen eines Layout-Rasters

Sie können ein Layout-Raster verwenden, um Text, Tabellen, Bilder und andere Objekte exakt auf einer Seite zu platzieren. Beim Hinzufügen eines Layout-Rasters erzeugt Adobe GoLive eigentlich Tabellen im HTML-Quellcode der Seite. Diese Tabellen werden dann verwendet, um auf dieser Seite Objekte mit 1-Pixel-Genauigkeit zu platzieren.

Jetzt werden Sie der Seite ein Layout-Raster hinzufügen.

1 Klicken Sie in das Fenster »Navbar.html«, um es zu aktivieren.

2 Falls nötig, wählen Sie **Ansicht: Palette** (Windows) bzw. **Fenster: Palette** (Mac OS), um die Palette aufzurufen, und vergewissern Sie sich, dass die Registerkarte »Elemente« ( ) angewählt ist.

3 Doppelklicken Sie auf das Symbol »Layout-Raster« in der Palette oder ziehen Sie das Symbol »Layout-Raster« aus der Palette auf die Seite.

Der Seite wird ein Layout-Raster hinzugefügt und der Inspektor ändert sich in den *Layout-Raster-Inspektor.*

Hinweis: *Falls sich der Inspektor nicht in den Layout-Raster-Inspektor ändert, klicken Sie auf das Layout-Raster der Seite, um es auszuwählen, so dass der Inspektor sich entsprechend ändert. Gehen Sie im ganzen Buch folgendermaßen vor: Wenn der Inspektor sich nicht wie in der Beschreibung angegeben ändert, wählen Sie das betreffende Objekt an, damit sich der Inspektor entsprechend ändert.*

Nun werden Sie die Breite des Layout-Rasters festlegen.

4 Geben Sie im Layout-Raster-Inspektor **580** für die »Breite« ein und klicken Sie auf die Schaltfläche »Eingabe« ( ) oder drücken Sie die Eingabetaste. (Immer wenn die Schaltfläche »Eingabe« nach einem Textfeld erscheint, müssen Sie auf diese Schaltfläche klicken oder die Eingabetaste auf der Tastatur drücken, damit der Wert des Textfeldes übertragen wird.)

Sie können die Größe eines Layout-Rasters auch verändern, indem Sie es auswählen und an einem seiner Anfasser ziehen.

Hinzufügen eines Bildes mit Hilfe des Symbols »Point & Shoot«

Nun werden Sie der Seite vier Bilder hinzufügen und dabei unterschiedliche Methoden anwenden. Adobe GoLive unterstützt die Standard-Bildformate des Web: *Graphical Interchange Format* (GIF) und *Joint Photographic Experts Group* (JPEG). Üblicherweise verwendet man für Strichzeichnungen GIF-Bilder, für Fotografien und andere Bilder mit mehr als 256 Farben JPEG-Bilder. In dieser Lektion werden Sie GIF-Bilder verwenden.

Zuerst werden Sie der Seite das Firmenlogo hinzufügen und dafür das Symbol »Point & Shoot« im Bild-Inspektor benutzen.

  1 Ziehen Sie das Symbol »Bild« aus der Palette in die linke obere Ecke des Layout-Rasters.

Auf dem Layout-Raster erscheint ein Bildplatzhalter und der Inspektor ändert sich in den *Bild-Inspektor*.

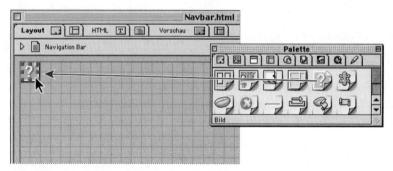

Einer Seite einen Bildplatzhalter hinzufügen

2 Vergewissern Sie sich, dass im Bild-Inspektor die Registerkarte »Allg.« ausgewählt ist.

Beachten Sie, dass im Textfeld »URL« im Bild-Inspektor »(Leere Referenz!)« angezeigt wird. Das bedeutet, dass der Bildplatzhalter noch keinen Bezug auf ein Bild enthält. Sie werden das Symbol »Point & Shoot« benutzen, um ein bestimmtes Bild im Site-Fenster mit dem Bildplatzhalter auf der Seite zu verbinden.

3 Ziehen Sie mit gedrückter Maustaste vom Symbol »Point & Shoot« ( ) im Bild-Inspektor auf *Logo.gif* im Ordner *Images* im Site-Fenster. Lassen Sie die Maustaste los, sobald *Logo.gif* hervorgehoben wird.

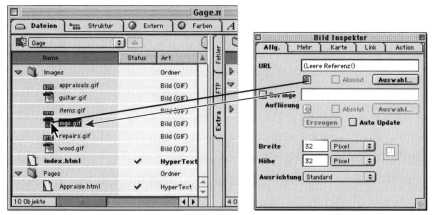

Verwenden des Symbols »Point & Shoot«, um ein Bild zu bestimmen

Das Firmenlogo wird der Seite zugefügt und das Textfeld »URL« im Bild-Inspektor zeigt den Pfad zur Datei *Logo.gif* an. Sie können die Lage des Bildes ganz einfach anpassen, indem Sie es an den gewünschten Ort ziehen.

Adobe GoLive unterstützt Bilder in geringer Auflösung, die zunächst während des Ladens der Bilder in hoher Auflösung im Browser des Betrachters gezeigt werden. Bilder in geringer Auflösung können Sie aus anderen Anwendungen übernehmen oder schnell mit Adobe GoLive selbst erzeugen. Genau das werden Ihre nächsten Schritte sein.

4 Klicken Sie im Bild-Inspektor auf die Schaltfläche »Erzeugen«.

Im Ordner »Images« im Site-Fenster erscheint daraufhin ein Bild in geringer Auflösung mit dem Namen *LogoIs.gif* und im Bild-Inspektor wird automatisch das Kontrollkästchen vor der Option »Geringe Auflösung« ausgewählt.

Nun geben Sie einen Ersatztext für das Bild ein. In Browsern, die Bilder nicht unterstützen oder in denen das Laden von Bildern ausgeschaltet wurde, wird dieser Ersatztext statt des Bildes dargestellt.

5   Klicken Sie im Bild-Inspektor auf den Reiter »Mehr«. Geben Sie **Gage Vintage Guitars Logo** in das Textfeld »Ersatztext« ein und drücken Sie die Eingabetaste.

6   Wählen Sie **Datei: Speichern**, um die Seite zu speichern.

Hinzufügen eines Bildes unter Verwendung eines Tastaturkürzels

Jetzt werden Sie der Seite ein zweites Bild hinzufügen und dafür ein Tastaturkürzel anwenden. Dieses Bild ist Bestandteil der Navigationsleiste der WebSite.

1   Ziehen Sie das Symbol »Bild« aus der Palette auf die Seite etwas rechts vom Firmenlogo.

2   Halten Sie die Alt-Taste (Windows) bzw. Befehlstaste (Mac OS) gedrückt und ziehen Sie vom Bildplatzhalter in der Seite auf die Datei *Items.gif* im Ordner *Images* im Site-Fenster.

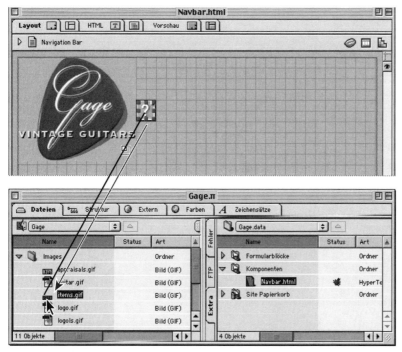

Tastaturkürzel verwenden, um Bild zu bestimmen

3 Geben Sie in das Textfeld »Ersatztext« der Registerkarte »Mehr« **Items In Stock** ein und drücken Sie die Eingabetaste, um den Ersatztext für das Bild *Items.gif* hinzuzufügen.

Da die Dateigröße des Bildes *Items.gif* klein ist (1K), brauchen Sie kein Bild in geringer Auflösung zu erzeugen.

Hinzufügen von Bildern durch Ziehen

Sie werden das dritte und vierte Bild der Seite durch Ziehen hinzufügen. Auch diese Bilder sind Bestandteile der Navigationsleiste der WebSite.

Jetzt werden Sie der Seite das dritte Bild hinzufügen.

1 Ziehen Sie das Symbol »Bild« aus der Palette auf die Seite etwas rechts vom Bild *Items In Stock*.

2 Ziehen Sie das Bild *Repairs.gif* aus dem Ordner *Images* im Site-Fenster auf den Bildplatzhalter auf der Seite.

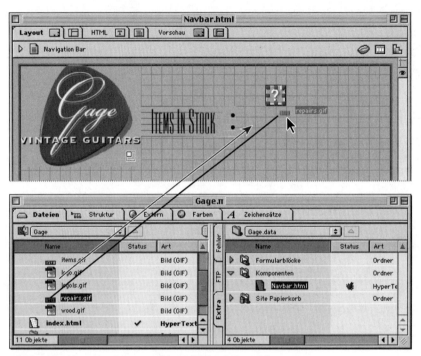

Bilddatei aus dem Site-Fenster auf den Bildplatzhalter ziehen

3 Geben Sie im Bild-Inspektor als »Ersatztext« **Repairs** ein und drücken Sie die Eingabetaste.

Nun werden Sie der Seite das vierte Bild hinzufügen.

4 Ziehen Sie das Symbol »Bild« aus der Palette auf die Seite etwas rechts vom Bild *Repairs*.

5 Ziehen Sie das Bild *Appraisals.gif* aus dem Ordner *Images* im Site-Fenster auf den Bildplatzhalter auf der Seite.

6 Geben Sie im Bild-Inspektor als »Ersatztext« **Appraisals** ein und drücken Sie die Eingabetaste.

7 Wählen Sie **Datei: Speichern**, um die Seite zu speichern.

💡 *Sie können ein Bild auch hinzufügen, indem Sie die Bilddatei aus dem Site-Fenster auf die Seite ziehen, ohne vorher einen Bildplatzhalter zu platzieren. Das Verwenden eines Bildplatzhalters ermöglicht Ihnen allerdings eine bessere Kontrolle über die anfängliche Platzierung des Bildes.*

Ausrichten und Verteilen von Objekten

Nun haben Sie der Seite alle Bilder hinzugefügt und sind bereit, sie auf der Seite auszurichten und zu verteilen. Wenn Sie mehr als ein Objekt auf einem Layout-Raster auswählen, ändert sich der Inspektor in den *Mehrfachselektion-Inspektor*. Während die Werkzeugleiste Ihnen das Ausrichten von Objekten relativ zum Layout-Raster ermöglicht, lässt Sie der Mehrfachselektion-Inspektor sowohl das Ausrichten als auch das Verteilen von Objekten relativ zueinander ausführen.

Jetzt werden Sie die Oberkanten der drei Bilder, die die Navigationsleiste bilden, ausrichten.

1 Klicken Sie auf das Bild *Items In Stock*, um es auszuwählen. Klicken Sie dann mit gedrückter Umschalttaste auf die Bilder *Repairs* und *Appraisals*, um sie der Auswahl hinzuzufügen.

Der Inspektor ändert sich in den *Mehrfachselektion-Inspektor*.

2 Vergewissern Sie sich, dass im Mehrfachselektion-Inspektor die Registerkarte »Ausrichten« ausgewählt ist. Klicken Sie auf die Schaltfläche »Oben ausrichten« (), um die Oberkanten der ausgewählten Objekte auszurichten. (Wenn die Oberkanten der ausgewählten Objekte bereits ausgerichtet sind, erscheint die Schaltfläche nicht anwählbar grau.)

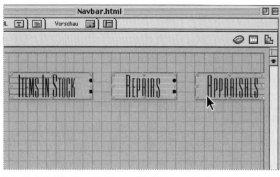

Mit gedrückter Umschalttaste klicken, um mehrere Objekte auszuwählen

Schaltfläche »Oben ausrichten«

Jetzt werden Sie die Bilder horizontal verteilen. Sie werden einen Abstand von 0 festlegen, um den Leerraum zwischen den Bildern zu entfernen.

3 Klicken Sie im Mehrfachselektion-Inspektor auf den Reiter »Verteilen«.

4 Pürfen Sie, ob »Versatz« im Abschnitt »Horizontal« ausgewählt ist. Geben Sie **0** in das Textfeld »Versatz« ein und drücken Sie die Eingabetaste. Klicken Sie anschließend auf die Schaltfläche »Gleicher Abstand« ().

Die ausgewählten Objekte werden auf der Seite horizontal so bewegt, dass der Abstand zwischen ihren Rändern gleichmäßig auf den im Textfeld »Versatz« festgelegten Wert von 0 Pixel vermindert wird.

Sie können ein ausgewähltes Objekt mit den Pfeiltasten auf einem Layout-Raster bewegen. Das Drücken einer Pfeiltaste bewegt ein Objekt per Voreinstellung um 16 Pixel, genau der Abstand des Leerraumes zwischen den waagerechten und senkrechten Linien des Rasters.

5 Die drei Bilder bleiben weiterhin ausgewählt. Benutzen Sie die Pfeil-nach-oben-Taste, um die Bilder auf dem Raster nach ganz oben zu bewegen. Benutzen Sie danach die Pfeil-nach-links-Taste, um die Bilder direkt an das Firmenlogo zu bewegen.

💡 *Falls in einem Layout-Raster die Option aktiviert ist, Objekte auf das Raster einschnappen zu lassen, können Sie ein ausgewähltes Objekt ganz einfach pixelweise bewegen. Halten Sie die Strg- und die Alt-Taste (Windows) bzw. die Wahltaste (Mac OS) gedrückt und drücken Sie dann eine der Pfeiltasten.*

6 Klicken Sie in den Leerraum unter den ausgewählten Bildern, um ihre Auswahl aufzuheben.

Vielleicht haben Sie bemerkt, dass das Layout-Raster seine Größe verändert hat, um die Bilder, die Sie hinzugefügt haben, aufnehmen zu können. Nachdem Sie mit dem Platzieren von Objekten auf einem Layout-Raster fertig sind, ist es angebracht, das Layout-Raster zu optimieren. Das Optimieren eines Rasters verringert seine Größe, so dass es weniger Platz auf der Seite verbraucht.

Jetzt werden Sie das Layout-Raster optimieren.

7 Klicken Sie, wenn nötig, auf das Layout-Raster, um es auszuwählen. Klicken Sie anschließend auf die Schaltfläche »Optimale Größe« im Layout-Raster-Inspektor.

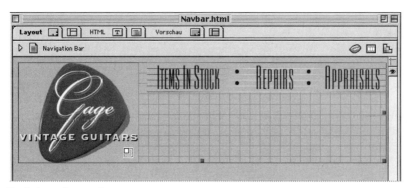

Optimiertes Layout-Raster

8 Wählen Sie **Datei: Speichern**, um die Seite zu speichern. Danach schließen Sie sie, indem Sie **Datei: Schließen** wählen.

Entwerfen der Homepage

Nun sind Sie so weit, dass Sie die Homepage der WebSite entwerfen können.

1 Doppelklicken Sie im Site-Fenster auf die Datei *Index.html*, um sie zu öffnen. (Unter Windows doppelklicken Sie im Site-Fenster auf das Symbol für den Ordner *Gage*, um die Datei *Index.html* aufzurufen.)

2 Ändern Sie den Titel der Seite in **Gage Vintage Guitars**.

3 Wählen Sie **580** aus dem Menü »Fenstergröße einstellen« in der unteren rechten Ecke des Dokumentfensters.

Hinzufügen eines Hintergrundbildes

Jetzt werden Sie der Homepage ein Hintergrundbild hinzufügen. Beim Auswählen eines Hintergrundbildes können Sie sich ruhig für ein Bild entscheiden, das kleiner als Ihre Seite ist. Adobe GoLive behandelt Hintergrundbilder als Kachel, genau wie Webbrowser, d.h., ihre Darstellung wird wiederholt, um die Seite vollständig auszufüllen.

Zuerst werden Sie eine Vorschau des Bildes betrachten. Sie können den Datei-Inspektor verwenden, um genaue Informationen über eine Datei zu erhalten, dazu gehört auch eine Vorschau ihres Inhaltes.

1 Klicken Sie im Site-Fenster auf das Symbol der Datei *Wood.gif* im Ordner *Images*. (Achten Sie darauf, dass Sie auf das Symbol klicken und nicht auf den Dateinamen.) Der Inspektor ändert sich in den *Datei-Inspektor*.

2 Klicken Sie im Datei-Inspektor auf den Reiter »Inhalt«. Es erscheint eine Vorschau von *Wood.gif* im Datei-Inspektor.

Nun werden Sie *Wood.gif* der Seite als Hintergrundbild hinzufügen.

3 Klicken Sie auf das Symbol »Seite« (🗎) in der oberen linken Ecke des Dokumentfensters. Der Inspektor ändert sich in den *Seiten-Inspektor*.

4 Klicken Sie im Seiten-Inspektor auf den Reiter »Seite«. Klicken Sie auf das Kontrollkästchen neben »Bild«, um die Option »Bild« auszuwählen.

5 Ziehen Sie im Seiten-Inspektor vom Symbol »Point & Shoot« (🔘) auf die Datei *Wood.gif* im Ordner *Images* im Site-Fenster.

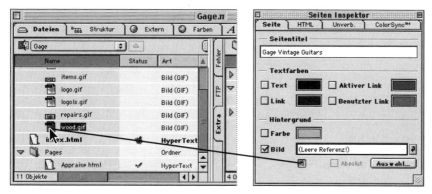

Bild als Kachel für den Seitenhintergrund bestimmen

Das Bild von der Holzoberfläche wird gekachelt, um die Seite auszufüllen.

Hinzufügen einer dynamischen Komponente

Jetzt werden Sie der Homepage die Navigationsleiste hinzufügen und dazu dynamische Komponenten benutzen, die Sie weiter vorne in dieser Lektion erzeugt haben.

1 Klicken Sie in der Palette auf den Reiter »CyberObjects« (🔳). Ziehen Sie anschließend das Symbol »Komponente« in die Ecke oben links auf der Seite.

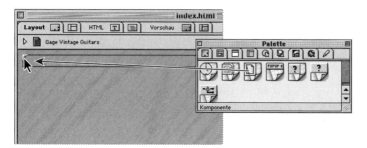

Hinzufügen eines Komponentenplatzhalters

Der Inspektor wird zum *Komponenten-Inspektor*.

2 Ziehen Sie vom Symbol »Point & Shoot« ( ) im Komponenten-Inspektor auf die Datei *Navbar.html* im Ordner *Komponenten* im Site-Fenster. (Denken Sie daran, dass der Ordner *Komponenten* im unteren (Windows) bzw. rechten (Mac OS) Feld des Site-Fensters dargestellt wird.)

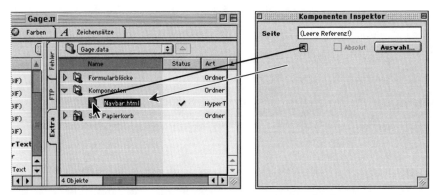

Verwenden des Symboles »Point & Shoot«, um eine Komponente zu bestimmen

Die Navigationsleiste wird oben in die Homepage eingefügt.

3 Wählen Sie **Datei: Speichern**, um die Seite zu speichern.

Hinzufügen von Text unter Verwendung von Layout-Textrahmen

Nun werden Sie mit Hilfe von Layout-Textrahmen Text in die Seite einfügen. Bevor Sie der Seite Layout-Textrahmen hinzufügen können, müssen Sie der Seite ein Layout-Raster geben. Sie platzieren die Layout-Textrahmen auf dem Raster und können dann in die Rahmen Text eingeben. Mit Hilfe der Layout-Textrahmen können Sie Texte auf Ihrer Seite ganz leicht umstellen, indem Sie die Rahmen bewegen oder ausrichten.

Zuerst werden Sie Ihrer Homepage ein Layout-Raster hinzufügen.

 1 Klicken Sie in der Palette auf den Reiter »Elemente« ( ). Klicken Sie anschließend auf das Symbol »Layout-Raster« in der Palette oder ziehen Sie das Symbol »Layout-Raster« aus der Palette unterhalb der Komponente auf der Seite.

2 Geben Sie im Layout-Raster-Inspektor für »Breite« **580** ein und drücken Sie die Eingabetaste.

Jetzt können Sie der Seite den ersten Layout-Textrahmen hinzufügen. Sie werden diesen Rahmen dazu benutzen, der Seite eine Hauptüberschrift hinzuzufügen.

3 Ziehen Sie aus der Palette das Symbol »Layout-Textrahmen« auf die Position etwas oberhalb der Mitte des neuen Layout-Rasters auf der Seite.

Der Seite wird ein Layout-Textrahmen hinzugefügt. Falls nötig, können Sie die Lage des Rahmens ganz einfach anpassen. Bewegen Sie den Zeiger auf den Rand des Rahmens, so dass der Zeiger sich in eine Hand ändert. Ziehen Sie dann den Rahmen an den gewünschten Ort.

4 Klicken Sie in den Layout-Textrahmen und geben Sie **Welcome to Gage Vintage Guitars** ein. Wählen Sie anschließend »Überschrift 1« aus dem Menü »Absatzformat« in der Werkzeugleiste.

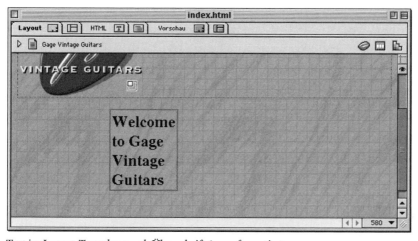

Text im Layout-Textrahmen, als Überschrift 1 *neu formatiert*

Sie können ein ausgewähltes Objekt mit Hilfe der Werkzeugleiste präzise auf einem Layout-Raster positionieren.

5 Klicken Sie auf den Rand des Layout-Textrahmens, um ihn auszuwählen.

6 Geben Sie in der Werkzeugleiste **180** als »Horizontale Position« ein und drücken Sie die Eingabetaste, um den Rahmen 180 Pixel vom linken Rand des Rasters zu positionieren. Geben Sie als »Vertikale Position« **0** ein und drücken Sie die Eingabetaste, um den Rahmen 0 Pixel vom oberen Rand des Rasters zu positionieren.

Sie können die Werkzeugleiste auch benutzen, um ein ausgewähltes Objekt in der Größe zu verändern.

7 Geben Sie in der Werkzeugleiste für die »Breite« **400** ein und drücken Sie die Eingabetaste, um den Rahmen auf 400 Pixel zu verbreitern. Geben Sie für die »Höhe« **80** ein und drücken Sie die Eingabetaste, um die Höhe des Rahmens auf 80 Pixel zu vergrößern.

Jetzt werden Sie der Seite einen zweiten Textrahmen hinzufügen. Sie werden diesen Rahmen benutzen, um der Seite einen Untertitel hinzuzufügen.

8 Ziehen Sie das Symbol »Layout-Textrahmen« aus der Palette oben links in das Layout-Raster.

9 Klicken Sie in den Layout-Textrahmen und geben Sie **Check Out This Week's Hottest Buy!** ein. Wählen Sie anschließend den gerade eingegebenen Text aus, klicken Sie auf die Schaltfläche »Fett« (F) in der Werkzeugleiste und wählen Sie **4** aus dem Menü »Schriftgröße« in der Werkzeugleiste aus.

Falls nötig, können Sie den Layout-Textrahmen mit Hilfe seiner Anfasser in der Größe anpassen. Klicken Sie dazu auf eine der Ecken des Rahmens, um ihn auszuwählen, und ziehen Sie an einem seiner Anfasser.

Größe eines Layout-Textrahmens anpassen

10 Klicken Sie in den Leerraum außerhalb des Layout-Textrahmens, um seine Auswahl aufzuheben.

Hinzufügen von Text mit Hilfe einer Tabelle

Nun werden Sie der Seite Text hinzufügen, in dem die Firma *Gage Vintage Guitars* vorgestellt wird. Sie werden beginnen, indem Sie eine einzellige Tabelle erstellen. Danach werden Sie einen Text aus einer Textverarbeitungsanwendung in diese Tabelle importieren.

Für weitere Informationen über das Verwenden von Tabellen lesen Sie »Hinzufügen von Tabellen« auf Seite 69.

LEKTION 2
Entwerfen von Webseiten

 1 Ziehen Sie das Symbol »Tabelle« aus der Palette unter die Hauptüberschrift auf dem Layout-Raster.

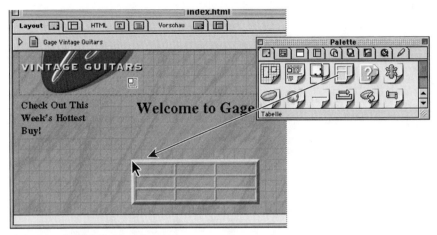

Einer Seite eine Tabelle hinzufügen

Der Inspektor wird zum *Tabellen-Inspektor* mit ausgewählter Registerkarte »Tabelle«.

2 Im Tabellen-Inspektor geben Sie unter »Zeilen« **1** ein und drücken Sie die Eingabetaste. Geben Sie unter »Spalten« **1** ein und drücken Sie die Eingabetaste.

3 Wählen Sie »Pixel« aus dem Menü rechts vom Textfeld »Breite«. Geben Sie unter »Breite« **400** ein und drücken die Eingabetaste.

4 Geben Sie unter »Rand« **0** ein und drücken die Eingabetaste, um den Tabellenrahmen zu entfernen.

5 Klicken Sie auf die Schaltfläche »Auswahl« hinter der Option »Tab-Text einlesen«.

6 Wählen Sie die Datei *Intro.txt* aus dem Pfad *Lesson02/02Start* und klicken Sie auf »Öffnen«.

7 In der Werkzeugleiste geben Sie als »Horizontale Position« **180** ein und drücken Sie die Eingabetaste. Geben Sie **80** für »Vertikale Position« ein und drücken Sie die Eingabetaste.

8 Wählen Sie **Datei: Speichern**, um die Seite zu speichern.

Eine Spezial-Farbpalette erzeugen und Text färben

Nun werden Sie einen Teil des Textes einfärben. Sie beginnen damit, indem Sie dem Farbfeld im Site-Fenster eine Farbe hinzufügen. Sie können dieses Farbfeld als Spezial-Farbfeld verwenden, das Farben aufnimmt, die Sie auf Ihrer WebSite häufig verwenden.

1 Klicken Sie im Site-Fenster auf den Reiter »Farben«.

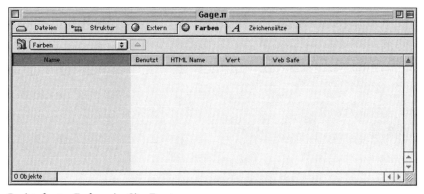

Registerkarte »Farben« im Site-Fenster

2 Falls nötig, wählen Sie **Ansicht: Farbpalette** (Windows) bzw. **Fenster: Farbpalette** (Mac OS), um die Farbpalette aufzurufen.

3 Vergewissern Sie sich, dass in der Farbpalette die Registerkarte »Web I« ( ) ausgewählt ist. Geben Sie im Textfeld »Wert« **990000** ein und drücken Sie die Eingabetaste. Die ausgewählte Farbe erscheint im Vorschau-Fenster.

4 Ziehen Sie die Farbe aus dem Vorschau-Fenster in das Site-Fenster.

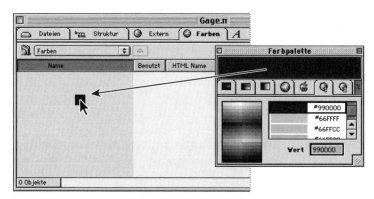

Farbe vom Vorschau-Fenster in das Site-Fenster ziehen

5 Geben Sie **Red** als Namen der Farbe ein und drücken Sie die Eingabetaste. Klicken Sie anschließend in den Leerraum unterhalb des Farbnamens, um seine Auswahl aufzuheben.

Jetzt werden Sie einen Teil des Textes auf der Seite mit der Farbe Red einfärben.

6 Wählen Sie den Text *Check Out This Week's Hottest Buy!* aus. (Achten Sie darauf, dass Sie den Text ausgewählt haben und nicht den Textrahmen.)

7 Ziehen Sie die Farbe Red aus dem Site-Fenster auf den ausgewählten Text auf der Seite.

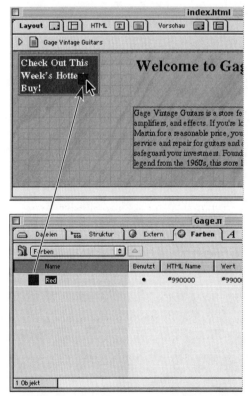

Farbe aus dem Site-Fenster auf den ausgewählten Text ziehen

8 Klicken Sie in den Leerraum außerhalb des ausgewählten Textes, um seine Auswahl aufzuheben.

Sie können Farben auch aus Bereichen unter dem Zeiger aufnehmen und diese Farbe Ihrer Spezial-Farbpalette hinzufügen. Diese Möglichkeit ist nützlich, wenn Sie die Farbe von zwei Objekten angleichen möchten.

9 Bewegen Sie den Zeiger über die Farbfelderfläche in der Farbpalette, so dass der Zeiger sich in eine Pipette ändert.

10 Ziehen Sie mit gedrückter Maustaste von der Farbfelderfläche auf den Schatten des Plektrons auf der Seite und lassen Sie die Maustaste los. Die Farbe des Plektronschattens erscheint im Vorschau-Fenster der Farbpalette.

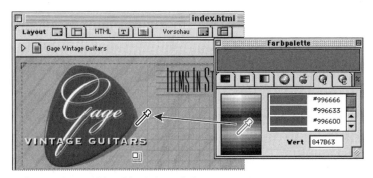

Farbe von einem Bild auf der Seite aufnehmen

11 Ziehen Sie die neue Farbe aus dem Vorschau-Fenster auf das Site-Fenster.

12 Geben Sie **Olive** als Namen für die Farbe ein und drücken Sie die Eingabetaste. Klicken Sie anschließend auf den Leerraum unterhalb des Farbnamens, um seine Auswahl aufzuheben.

Wenn Sie möchten, können Sie jetzt Objekte auf der Seite mit der Farbe des Schattens einfärben. Das Site-Fenster enthält Informationen darüber, ob eine Farbe Web-sicher ist. Die Farbe *Olive* hat in der Spalte »Web-Safe« keinen Punkt, was bedeutet, dass sie unter der Einstellung »256 Farben« (Standard-PCs) gedithert dargestellt wird.

13 Wählen Sie das Layout-Raster unterhalb der Navigationsleiste aus und klicken Sie im Layout-Raster-Inspektor auf die Schaltfläche »Größe optimieren«.

14 Wählen Sie **Datei: Speichern**, um die Homepage zu speichern. Wählen Sie anschließend **Datei: Schließen**, um sie zu schließen.

Nun können Sie zwei weitere Seiten für die WebSite *Gage Vintage Guitars* entwerfen.

Entwurf der Appraisal-Seite aktualisieren

Zuerst werden Sie den Entwurf der in Lektion 1 erstellten Webseite aktualisieren.

Eine dynamische Komponente hinzufügen

Die Seite besitzt im Moment noch nicht die Navigationsleiste der WebSite. Sie werden die Navigationsleiste schnell hinzufügen, indem Sie die dynamische Komponente verwenden, die Sie weiter vorne in dieser Lektion erstellt haben.

1 Klicken Sie auf den Reiter »Dateien« im Site-Fenster.

2 Doppelklicken Sie im Site-Fenster auf die Datei *Appraise.html* im Ordner *Pages*, um sie zu öffnen.

3 Wählen Sie im Menü »Fenstergröße ändern« unten rechts im Dokumentfenster **580**.

Weiter vorne in dieser Lektion haben Sie gelernt, wie Sie eine dynamische Komponente hinzufügen, indem Sie der Seite zuerst einen Komponentenplatzhalter hinzufügen. Jetzt werden Sie lernen, wie Sie eine dynamische Komponente hinzufügen können, ohne einen Platzhalter zu verwenden.

4 Klicken Sie in der Palette auf den Reiter »Site Extras« ( ).

5 Wählen Sie »Komponenten« aus dem Menü in der unteren rechten Ecke der Palette. Es erscheint ein Symbol der dynamischen Komponente, *Navbar.html*, in der Palette.

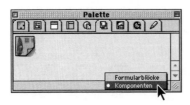

6

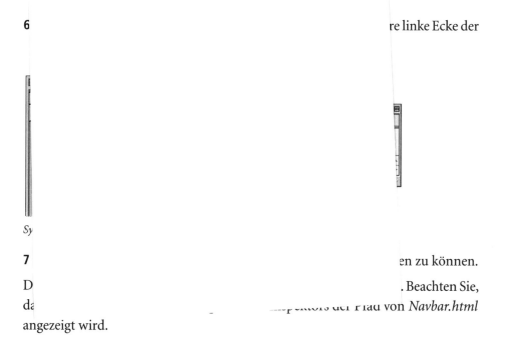

re linke Ecke der

Sy

7 en zu können.

D . Beachten Sie,
da ...pektors der Frau von *Navbar.html*
angezeigt wird.

Eine Spezial-Farbpalette aktualisieren

Nun werden Sie Ihre Spezial-Farbpalette aktualisieren, indem Sie ihr alle Farben der *Appraisal*-Seite hinzufügen, die nicht bereits in ihr enthalten sind.

1 Klicken Sie auf den Reiter »Farben« im Site-Fenster und klicken Sie anschließend auf die Schaltfläche »Aktualisieren« ( ) in der Werkzeugleiste.

Ein Ordner mit Namen *Neue Farben* wird dem Site-Fenster hinzugefügt. Er enthält die neuen Farben der Seite: die Hintergrundfarbe der Seite und die Farben der Tabellenzellen.

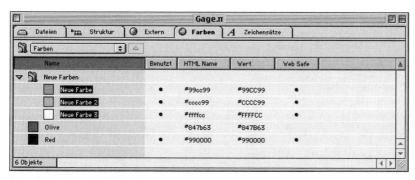

Aktualisierte Spezial-Farbpalette

Sie werden jeder Farbe einen Namen geben.

2 Klicken Sie in den Leerraum außerhalb der ausgewählten Farben, um ihre Auswahl aufzuheben.

3 Klicken Sie auf den Namen der ersten unbenannten Farbe, um sie auszuwählen. (Achten Sie darauf, den Namen der Farbe und nicht das Symbol auszuwählen.) Geben Sie **Green** ein und drücken Sie die Eingabetaste oder den Zeilenschalter. Klicken Sie anschließend in den Leerraum unterhalb des Namens, um seine Auswahl aufzuheben.

4 Ändern Sie den Namen der zweiten unbenannten Farbe in **Khaki** und den der dritten unbenannten Farbe in **Yellow**.

Jetzt werden Sie den Namen des Ordners *Neue Farben* ändern und die Farben Olive und Red in diesen Ordner verschieben.

5 Klicken Sie auf den Namen des Ordners *Neue Farben*, um ihn auszuwählen. Geben Sie **Gage Colors** ein und drücken Sie die Eingabetaste.

6 Doppelklicken Sie unter Windows auf das Ordnersymbol des Ordners *Farben*, um seinen Inhalt darzustellen.

7 Klicken Sie auf das Symbol der Farbe *Olive*, um sie auszuwählen, und klicken Sie dann mit gedrückter Umschalttaste das Symbol der Farbe *Red*, um sie zusätzlich auszuwählen. Ziehen Sie anschließend die ausgewählten Farben auf den Ordner *Gage Colors*.

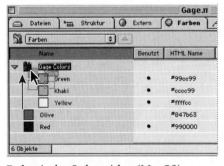
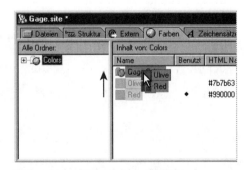

Farben in den Ordner ziehen (Mac OS)   *Farben in den Ordner ziehen (Windows)*

8 Doppelklicken Sie unter Windows auf das Symbol des Ordners *Gage Colors*, um seinen Inhalt darzustellen.

9 Klicken Sie auf die Titelleiste der *Appraisal*-Seite, um sie zu aktivieren. Wählen Sie **Datei: Speichern**, um die Seite zu speichern. Danach schließen Sie sie, indem Sie **Datei: Schließen** wählen.

Entwerfen der Seite *Hottest Buy*

Nun werden Sie eine neue Seite entwerfen und dafür Rahmen benutzen. Rahmen ermöglichen Ihnen das freie Platzieren von Objekten auf der Seite, ohne Tabellen oder ein Layout-Raster zu verwenden. Außerdem können Sie mit ihrer Hilfe Objekte in Ebenen überlappen. Sie können einem Rahmen Text, Tabellen, Bilder und andere Objekte hinzufügen.

Zuerst werden Sie eine neue Seite anlegen.

1 Wählen Sie **Datei: Neu**.

2 Ändern Sie den Titel der Seite in **Hottest Buy**.

3 Wählen Sie **580** aus dem Menü »Fenstergröße ändern« in der unteren rechten Ecke des Dokumentfensters.

4 Wählen Sie **Datei: Speichern**, benennen Sie die Seite in **Hottest.html** um, und speichern Sie sie im Ordner *Pages*. Unter Windows lautet der Pfad *Lesson02/Gage Folder/Gage/Pages*. Unter Mac OS lautet der Pfad *Lesson02/ Gage f /Gage/Pages*.

Nun werden Sie die Hintergrundfarbe der Seite ändern. Mit Ihrer Spezial-Farbtabelle können Sie den Hintergrund dieser Seite ganz einfach dem Hintergrund der *Appraisal*-Seite anpassen.

5 Ziehen Sie die Farbe Khaki aus dem Site-Fenster auf das Symbol »Seite« (▤) in der oberen linken Ecke des Dokumentfensters.

Die Hintergrundfarbe der Seite ändert sich in Khaki.

124 | LEKTION 2
Entwerfen von Webseiten

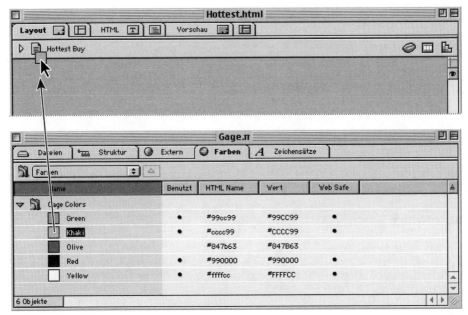

Verwenden der Registerkarte »Farben« im Site-Fenster, um die Hintergrundfarbe der Seite zu ändern

Jetzt werden Sie, wie bei den anderen Seiten der WebSite zuvor, auch dieser Seite die Navigationsleiste hinzufügen.

6 Ziehen Sie das Symbol »Navbar.html« in der Registerkarte »Site Extras« der Palette in die obere linke Ecke der Seite.

7 Wählen Sie **Datei: Speichern**, um die Seite zu speichern.

Hinzufügen des ersten Rahmens

Jetzt werden Sie der Seite einen Rahmen hinzufügen. Sie werden diesen Rahmen dazu benutzen, der Seite ein Bild einer Gitarre hinzuzufügen.

 1 Klicken Sie in der Palette auf den Reiter »Elemente«. Doppelklicken Sie dann auf das Symbol »Rahmen« in der Palette oder ziehen Sie das Symbol »Rahmen« aus der Palette auf die Seite.

Auf der Seite erscheint ein Rahmen in der oberen linken Ecke unterhalb der Komponente und der Inspektor ändert sich in den *Rahmen-Inspektor*.

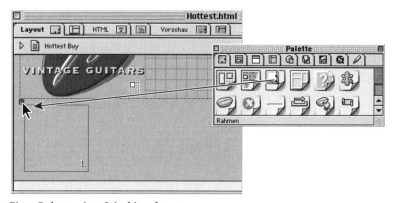

Einen Rahmen einer Seite hinzufügen

Jetzt werden Sie dem Rahmen einen Namen geben, damit Sie ihn von anderen Rahmen, die Sie der Seite noch hinzufügen werden, unterscheiden können.

2 Geben Sie im Rahmen-Inspektor als »Name« **Image** ein und drücken Sie die Eingabetaste.

Nun werden Sie dem Rahmen das Bild der Gitarre hinzufügen.

3 Klicken Sie im Site-Fenster auf den Reiter »Dateien«. Ziehen Sie dann die Datei *Guitar.gif* aus dem Ordner *Images* im Site-Fenster auf den Rahmen auf der Seite.

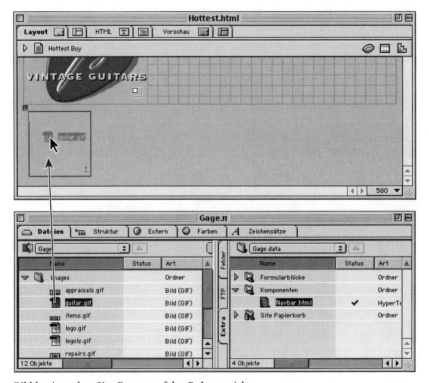

Bilddatei aus dem Site-Fenster auf den Rahmen ziehen

Das Bild der Gitarre erscheint im Rahmen.

4 Klicken Sie in den Leerraum außerhalb des Bildes, um seine Auswahl aufzuheben.

Hinzufügen eines zweiten Rahmens

Sie werden der Seite einen zweiten Rahmen hinzufügen, der eine Beschreibung der Gitarre enthalten wird, die Sie gerade der Seite zugefügt haben.

1 Doppelklicken Sie in der Palette auf das Symbol »Rahmen«. Der zweite Rahmen erscheint über dem ersten Rahmen.

2 Geben Sie im Rahmen-Inspektor **Description** in das Textfeld »Name« ein und drücken Sie die Eingabetaste.

Sie werden den Rahmen *Description* zunächst auf einen leeren Bereich auf der Seite bewegen.

3 Bewegen Sie den Zeiger über den Rand des Rahmens *Description*, so dass der Zeiger sich in eine nach links weisende Hand verändert. (Wenn die Hand nach oben weist, ist ein anderes Objekt als der Rahmen ausgewählt.)

4 Ziehen Sie den Rahmen *Description* nach rechts vom Rahmen *Image*.

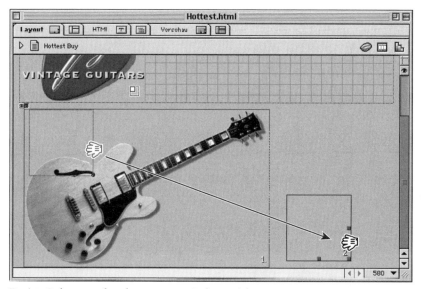

Zweiten Rahmen nach rechts vom ersten Rahmen ziehen

Jetzt werden Sie dem Rahmen *Description* einen Text hinzufügen. Und zwar werden Sie eine Beschreibung der auf der Seite gezeigten Gitarre eingeben.

5 Klicken Sie in den Rahmen *Description* und geben Sie **1981 Gibson ES-347** ein. Wählen Sie dann den gerade eingegebenen Text aus, klicken Sie auf die Schaltfläche »Fett« (F) in der Werkzeugleiste und wählen Sie **6** aus dem Menü »Schriftgröße« in der Werkzeugleiste aus.

6 Klicken Sie im Site-Fenster auf den Reiter »Farben«. Ziehen Sie anschließend die Farbe »Red« aus dem Site-Fenster auf den ausgewählten Text auf der Seite.

7 Klicken Sie in den Leerraum außerhalb des ausgewählten Textes, um seine Auswahl aufzuheben.

💡 *Sie können Spezial-Farben Ihrer WebSite auch in der Registerkarte »Site Colors« der Farbpalette anzeigen lassen (der Reiter ganz rechts in der Palette). Dann können Sie die Farbpalette anstelle des Site-Fensters benutzen, um der Seite Farbe hinzuzufügen.*

Jetzt werden Sie den Rahmen-Inspektor verwenden, um den Rahmen *Description* zu bewegen.

8 Bewegen Sie den Zeiger über den Rand des Rahmens *Description*, so dass der Zeiger sich in eine nach links weisende Hand ändert. Klicken Sie dann auf den Rand des Rahmens, um ihn auszuwählen.

9 Geben Sie im Textfeld »x« im Rahmen-Inspektor **250** ein und drücken Sie die Eingabetaste, um den Rahmen 250 Pixel vom linken Rand der Seite entfernt zu positionieren. Geben Sie im Textfeld »y« **300** ein und drücken Sie die Eingabetaste, um den Rahmen 300 Pixel vom oberen Rand der Seite entfernt zu positionieren.

Nun werden Sie den Rahmen in der Größe verändern und dafür den Rahmen-Inspektor benutzen.

10 Geben Sie als »Breite« **200** ein und drücken Sie die Eingabetaste, um den Rahmen auf 200 Pixel zu verbreitern. Geben Sie für die »Höhe« **100** ein und drücken Sie die Eingabetaste, um die Höhe des Rahmens auf 100 Pixel zu bringen.

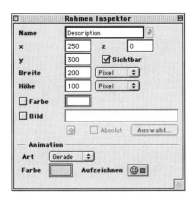

💡 *Sie können die Größe eines Rahmens auch ändern, indem Sie ihn auswählen und ihn an seinen Anfassern ziehen.*

11 Wählen Sie **Datei: Speichern**, um die Seite zu speichern.

Beachten Sie, dass die Bilder *Items In Stock*, *Repairs* und *Appraisals* auf der Seite *Hottest Buy* oben am Raster ausgerichtet sind. Sie werden diese Bilder nach unten bewegen, so dass sie auf dem Raster mittig ausgerichtet werden.

12 Versuchen Sie, eines der Bilder auszuwählen, um es zu bearbeiten. Sie werden bemerken, dass Sie stattdessen die gesamte dynamische Komponente ausgewählt haben.

Sie können die Objekte der dynamischen Komponente von dieser Seite aus nicht bearbeiten. Stattdessen werden Sie die Objekte der Komponente in der Datei bearbeiten, in der Sie sie erzeugt haben.

13 Wählen Sie **Datei: Schließen**, um die Seite zu schließen.

Verwenden von Rahmen

Mit Rahmen können Sie Seiteninhalte manipulieren und dynamische Effekte und eine mehrschichtige Anzeige erzielen. Sie können mit Rahmen eine Seite in Rechtecke unterteilen, die Sie individuell formatieren, mit HTML-Inhalt versehen und stapeln können. Diese Rechtecke können undurchsichtig oder transparent sein, um Objekte im Hintergrund sichtbar zu machen.

Hinweis: Für die korrekte Anzeige von Rahmen ist ein Webbrowser der Version 4.0 oder später erforderlich. Obwohl Rahmen in der Zukunft vielleicht genau so oft verwendet werden wie HTML-Tabellen, kann es für Besucher mit älteren Browsern problematisch sein, Seiten anzuzeigen, die Rahmen enthalten.

Über Rahmen

Rahmen basieren auf dem DIV-Tag, das seit HTML 3.2 verfügbar ist, jedoch nicht allgemein verwendet wird. HTML 4.0 verbessert die Funktionalität des DIV-Tags wesentlich, so dass es absolut positioniert und gestapelt werden kann, um ein Hintergrundbild oder eine Hintergrundfarbe aufzunehmen. Das DIV-Tag ist darüber hinaus ein Hauptelement von Dynamic HTML und ein Baustein für absolute Positionierung mit Cascading Stylesheets.

Rahmen basieren auf den folgenden beiden Konzepten:

- Die Stapelung ist eine Schlüsselfunktion von Rahmen. Rahmen können sich überlappen und übereinander platziert werden. Die Stapelreihenfolge wird durch das Attribut »z-Index« (z kommt von der z-Achse eines dreidimensionalen Koordinatensystems) gesteuert. Elemente mit höherem z-Index werden über Elementen mit niedrigerem z-Index angezeigt. Ein Element mit einem z-Index von 2 würde daher beispielsweise über einem Element mit einem z-Index von 1 »schweben«. Standardmäßig überlagern Rahmen den normalen HTML-Textfluss und das Adobe-GoLive-Layout-Raster.

- Als unabhängige Komponente innerhalb der Seite nimmt ein Rahmen jedes andere HTML-Tag auf, z.B. ein Bild oder einen einfachen HTML-Text mit Formatierung. Ein Rahmen hat die gleichen Hintergrundbild- und Farbeigenschaften wie eine HTML-Seite.

Aus dem Adobe GoLive 4.0 Handbuch, Kapitel 5

Bearbeiten einer dynamischen Komponente

Ein weiterer Vorteil bei der Verwendung von dynamischen Komponenten für das Platzieren von häufig benötigtem Seiteninhalt liegt darin, dass Sie nur eine einzige Datei bearbeiten müssen, um Änderungen an Ihrer Komponente vorzunehmen. Sobald Sie die Änderungen der Komponente speichern, aktualisiert Adobe GoLive automatisch alle Dateien, die sie verwenden.

Jetzt werden Sie die Datei *Navbar.html* öffnen, um sie zu bearbeiten.

1 Klicken Sie im Site-Fenster auf den Reiter »Dateien«.

2 Doppelklicken Sie im Ordner *Komponenten* im Site-Fenster auf die Datei *Navbar.html*, um sie zu öffnen.

3 Klicken Sie auf das Bild *Items In Stock*, um es auszuwählen. Klicken Sie dann mit gedrückter Umschalttaste auf die Bilder *Repairs* und *Appraisals*, um sie der Auswahl hinzuzufügen.

4 Klicken Sie auf die Schaltfläche »Zentrieren« ([icon]) in der Werkzeugleiste, um die Bilder auf dem Raster zu zentrieren.

Bilder auf dem Raster zentrieren

5 Klicken Sie in den Leerraum außerhalb der ausgewählten Bilder, um ihre Auswahl aufzuheben.

6 Wählen Sie **Datei: Speichern**, um die Seite zu speichern. Klicken Sie im aufgerufenen Dialogfeld auf OK, damit Adobe GoLive die Dateien, die *Navbar.html* als dynamische Komponente verwenden, automatisch aktualisiert.

7 Wählen Sie **Datei: Schließen**, um die Seite zu schließen.

Sie haben den Entwurf der WebSite für diese Lektion abgeschlossen. Jetzt können Sie die Seiten in Adobe GoLive betrachten.

Die Webseiten in der Adobe-GoLive-Vorschau betrachten

Gehen Sie folgendermaßen vor, um jede Webseite in der Vorschau zu betrachten:

1 Doppelklicken Sie im Site-Fenster auf die Dateien *Index.html*, *Appraise.html* oder *Hottest.html*, um sie zu öffnen. (Die Dateien *Appraise.html* und *Hottest.html* befinden sich im Ordner *Pages*.)

2 Klicken Sie im Dokumentfenster auf den Reiter »Vorschau«.

Adobe GoLive stellt eine Vorschau der Seite dar und der Inspektor ändert sich in »Layout-Einstellungen«. Beachten Sie, dass die Position der Navigationsleiste auf der Seite nach unten bewegt wurde; das spiegelt die Änderung wider, die Sie an der dynamischen Komponente vorgenommen haben.

3 Wählen Sie im *Document Layout Controller* »Explorer 4 (Windows)« aus dem Popup-Menü »Root«, um zu sehen, wie Ihre Seite im Internet Explorer unter Windows erscheint. Probieren Sie die unterschiedlichen Menü-Optionen aus und beobachten Sie, wie sich das Aussehen Ihrer Seite in der Vorschau jeweils verändert.

4 Wenn Sie mit dem Betrachten der Seite fertig sind, wählen Sie **Datei: Schließen**, um sie zu schließen.

5 Wenn Sie mit dem Betrachten aller Seiten fertig sind, wählen Sie **Datei: Schließen**, um das Site-Fenster zu schließen.

Eigene Übungen

Manchmal möchten Sie vielleicht, dass einige Seiten in Ihrer WebSite sich im Seitenlayout und Konzept ähnlich sind. Anstatt jede Seite ganz von neuem zu entwerfen, können Sie die Seite einmal erstellen und als Formularblock speichern. Die Formularblöcke in Adobe GoLive ähneln den Vorlagen, die in den meisten Textverarbeitungsanwendungen zur Verfügung stehen. Sie speichern die Seite als Formularblock und verwenden ihn, um neue Seiten zu erzeugen, die vollständig editierbar sind.

Versuchen Sie, einen Formularblock aus der Homepage der WebSite von *Gage Vintage Guitars* zu erzeugen. Verwenden Sie diesen Formularblock dann, um eine neue Seite zu erzeugen.

1 Wählen Sie **Datei: Öffnen** und öffnen Sie die Datei *Gage.site* (Windows) bzw. *Gage.π* (Mac OS). Unter Windows lautet der Pfad *Lesson02/02End/Gage Folder/Gage.site*. Unter Mac OS lautet der Pfad *Lesson02/02End/Gage f /Gage.π*.

2 Doppelklicken Sie im Site-Fenster auf die Datei *Index.html*, um sie zu öffnen.

3 Wählen Sie **Datei: Speichern als**, benennen Sie die Seite in **Master.html** um und speichern Sie sie in dem Ordner *Formularblöcke*. Unter Windows ist der Pfad *Lesson02/02End/Gage Folder/Gage.data/Formularblöcke*. Unter Mac OS ist der Pfad *Lesson02/02End/Gage f /Gage.data/Formularblöcke*.

4 Wählen Sie **Datei: Schließen**, um die Seite zu schließen.

5 Klicken Sie in der Palette auf den Reiter »Site Extras« ( ).

6 Wählen Sie aus dem Menü in der unteren rechten Ecke der Palette »Formularblöcke« aus. Es erscheint ein Symbol des Formularblocks *Master.html* in der Palette.

7 Ziehen Sie das Symbol *Master.html* aus der Palette auf den Ordner *Pages* im Site-Fenster. Es erscheint eine neue Seite aus dem Formularblock *Master.html* im Site-Fenster.

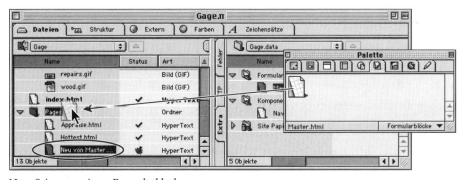

Neue Seiten aus einem Formularblock erzeugen

8 Geben Sie **New.html** ein, um die Seite zu benennen, und drücken Sie die Eingabetaste. Klicken Sie anschließend in den Leerraum außerhalb des Dateinamens, um seine Auswahl aufzuheben.

9 Doppelklicken Sie im Site-Fenster auf die Datei *New.html* im Ordner *Pages*, um sie zu öffnen.

10 Klicken Sie auf die Navigationsleiste oben in der Seite. Beachten Sie, dass Sie die gesamte dynamische Komponente ausgewählt haben. Wie auch auf den anderen Seiten, die die dynamische Komponente verwenden, können Sie die Objekte nicht von dieser Seite aus bearbeiten. Stattdessen bearbeiten Sie die Objekte der Komponente in der Datei, in der Sie sie erzeugt haben.

11 Wählen Sie den Text *Check Out This Week's Hottest Buy!*

12 Geben Sie den gewünschten neuen Text ein, der den ausgewählten Text ersetzen soll. (Wir haben **Click Here for a Free Appraisal!** eingegeben). Sie sehen, dass Sie den Text im Layout-Textrahmen auf der Seite bearbeiten können.

Sie können auch Objekte von der Seite entfernen.

13 Klicken Sie auf den linken Rand der einzelligen Tabelle, um sie auszuwählen. (Die Tabelle enthält den Text, der die Firma *Gage Vintage Guitars* vorstellt.) Drücken Sie auf die Löschtaste, um die Tabelle zu entfernen.

Sie können der Seite außerdem Objekte hinzufügen.

14 Klicken Sie in der Palette auf den Reiter »Elemente« ( ) und ziehen Sie das Symbol »Layout-Textrahmen« aus der Palette auf das Layout-Raster auf der Seite. Ein Layout-Textrahmen wird der Seite hinzugefügt.

15 Ändern Sie noch mehr auf der Seite, wenn Sie möchten. Wenn Sie damit fertig sind, wählen Sie **Datei: Schließen**, um die Seite zu schließen. Sie brauchen Ihre Änderungen nicht zu speichern. Wählen Sie anschließend **Datei: Schließen**, um das Site-Fenster zu schließen.

Fragen

1 Welche Datei wird im Site-Fenster angezeigt?
2 Nennen Sie zwei Vorteile der Verwendung einer dynamischen Komponente.
3 Wie kann man eine dynamische Komponente einer Seite hinzufügen?
4 Welches sind die beiden Standard-Bildformate für das Web?
5 Nennen Sie zwei Wege, wie Sie ein Bild für einen Bildplatzhalter auf einer Seite festlegen können.
6 Welche Objekte müssen bereits vorhanden sein, bevor ein Layout-Textrahmen einer Seite hinzugefügt werden kann?
7 Wie erzeugt man eine Spezial-Farbpalette?
8 Kann man einem Bild, das einer Seite hinzugefügt wurde, Farbe entnehmen? Wenn ja, wie?
9 Warum sollten Sie Rahmen benennen?
10 Wie bewegt man einen Rahmen?

Antworten

1 Unter Windows wird die Datei mit der Endung ».site« im Site-Fenster angezeigt. Unter Mac OS wird im Site-Fenster die Datei mit der Endung ».π« angezeigt.

2 Beim Verwenden einer dynamischen Komponente können Sie Seiteninhalte, die sich wiederholen, einmal erzeugen und anschließend schnell und einfach den Seiten Ihrer WebSite hinzufügen. Außerdem kann man Änderungen an Seiteninhalt, der sich wiederholt, in einer einzelnen Datei vornehmen und anschließend lässt man Adobe GoLive die Seiten, die die dynamische Komponente verwenden, automatisch aktualisieren.

3 Dynamische Komponenten können einer Seite auf folgende Arten hinzugefügt werden:

- Ziehen Sie das Symbol »Komponente« aus der Registerkarte »CyberObjects« von der Palette auf die Seite. Ziehen Sie anschließend vom Symbol »Point & Shoot« im Komponenten-Inspektor auf eine HTML-Datei im Ordner *Komponenten* im Site-Fenster.

- Wählen Sie »Komponenten« aus dem Menü unten rechts auf der Registerkarte »Site Extras« in der Palette. Ziehen Sie anschließend das Symbol der HTML-Datei aus der Palette auf die Seite.

4 Die beiden Standard-Bildformate für das Web sind *Graphical Interchange Format (GIF)* und *Joint Photographic Experts Group (JPEG)*.

5 Man kann ein Bild für einen Bildplatzhalter festlegen, indem man folgendermaßen vorgeht: vom Symbol »Point & Shoot« im Bild-Inspektor auf eine Bilddatei im Site-Fenster ziehen; mit gedrückter Alt- (Windows) bzw. Befehlstaste (Mac OS) vom Bildplatzhalter auf eine Bilddatei im Site-Fenster ziehen; oder eine Bilddatei aus dem Site-Fenster auf den Bildplatzhalter ziehen.

6 Bevor einer Seite ein Layout-Textrahmen hinzugefügt werden kann, muss ein Layout-Raster vorhanden sein.

7 Wählen Sie aus der Farbpalette eine Farbe, die Sie in Ihre Spezial-Farbpalette aufnehmen möchten. Ziehen Sie diese Farbe dann aus dem Vorschau-Fenster der Farbpalette auf die Registerkarte »Farben« im Site-Fenster. Wenn die Registerkarte »Farben« im Site-Fenster ausgewählt ist, können Sie eine Spezial-Farbpalette auch schnell erzeugen, indem Sie eine neue Seite öffnen, der bereits Farben zugefügt wurden, und dann auf die Schaltfläche »Aktualisieren« in der Werkzeugleiste klicken.

8 Ja, man kann einem Bild, das der Seite hinzugefügt wurde, Farben entnehmen. Ziehen Sie von der Farbfelderfläche der Farbpalette mit gedrückter Maustaste auf die gewünschte Farbe im Bild und lassen Sie die Maustaste los. Die Farbe des Bildes unter dem Mauszeiger erscheint im Vorschau-Fenster der Farbpalette.

9 Rahmen sollten benannt werden, damit man sie von anderen unterscheiden kann.

10 Bewegen Sie den Zeiger über den Rand eines Rahmens, so dass der Zeiger sich in eine nach links weisende Hand ändert. Ziehen Sie jetzt den Rahmen, um ihn zu bewegen.

Lektion 3

3 | Verknüpfungen

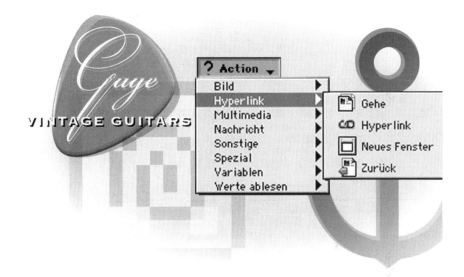

Nachdem Sie Ihre Webseiten mit Inhalt versehen haben, müssen Sie den Betrachtern ermöglichen, von einer Seite zu einer anderen zu gelangen. Mit Hilfe von Hyperlinks können die Besucher Ihrer WebSite von einem Ort auf der Seite – Text oder Grafik – auf einen anderen springen.

LEKTION 3
Verknüpfungen

In dieser Lektion lernen Sie Folgendes:

- Einfügen von Grafiken auf eine Webseite
- Einfügen eines Ankers, der als Lesezeichen für Informationen weiter unten auf derselben Webseite dient
- Einfügen von Verknüpfungen (Hypertext-Link) auf eine Webseite
- Einfügen einer Aktion an eine Verknüpfung
- Ändern der Farbe und der Hervorhebung einer Verknüpfung
- Überprüfen von Verknüpfungen
- Erzeugen von anwählbaren Bildkarten und ihre Verknüpfung mit einer Webseite
- Einfügen von *Hot Spot*-Bereichen auf eine Bildkarte und Ändern ihrer Form
- Bearbeiten von Verknüpfungen und Ankern
- Reparieren fehlerhafter Verknüpfungen und Ändern der Voreinstellungen von Verknüpfungen

Für diese Lektion werden Sie etwa 45 Minuten benötigen.

Entfernen Sie, falls nötig, den Ordner mit der vorigen Lektion von Ihrer Festplatte und kopieren Sie den Ordner *Lesson03* an seine Stelle. Beim Arbeiten mit dieser Lektion werden Sie die Dateien im Ordner *Start* überschreiben. Falls Sie die Start-Dateien wieder herstellen möchten, kopieren Sie sie von der *Adobe GoLive Classroom in a Book*-CD.

Für weitere Informationen über das Einrichten Ihres Arbeitsbereiches lesen Sie »Einrichten absoluter Pfade« auf Seite 158.

Einführung in Verknüpfungen

Verknüpfungen ermöglichen dem Anwender das Anspringen sachverwandter Informationen (Text oder Bilder) unter der Verwendung von *Hyperlinks*:

- auf derselben WebSite.
- an einen Bereich auf der gleichen Seite wie die Verknüpfung (auch *Anker* genannt).
- in das gesamte Web.
- auf nicht zum Web gehörenden Datenspeichern, wie FTP-Server, Newsgroups und E-Mail-Adressen.

Der Ordner dieser Lektion enthält die Produkt-Seite einer Gebrauchtgitarren-WebSite und begleitende Seiten für Gitarrenzubehör, spezielle Angebote, Informationen zum Schätzen und Reparatur-Websites.

Vorbereitungen

In dieser Lektion werden Sie die Verknüpfung von Grafiken und Text kennen lernen, auch Hypertext-Verknüpfung genannt; Sie werden Bildkarten erzeugen und einer Verknüpfung eine Aktion hinzufügen. Sie beginnen diese Lektion, indem Sie die fertige Datei der Lektion in Ihrem Browser betrachten, damit Sie sich ansehen können, was Sie bewerkstelligen werden.

1 Starten Sie Ihren Browser.

2 Wählen Sie **Datei: Öffnen** und öffnen Sie die Datei *Index.html*:

- Unter Windows finden Sie die Datei unter folgendem Pfad *Lesson03/03End/Gage Folder/Gage folder/Index.html*.
- Unter Mac OS ist der Pfad *Lesson03/03End/Gage f/Gage folder/Index.html*.

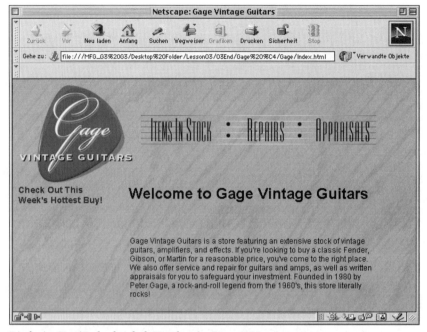

Die fertige Datei Index.html *als Vorschau im Browser Netscape*

3 Klicken Sie auf die Verknüpfungen in der Datei *Index.html* und erkunden Sie die WebSite.

4 Wenn Sie mit dem Betrachten der Datei fertig sind, schließen Sie sie. Beenden Sie dann Ihren Browser.

Öffnen einer WebSite

Folgen Sie diesen Schritten, um die WebSite zu öffnen, und beginnen Sie mit dem Erarbeiten dieser Lektion.

1 Starten Sie Adobe GoLive.

2 Schließen Sie das leere Dokument, das im Dokumentfenster in der Layout-Ansicht erzeugt wurde.

3 Wählen Sie **Datei: Öffnen** und öffnen Sie die Datei *Gage.site* (Windows) bzw. *Gage.π* (Mac OS):

- Unter Windows lautet der Pfad *Lesson03/ 03Start/Gage Folder/Gage*.
- Unter Mac OS ist es der Pfad *Lesson 03/03Start/Gage ƒ*.

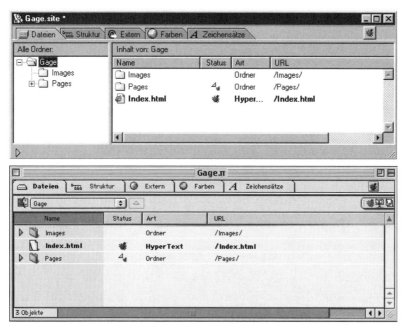

Gage *Site-Fenster unter Windows(oben);* Gage *Site-Fenster unter Mac OS (unten)*

Diese WebSite besteht aus der Datei *Index.html*, dem Ordner *Images*, der die Bilder dieser WebSite enthält, und dem Ordner *Pages*, der gesonderte HTML-Seiten enthält, die Sie verknüpfen werden.

4 Doppelklicken Sie im Site-Fenster auf die Datei *Index.html*, um sie zu öffnen. Dies ist die Homepage der Gebrauchtgitarren-WebSite.

Beim Arbeiten mit dieser Lektion werden Sie die Dateien im Ordner *Start* überschreiben. Falls Sie die Start-Dateien wieder herstellen möchten, kopieren Sie sie von der *Adobe GoLive Classroom in a Book*-CD.

Erzeugen einer Verknüpfung mit einer Grafik

Durch das Hinzufügen einer Verknüpfung kann der Betrachter auf andere Seiten in der WebSite springen. Sie werden die Datei *Index.html* so mit der Seite *Stock* verknüpfen, dass der Betrachter von der Homepage auf eine Liste der vorrätigen zu verkaufenden Gegenstände springen kann.

Sie werden beginnen, indem Sie nachsehen, ob die Datei bereits Verknüpfungen enthält und untersuchen, wo und wie Sie eine Verknüpfung auf die Datei *Index.html* hinzufügen können.

1 Klicken Sie auf den Reiter »Vorschau« ( ) oben im Dokumentfenster der Datei *Index.html*, damit Sie zunächst in der Vorschau-Ansicht arbeiten können.

2 Klicken Sie mit dem Mauszeiger an verschiedene Stellen im Dokumentfenster. Sie bemerken, dass die Datei keine Verknüpfungen enthält.

3 Klicken Sie auf den Reiter »Layout« ( ) der Datei *Index.html*, um zurück in die Layout-Ansicht zu gelangen.

4 Versuchen Sie das Bild *Items in Stock* auszuwählen, indem Sie im Dokumentfenster der Datei *Index.html* darauf klicken. Sie werden das Bild nicht auswählen können, da es Teil einer dynamischen Komponente ist – einem Element, das automatisch in einer gesamten WebSite aktualisiert wird, sobald Sie es ändern.

Auswählen einer nicht verknüpften Grafik innerhalb einer dynamischen Komponente

Sie müssen die dynamische Komponente öffnen und sie dieser Datei hinzufügen, um die Verknüpfung erzeugen zu können. Das werden Sie im Laufe der nächsten Schritte tun.

Dynamische Komponenten ermöglichen Ihnen das einfache Verwalten von sich wiederholenden Inhalten wie Überschriften, Fußnoten und anderen wiederkehrenden Designelementen, indem sie in eine einzige Datei aufgenommen werden, anstatt sie tatsächlich überall dort einzufügen, wo sie erscheinen sollen. (Eine Anleitung für das Erzeugen einer Komponente erhalten Sie im Abschnitt »Erzeugen einer dynamischen Komponente« auf Seite 98.)

Sie werden der Komponente die Verknüpfung hinzufügen, damit alle Änderungen, die Sie später an der Verknupfung vornehmen, automatisch auf der gesamten WebSite aktualisiert werden. Das Hinzufügen einer Verknüpfung zu einer dynamischen Komponente verläuft genauso wie das Erzeugen jedes beliebigen Hyperlinks.

5 Öffnen Sie die Datei *Navbar.html*, indem Sie eine der folgenden Möglichkeiten wählen:

- Doppelklicken Sie auf die Navbar-Komponente im Dokumentfenster.

- Wählen Sie **Datei: Öffnen** und öffnen Sie die Datei. Der Pfad ist bei Windows *Lesson03/03Start/Gage Folder/Gage.data folder/components/ Navbar.html*. Er lautet unter Mac OS *Lesson03/03Start/Gage f/Gage.data folder/components /Navbar.html*.

- Klicken Sie unter Windows auf das Symbol unten links im Site-Fenster, um den Inhalt der WebSite anzuzeigen. Klicken Sie im unteren Teil des geteilten Site-Fensters oben auf den Reiter »Extra«, um den Ordner *Gage.data* der WebSite und seinen Inhalt anzuzeigen. (Eventuell müssen Sie das Site-Fenster nach oben ziehen, um seinen gesamten Inhalt sehen zu können.) Doppelklicken Sie auf den Ordner *Components*, um ihn zu öffnen; doppelklicken Sie anschließend auf die Datei *Navbar.html*, um sie zu öffnen.

- Unter Mac OS klicken Sie auf das Symbol (　) in der oberen rechten Ecke der Titelleiste des Site-Fensters, um seinen gesamten Inhalt anzuzeigen. Klicken Sie im rechten Teil des geteilten Fensters links auf den Reiter »Extra«, um den

Ordner *Gage.data* der WebSite und seinen Inhalt anzuzeigen. Doppelklicken Sie auf den Ordner *Components*, um ihn zu öffnen; doppelklicken Sie anschließend auf die Datei *Navbar.html*, um sie zu öffnen.

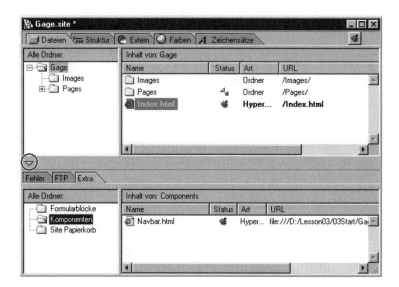

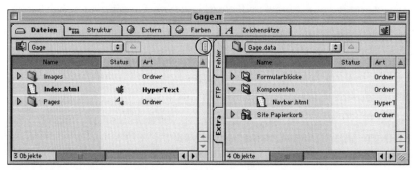

Erweitertes Site-Fenster unter Windows (oben) und unter Mac OS (unten)

Wenn eine dynamische Komponente in Ihre Seiten eingebettet ist, können Sie sie ganz einfach bearbeiten, indem Sie die Quelldatei bearbeiten (in diesem Fall enthält die HTML-Seite lediglich die Kopfleiste) und dann Adobe GoLive alle Seiten aktualisieren lassen.

6 Falls der Inspektor nicht bereits dargestellt wird, rufen Sie ihn auf, indem Sie **Ansicht: Inspektor** (Windows) bzw. **Fenster: Inspektor** (Mac OS) wählen.

7 Klicken Sie im Dokumentfenster auf die Grafik *Items in Stock*, um sie auszuwählen. Daraufhin wird der Bild-Inspektor aufgerufen.

8 Klicken Sie im Bild-Inspektor auf den Reiter »Link«. Sie verwenden diese Palette, um Verknüpfungen festzulegen.

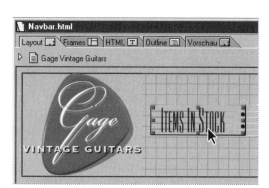

Auswählen einer Grafik innerhalb einer dynamischen Komponente

Registerkarte »Link« im Bild-Inspektor

Sie können eine neue Verknüpfung auch erzeugen, indem Sie auf die Schaltfläche »Neuer Hyperlink« in der Werkzeugleiste klicken; Sie werden später in dieser Lektion so vorgehen.

Für Ihre erste Verknüpfung benutzen Sie die Schaltfläche »Point & Shoot« im Bild-Inspektor: Sie werden eine Verknüpfung mit einer Datei im Site-Fenster erstellen. Sie können Verknüpfungen auf unterschiedliche Weise herstellen. Der gefühlsmäßig einfachste Weg für eine Verknüpfung ist die »Point & Shoot«-Methode.

9 Ordnen Sie, falls nötig, das Dokumentfenster, das Site-Fenster und den Bild-Inspektor so an, dass Sie sie alle auf Ihrem Desktop sehen können.

10 Klicken Sie in der Registerkarte »Link« des Bild-Inspektors auf die Schaltfläche »Neuer Hyperlink« ( ). Setzen Sie anschließend den Zeiger auf die Schaltfläche »Point & Shoot«.

11 Ziehen Sie von der Schaltfläche »Point & Shoot« (🔘) auf die Datei *Stock.html* im Ordner *Pages* im Site-Fenster. Falls die Datei *Stock.html* nicht zu sehen ist, platzieren Sie den Zeiger so lange auf das Symbol links vom Ordner *Pages*, bis der Ordner sich öffnet. Ziehen Sie dann auf die Datei *Stock.html*, um sie auszuwählen.

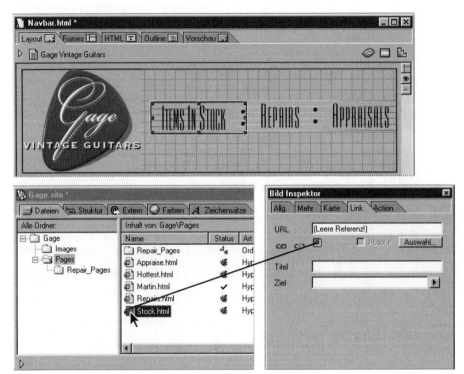

Verwenden der Schaltfläche »Point & Shoot«, um das Bild Items in Stock *mit der Datei* Stock.html *zu verknüpfen*

12 Lassen Sie die Maustaste los, nachdem der Dateiname und der Verzeichnispfad im Textfeld »URL« im Bild-Inspektor erscheinen. (Falls die Verknüpfung nicht erzeugt werden kann, springt die Verbindungslinie auf die Schaltfläche »Point & Shoot« zurück, ohne dass ein Verzeichnispfad im Textfeld »URL« erscheint.)

Der URL der Datei erscheint im Textfeld »URL« im Bild-Inspektor. Sie haben soeben Ihre erste Verknüpfung fertiggestellt.

Das Bild hat nun einen Rand, um zu zeigen, dass es eine Verknüpfung ist. Sie werden jetzt den Rand entfernen.

13 Klicken Sie auf den Reiter »Mehr« im Bild-Inspektor. Wählen Sie die Option »Rand« aus und geben Sie in das Textfeld **0** ein. Geben Sie als »Ersatztext« **Items in Stock** ein und klicken Sie auf die Schaltfläche »Eingabe« ( ) oder drücken Sie die Eingabetaste. Der Ersatztext erscheint im Browser für den Fall, dass er das Bild nicht darstellen kann.

(Immer, wenn hinter einem Text- oder Wertefeld die Schaltfläche »Eingabe« erscheint, müssen Sie die Schaltfläche anklicken bzw. die Eingabetaste auf der Tastatur drücken, um den Wert dem Dokument zuzuweisen.)

14 Wählen Sie **Datei: Speichern**, um die Datei *Navbar.html* zu speichern. Wenn Sie aufgefordert werden, die Dateien, die die Komponente verwenden, zu aktualisieren, klicken Sie auf OK. Schließen Sie die Datei *Navbar.html*.

Jetzt werden Sie die Verknüpfung ausprobieren, um sicher zu stellen, dass sie erwartungsgemäß funktioniert.

Überprüfen einer Verknüpfung

Sie können Ihre Verknüpfungen testen, indem Sie die Schaltfläche »Im Browser anzeigen« in der Werkzeugleiste verwenden.

1 Gehen Sie zurück auf die Homepage, indem Sie auf die Seite *Index.html* klicken, um sie zu aktivieren.

2 Klicken Sie auf die Schaltfläche »Im Browser anzeigen« in der Werkzeugleiste. Die Datei *Index.html* wird in jedem Browser geöffnet, den Sie in den Voreinstellungen festgelegt haben.

3 Klicken Sie auf die Grafik *Items in Stock*. Die Datei *Stock.html* wird im Browser-Fenster geöffnet.

Klicken auf die verknüpfte Grafik　　　*Ergebnis*

4 Wählen Sie **Datei: Speichern**, um Ihre Änderungen zu speichern. Schließen Sie die Datei.

Erzeugen von Ankern

In diesem Abschnitt werden Sie eine Verknüpfung von einem Gegenstand einer Aufzählung auf den entsprechenden Abschnitt weiter unten auf der Seite erstellen. Anker verhalten sich wie Lesezeichen auf Bereiche innerhalb derselben Seite. Dabei können Sie eine einzelne Verknüpfung erzeugen, die mit einem einzelnen Anker verbindet. Sie können aber auch mehrere Verknüpfungen auf einen einzelnen Anker weisen lassen.

Erzeugen eines Ankers mittels »Point & Shoot«

Sie werden jetzt mit der *Stock*-Seite arbeiten und ihr Verknüpfungen hinzufügen. Sie werden anfangen, indem Sie einen Anker anlegen, der mit einem Thema weiter unten auf der Seite verknüpft.

1 Falls nötig, klicken Sie auf das Dokumentfenster *Stock.html*, um es zu aktivieren. Sie haben die Datei bereits geöffnet, als Sie die Verknüpfung aus dem vorigen Abschnitt ausprobiert haben.

Diese Textdatei beschreibt die Produktlinie der Firma *Vintage Guitar*, die aus akustischen und elektrischen Gitarren, Verstärkern, Pedalen und weiterem Zubehör besteht.

2 Klicken Sie dreifach mit der Einfügemarke auf das zweite Element der Aufzählung, *Electric Guitars*, um diese Zeile auszuwählen. Sie werden von diesem Element einen Anker auf das Thema weiter unten auf der Seite erzeugen. Mit Hilfe eines Ankers kann der Anwender direkt auf die Information springen, ohne auf der Seite rollen zu müssen.

Am besten platziert man Anker im HTML-Textfluss, in einem Layout-Textrahmen oder in einer Tabelle. (Sie können dem Layout-Raster einen kleinen Layout-Textrahmen hinzufügen, um den Anker aufzunehmen.) Sie werden einheitlichere Ergebnisse erzielen, wenn Sie den Anker nahe am linken Rand positionieren. HTML unterstützt bisher nicht die Möglichkeit, direkt mit einer Grafik zu verankern; Sie müssen stattdessen den Anker oben links nahe an die Grafik setzen.

3 Halten Sie die Alt- (Windows) bzw. Befehlstaste (Mac OS) gedrückt und ziehen Sie mit gedrückter Maustaste vom ausgewählten Text nach unten, ohne dabei die Maustaste loszulassen.

Beim Ziehen erscheint eine Linie in Ihrem Dokument; am Ende der Linie erscheint zweimal ein kleines Haken-Symbol: das erste Mal, wenn Sie beginnen zu ziehen, und ein weiteres Mal, wenn Sie den Anker setzen.

4 Um durch das Dokument zu rollen, halten Sie die Maustaste auf dem unteren Rand des Dokumentfensters gedrückt und halten sie auch dann weiter gedrückt, wenn das Fenster zu rollen beginnt. Lassen Sie die Maustaste erst los, wenn die Linie sich über der Überschrift *Electric Guitars* neben dem Bild befindet.

Es erscheint ein Anker-Symbol. Im Text-Inspektor erscheint die Registerkarte »Link« und zeigt einen eindeutigen Ankernamen an. Die »Point & Shoot«-Methode ist der einfachste Weg, einen Anker zu erzeugen.

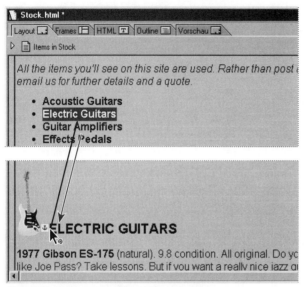

Alt/Befehl-Ziehen vom Element der Aufzählung; Anker auf die Überschrift Electric Guitars *setzen*

Ein anderer Weg, einen Anker zu setzen, ist das Verwenden der Palette.

 5   Klicken Sie in der Palette auf den Reiter »Elemente« ( ). Ziehen Sie anschließend das Symbol »Anker« aus der Palette auf das dritte Element der Aufzählung, *Guitar Amplifiers*.

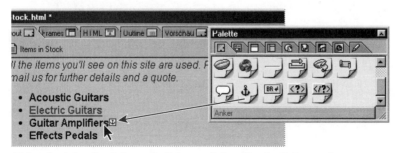

Ziehen des Anker-Symbols aus der Palette auf einen Text im Dokumentfenster

6 Geben Sie im Anker-Inspektor einen aussagekräftigen Namen ein (wir haben *Amps* gewählt); drücken Sie dann die Eingabetaste. Das Benennen der Anker erleichtert Ihnen das Aktualisieren oder Auffinden und Korrigieren von unterbrochenen Verknüpfungen beim Verwalten Ihrer WebSite.

7 Dreifachklicken Sie im Dokumentfenster auf die Zeile *Guitar Amplifiers*. Um den Anker zu verknüpfen, ziehen Sie mit gedrückter Alt- (Windows) bzw. Befehlstaste (Mac OS) von der Auswahl auf die Überschrift *Guitar Amplifiers* weiter unten im Fenster und lassen die Maustaste los. Das Dokumentfenster springt zurück an die Stelle, an der Sie das Anker-Symbol gesetzt haben.

8 Rollen Sie im Dokument nach unten, um zu überprüfen, ob der Anker-Endpunkt korrekt gesetzt wurde.

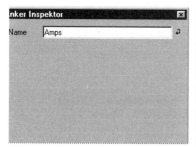
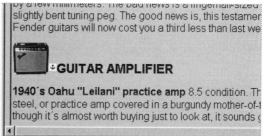

Anker im Anker-Inspektor benennen   *Anker in die Überschrift* Guitar Amplifiers *gesetzt*

9 Erzeugen Sie einen Anker für das vierte Element der Aufzählung, *Effects Pedals*, und verwenden Sie dabei eine der Methoden, die Sie gerade gelernt haben.

(Wenn Sie die Aufzählung vereinheitlichen möchten, können Sie auch für das erste Element der Aufzählung, *Acoustic Guitars*, mit einer der Methoden einen Anker erstellen.)

10 Wählen Sie **Datei: Speichern**, um Ihre Datei zu speichern.

Überprüfen von Ankern

Sie haben sich Verknüpfungen bereits mit Hilfe der Vorschau-Ansicht in Adobe GoLive angesehen. Sie können außerdem nachsehen, wie Verknüpfungen und Anker funktionieren, indem Sie die Datei in einem Webbrowser öffnen und dort die Hyperlinks testen. Sie werden jetzt die gerade von Ihnen gesetzten Anker in einer Vorschau betrachten.

1 Klicken Sie auf die Schaltfläche »Im Browser anzeigen« oben rechts in der Werkzeugleiste. Das Dokument wird in den Browsern aufgerufen, die Sie im Dialogfeld »Voreinstellungen« festgelegt haben.

Schaltfläche »Im Browser anzeigen«

2 Klicken Sie auf die Elemente in der Aufzählung, um zu sehen, wie die Verknüpfungen auf die entsprechenden Überschriften im Dokument springen.

3 Wenn Sie mit der Vorschau fertig sind, schließen oder beenden Sie Ihren Browser. Klicken Sie anschließend in das Dokumentfenster, um zurück in die Datei *Stock.html* zu gelangen.

4 Schließen Sie alle geöffneten Dateien außer der Datei *Stock.html*.

Erzeugen von Hypertext-Verknüpfungen

Sie werden nun einige Hypertext-Verknüpfungen erzeugen. Sie werden auf der *Stock*-Seite Text auswählen und ihn mit einer anderen Seite verknüpfen. Die Methode ist ähnlich der, eine Grafik-Verknüpfung oder einen Anker zu erstellen.

1 Rollen Sie im Dokumentfenster ganz nach unten auf der Seite. Sie werden Hypertext-Verknüpfungen von der letzten Zeile »*Home | Stock | Appraisals | Repairs*« des Dokumentes erzeugen.

2 Doppelklicken Sie auf das Wort *Home*, um es auszuwählen.

💡 *Versuchen Sie einmal, beim Erzeugen von Verknüpfungen diese Tastaturkürzel zu verwenden: Drücken Sie die Tasten Strg+L (Windows) bzw. Befehl+L (Mac OS), um ausgewählten Text in eine Verknüpfung zu verwandeln; drücken Sie die Tastenkombination Strg/Befehl+Komma [,], um die Registerkarte »Link« des Inspektors aufzurufen und das Textfeld »URL« auszuwählen und drücken Sie die Tastenkombination Strg/Befehl+Semikolon [;], um den ausgewählten Text im Dokument erneut auszuwählen.*

3 Klicken Sie in der Werkzeugleiste auf die Schaltfläche »Neuer Link« (🔗). Der Inspektor ändert sich in den *Text-Inspektor*.

Für Ihre erste Hypertext-Verknüpfung benutzen Sie die mit der Schaltfläche »Point & Shoot« im Text-Inspektor, um mit einer Datei im Site-Fenster zu verknüpfen.

4 Platzieren Sie den Zeiger in der Registerkarte »Link« des Text-Inspektors auf der Schaltfläche »Point & Shoot« (🎯).

5 Ziehen Sie von der Schaltfläche »Point & Shoot« im Text-Inspektor auf die Datei *Index.hmtl* im Site-Fenster.

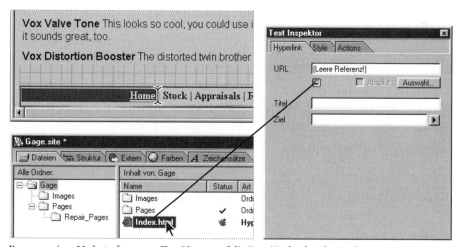

Erzeugen einer Verknüpfung vom Text Home *auf die Datei* Index.html *mittels »Point & Shoot«*

Falls die Datei *Index.html* nicht zu sehen ist, setzen Sie den Zeiger auf das Symbol rechts vom Ordnernamen *Gage*, bis der Ordner *Gage* sich öffnet; ziehen Sie auf die Datei *Index.html* und lassen Sie die Maustaste los.

6 Falls Sie dabei einen Fehler gemacht haben, wählen Sie den Text *Home* im Dokumentfenster aus und klicken in der Werkzeugleiste auf die Schaltfläche »Hyperlink entfernen« ( ). Wiederholen Sie anschließend die Schritte 3 bis 5, um die Verknüpfung erneut zu erstellen.

Sie können die Schaltfläche »Hyperlink entfernen« auch verwenden, um die Verknüpfungen zu Grafiken zu entfernen.

Sie haben soeben eine Verknüpfung mit einer anderen Seite innerhalb der WebSite erzeugt. Sie können aber auch mit Dateien außerhalb der WebSite verknüpfen.

Erzeugen einer Verknüpfung durch Auswahl

Sie werden nun eine Verknüpfung mit einer weiteren Datei innerhalb der WebSite erzeugen, indem Sie die Schaltfläche »Auswahl« des Inspektors dazu benutzen, die Datei zu finden.

1 Wählen Sie den Text *Appraisals* aus. Klicken Sie anschließend in der Werkzeugleiste auf die Schaltfläche »Neuer Hyperlink« ( ).

2 Klicken Sie im Text-Inspektor auf die Schaltfläche »Auswahl« und suchen Sie mit dem aufgerufenen Dateiauswahlfeld die Datei *Appraise.html* im Pfad *Gage/Pages/Appraise.html*. Klicken Sie anschließend auf »Öffnen«.

Sie können auch Verknüpfungen im Inspektor festlegen, indem Sie den gesamten Pfadnamen der Datei in das Textfeld »URL« eingeben. Sie werden jetzt die letzte Hypertext-Verknüpfung erstellen.

3 Wählen Sie den Text *Repairs* im Dokumentfenster aus. Klicken Sie in der Werkzeugleiste auf die Schaltfläche »Neuer Hyperlink« ( ). Benutzen Sie in der Registerkarte »Link« im Text-Inspektor eine der folgenden Methoden, um das Ziel der Verknüpfung festzulegen:

- Ziehen Sie von der Schaltfläche »Point & Shoot« auf die Datei *Repairs.html* im Pfad *Gage/Pages* im Site-Fenster.

- Klicken Sie auf die Schaltfläche »Auswahl« und suchen Sie die Datei *Repairs.html* im Pfad *Gage/Pages*. Klicken Sie anschließend auf »Öffnen«.
- Geben Sie in das Textfeld »URL« den relativen Pfadnamen der Datei ein: **../../Repairs.html**.

Wenn Sie die Zieldatei über die Auswahl oder durch Eingabe des URLs angeben, reicht es aus, nur den relativen Pfad anzugeben (wobei der Ordnername der WebSite impliziert, d.h. vorausgesetzt wird). Absolute URLs beinhalten den vollständigen Pfadnamen einer Datei mit dem Namen des WebSite-Ordners. Relative URLs beinhalten nicht den vollständigen Pfadnamen und können sich auf eine Datei in einem Unterordner des Ordners beziehen, von dem aus die Verknüpfung ausgeht. Adobe GoLive »merkt« sich per Voreinstellung den WebSite-Ordner, so dass Sie ihn nicht mit in dem URL angeben müssen.

In Adobe GoLive müssen Sie entscheiden, ob die Pfadbeschreibungen innerhalb von URLs, die auf Elemente in Unterordnern verweisen, relativ oder absolut sein sollen. Dieses Merkmal kommt den Anwendungen entgegen, in denen Pfade relativ zum Wurzelverzeichnis der WebSite angegeben werden müssen. Außerdem erlaubt es Adobe GoLive so, Websites zu importieren, die absolute URLs verwenden, ohne mehrfache Fehlermeldungen auszugeben. Für weitere Informationen über absolute und relative Pfade lesen Sie »Einrichten absoluter Pfade« auf Seite 158.

4   Wählen Sie **Datei: Speichern**, um die Datei *Stock.html* zu speichern.

5   Um eine Vorschau der Verknüpfung zu erhalten, die Sie gerade erzeugt haben, klicken Sie auf den Reiter »Vorschau«. Klicken Sie in der Vorschau-Ansicht auf die Verknüpfungen *Home*, *Appraisals* und *Repairs*, um sie zu testen. Jede Datei wird in einem eigenen Fenster geöffnet.

Sie können diese Verknüpfungen auch in Ihrem Browser ausprobieren, indem Sie in der Werkzeugleiste auf die Schaltfläche »Im Browser anzeigen« klicken und anschließend auf eine Verknüpfung klicken, um sie zu testen. (Wenn Sie jede Verknüpfung richtig verbunden haben, erscheint eine entsprechende Information im

Dokumentfenster. Wenn nicht, wird im Browser eine Fehlermeldung aufgeblendet.)

Schließen Sie alle geöffneten Dateien außer der Datei *Stock.html*. Klicken Sie anschließend im Dokumentfenster der Datei *Stock.html* auf den Reiter »Layout« (), um zurück in die Layout-Ansicht zu gelangen.

Einrichten absoluter Pfade

In Adobe GoLive müssen Sie entscheiden, ob Pfadangaben in URLs, die auf andere Objekte in Unterordnern des Site-Ordners verweisen, relativ oder absolut sein sollen. Sie können somit Pfade relativ zum Site-Ordner angeben. Darüber hinaus können Sie Websites mit absoluten URLs in Adobe GoLive importieren, ohne dabei mehrere Fehlermeldungen zu erhalten.

Beispiel: *Die Seite* /root/seiten/info/seite.html *enthält das Bild* \root\bilder\bild.gif, *wobei* root *der Name des Site-Ordners ist, den Sie beim ersten Speichern der WebSite angeben.*

Standardmäßig erhält der URL in der HTML-Seite mit dem Verweis auf die Bilddatei keine Informationen zu einem umgebenden Root-Ordner. Dies wird in dem URL durch die Anweisung »nächsthöhere Ordnerebene« angezeigt, die aus zwei Punkten und einem umgekehrten Schrägstrich besteht (..\).

Wenn Sie mit relativen Pfaden arbeiten, sieht die Pfadangabe folgendermaßen aus:

..\..\bilder\bild.gif

Hierdurch wird der Browser angewiesen, in der Hierarchie um zwei Verzeichnisebenen nach oben zu gehen, um die Bilddatei im Ordner bilder *zu suchen.*

Wenn Sie absolute Pfade benutzen, wird die Anweisung »nächsthöhere Ordnerebene« von Adobe GoLive übersprungen. Diese Form der Pfadangabe funktioniert nur, wenn die Site von einer Webserver-Anwendung verwaltet wird, weil der Browser auf die Angabe des Root-Verzeichnisses durch den Server angewiesen ist.

Die absolute Pfadangabe sieht folgendermaßen aus:

\bilder\bild.gif

Hierdurch wird der Browser angewiesen, die Bilddatei im Unterordner bilder *des vom Webserver vorgegebenen Root-Ordners zu suchen.*

Beachten Sie, dass der Einsatz absoluter Pfade mit Einschränkungen der Vorschaumöglichkeiten verbunden ist. Die Seiten werden nicht korrekt angezeigt, wenn Sie mit dem Befehl »Im Browser anzeigen« einen Webbrowser für die Vorschau starten. Der Browser liest die Daten direkt von der Festplatte, benötigt aber eigentlich eine Webserver-Anwendung, die das Root-Verzeichnis angibt und beim Auflösen des URLs unterstützt.

Angeben absoluter Pfade für Dateireferenzen

Adobe GoLive biete zwei Möglichkeiten zum Einsatz absoluter Pfade. Sie können unter **Bearbeiten: Voreinstellungen** im Dialogfeld »Voreinstellungen«/»Allgemein«/»URL Verwaltung« absolute Pfade für alle neuen Hyperlinks und Dateireferenzen aktivieren, die Sie danach im Programm erstellen. Alternativ können Sie absolute Pfade für einzelne Hyperlinks oder Dateireferenzen verwenden.

Sobald Sie das Optionsfeld »Absolut« aktivieren, wird die Anweisung »nächsthöhere Ordnerebene« aus dem Textfeld »URL« entfernt. Der Verweis auf die Bilddatei ist nun absolut.
Das Optionsfeld »Absolut« ist abgeblendet, wenn Sie einen URL auswählen, der auf ein externes oder auf einem anderen Volume abgelegtes Objekt verweist.

Verwendung absoluter Pfade in Adobe GoLive einrichten

Sie können Adobe GoLive so einstellen, dass für alle neuen Hyperlinks und Dateireferenzen absolute Pfade verwendet werden. Aktivieren Sie dazu unter **Bearbeiten: Voreinstellungen** im Dialogfeld »Voreinstellungen«/»Allgemein«/»URL Verwaltung« die Option »Neue Hyperlinks absolut anlegen«.

Aus dem Adobe GoLive Handbuch, Kapitel 14

Ändern der Farbe und der Hervorhebung einer Verknüpfung

Nachdem Sie nun einige Verknüpfungen erzeugt haben, werden Sie sehen, wie einfach es ist, ihre Farbe zu ändern. Um die Farbe und die Hervorhebung einer Verknüpfung zu ändern, benutzen Sie den Seiten-Inspektor.

1 Klicken Sie im Dokumentfenster *Stock.html* auf das Seite-Symbol (▤) oben links unterhalb des Reiters »Layout«. Der Inspektor ändert sich in den *Seiten-Inspektor*.

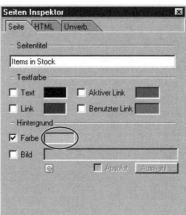

Klicken auf das Seite-Symbol, um den Seiten-Inspektor aufzurufen

2 Falls die Farbpalette nicht bereits geöffnet ist, klicken Sie auf das Farbfeld der Option »Link« im Seiten-Inspektor, um die Farbpalette aufzurufen. Klicken Sie in der Farbpalette auf den Reiter »Web I« ( ). Diese Registerkarte bietet Web-sichere Farben für gleichmäßige Farbe auf den unterschiedlichen Betriebssystemen und Browsern.

3 Wählen Sie in der Farbpalette durch Rollen oder Eingeben eines Wertes eine andere Farbe aus. Die gewählte Farbe sollte einen ausreichenden Kontrast zum Hintergrund der Seite und der normalen Textfarbe bieten, so dass sie auffällt, aber nicht so sehr, dass sie den Betrachter stört oder ablenkt.

4 Ziehen Sie die Farbe aus dem Vorschau-Fenster der Farbpalette auf das Farbfeld rechts neben der Option »Link« im Seiten-Inspektor. Beachten Sie, dass das Kontrollkästchen der Option »Link« im Seiten-Inspektor jetzt ausgewählt ist.

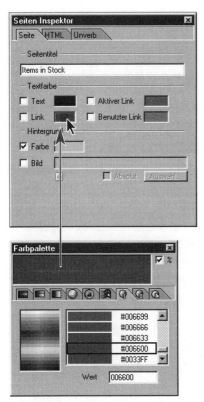

Farbe aus dem Vorschau-Fenster der Farbpalette auf das Farbfeld »Link« im Seiten-Inspektor ziehen

5 Wiederholen Sie die Schritte 3 und 4 für die Farbfelder der Optionen »Aktiver Link« und »Benutzter Link«, wobei Sie die Felder der Reihe nach auswählen.

Wenn Sie eine Farbe für die benutzte Verknüpfung wählen, bedenken Sie dass es für den Betrachter hilfreich ist, eine Komplementärfarbe zu nehmen. Wenn beispielsweise die Farbe der Verknüpfung Rot ist, könnten Sie Grün als Farbe der benutzten Verknüpfung wählen.

6 Wählen Sie **Datei: Speichern**, um Ihre Arbeit zu speichern.

7 Um eine Vorschau der Verknüpfungsfarben und der Veränderungen beim Anklicken zu erhalten, klicken Sie oben rechts in der Werkzeugleiste auf die Schaltfläche »Im Browser anzeigen«. Das Dokument erscheint in Ihrem Webbrowser.

8 Rollen Sie im Browser an das Ende des Dokumentes und klicken Sie auf die Verknüpfung *Appraisals*, um sie zu testen. Beachten Sie, wie sich die Farbe verändert, wenn Sie auf die Verknüpfung klicken (die Farbe für »Aktiver Link«) und nachdem Sie darauf geklickt haben (die Farbe für »Benutzter Link«). Um eine Vorschau der Farbe »Benutzter Link« zu erhalten, müssen Sie sich die Vorschau des Dokumentes in einem Webbrowser ansehen.

Hinweis: *Manche Browser können je nach ihren Voreinstellungen die von Ihnen festgelegten Farben möglicherweise nicht darstellen.*

Schließen Sie Ihren Browser, wenn Sie mit dem Testen der Verknüpfungen fertig sind.

9 Klicken Sie auf das Dokumentfenster der Datei *Stock.html*, um in die Datei zurückzugelangen.

Erzeugen einer Aktion

Sie können Aktionen an Verknüpfungen anfügen und auf diese Weise ihre Interaktivität steigern. Verwenden Sie beispielsweise Aktionen, die beim Klicken auf eine Verknüpfung ein zweites Fenster öffnen. Oder Sie fügen einer Verknüpfung eine Aktion hinzu, die Informationen ein- oder ausblendet, wenn der Betrachter mit dem Mauszeiger auf die Verknüpfung zeigt. Außerdem können Sie einer Verknüpfung eine E-Mail-Aktion hinzufügen, die es dem Besucher der WebSite ermöglicht, Kommentare zu senden.

Sie werden jetzt den Text *Custom Acoustic Guitar* auf der *Stock*-Seite mit einem Gitarrenbild verknüpfen. Danach werden Sie der Verknüpfung eine Aktion hinzufügen, die ein zweites Fenster öffnet, das dieses Bild in einer festgelegten Größe zeigt .

1 Wählen Sie den Text *1927 Martin 0-28K* im ersten Absatz des Abschnittes *Acoustic Guitar* in der *Stock.html*-Seite.

Bedenken Sie, dass Text, der als Verknüpfung verwendet werden soll, kurz und anschaulich sein soll. Versuchen Sie, den Text auf höchstens fünf Wörter zu beschränken – so dass er die Aufmerksamkeit des Betrachters ohne größere Anstrengung erlangt. Falls Sie versehentlich zu viel Text für eine Verknüpfung ausgewählt haben sollten, können Sie die Verknüpfung des unwesentlichen Teils des Textes mit Hilfe der Schaltfläche »Hyperlink entfernen« wieder lösen.

Als Erstes werden Sie die Verknüpfung festlegen. Sie müssen erst eine Verknüpfung in der Registerkarte »Hyperlink« im Text-Inspektor herstellen, bevor Sie eine Aktion erzeugen können, die Sie mit der Verknüpfung verbinden. Andernfalls wird die Aktion, die Sie erstellen, die Fehlermeldung »Leere URL!« hervorrufen.

2 Klicken Sie auf die Schaltfläche »Neuer Hyperlink« ( ) in der Werkzeugleiste.

3 Ziehen Sie von der Schaltfläche »Point & Shoot« ( ) in der Registerkarte »Hyperlink« auf die Datei *Martin.html* im Ordnerpfad *Gage/Pages* im Site-Fenster.

Nun werden Sie der Verknüpfung die Aktion hinzufügen.

4 Klicken Sie auf den Reiter »Actions« im Text-Inspektor.

5 Wählen Sie »Mausklick« im linken Fenster »Ereignis«. Klicken Sie anschließend auf die Schaltfläche »+«, um das Pop-up-Menü »?Action« zu aktivieren.

6 Wählen Sie im Pop-up-Menü »?Action«: **Hyperlink: Neues Fenster**.

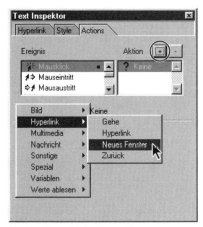

Aktion **Hyperlink: Neues Fenster** *auswählen*

7 Klicken Sie im Dialogfeld »Offenes Fenster« auf die Schaltfläche »Auswahl« und suchen Sie die Bilddatei *1927martin.jpg* im Ordnerpfad *Gage/Images*. Klicken Sie auf »Öffnen«.

8 Geben Sie als »Größe« in das erste Textfeld **170** ein und **325** in das zweite Textfeld. Heben Sie die Auswahl der Kontrollkästchen hinter »einstellbar«, »Rollbalken«, »Menüs« und »Übersicht« auf. Das zweite Fenster soll weder in der Größe einstellbar sein, noch rollbar sein oder Menüs besitzen und in Browsern auch keine Werkzeugleiste darstellen.

9 Wählen Sie **Datei: Speichern**, um die Datei zu speichern.

164 | LEKTION 3
Verknüpfungen

10 Starten Sie Ihren Browser, um die Aktion zu testen, und öffnen Sie die Datei *Stock.html* im Ordnerpfad *Gage/Pages*. Probieren Sie die Aktion aus, indem Sie auf den Text *1927 Martin 0-28K* klicken. Schließen Sie anschließend Ihren Browser.

Vorschau der Aktion
Neues Fenster

11 Schließen Sie die Dateien *1927martin.jpg* und *Stock.html*.

Verwenden von anwählbaren Bildkarten

Anwählbare Bildkarten sind Bilder mit Bereichen, die sich mit der Maus anklicken lassen (*Hot Spots*). Sie können Bildkarten mit anderen Vorgängen verknüpfen und die *Hot-Spot*-Bereiche der Karte mit weiteren scriptfähigen Aktionen wie beispielsweise Formularen oder E-Mail-Adressen verbinden.

Nun können Sie die letzte Seite Ihrer WebSite bearbeiten. Sie werden dem Bild einer Gitarre eine anwählbare Bildkarte hinzufügen und die Hot-Spot-Bereiche der Karte mit anderen Seiten verknüpfen. Sie beginnen, indem Sie die Seite öffnen, in der Sie die Bildkarte erzeugen werden.

1 Doppelklicken Sie im Site-Fenster auf die Datei *Repairs.html* im Ordnerpfad *Gage/Pages*, um die Datei zu öffnen.

Nun fügen Sie das Bild für Ihre Bildkarte ein.

2 Ziehen Sie das Symbol »Bild« aus der Registerkarte »Elemente« ( ) der Palette so auf das Dokumentfenster, dass der Platzhalter unterhalb der Navigationsleisten-Komponente zentriert wird. Es ist nicht nötig, die Größe des Platzhalters zu ändern, da er sich automatisch dem einzufügenden Bild anpasst.

3 Klicken Sie, falls nötig, auf den Reiter »Allg.« im Bild-Inspektor.

Sie verwenden den Bild-Inspektor, um in die Datei *Repairs.html* ein Bild einzufügen. Die Methode zum Einfügen eines Bildes ähnelt dem Hinzufügen einer Verknüpfung.

4 Fügen Sie das Bild *Map.gif* aus dem Ordnerpfad *Gage folder/Gage/Images* (Windows) bzw. *Gage f/Gage/Images* (Mac OS) ein, indem Sie eine der folgenden Methoden anwenden:

- Ziehen Sie von der Schaltfläche »Point & Shoot« (￼) auf die Datei *Map.gif* im Ordnerpfad *Gage/Images* im Site-Fenster.
- Klicken Sie auf die Schaltfläche »Auswahl« und suchen Sie die Datei *Map.gif* im Ordnerpfad *Gage/Images* und klicken Sie auf »Öffnen«.

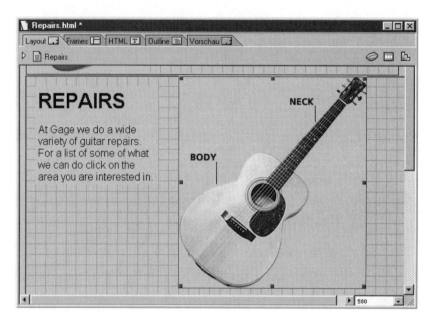

5 Falls nötig, ziehen Sie das Bild, um es unterhalb der Navigationsleisten-Komponente auszurichten.

Erzeugen von Hot-Spot-Bereichen auf einer Bildkarte

Sie werden das Gitarrenbild benutzen, um bestimmte Reparaturen zu zeigen, die möglicherweise an Gitarren vorgenommen werden müssen. Zuerst werden Sie auf der Gitarre Hot-Spot-Bereiche für die Reparaturmöglichkeiten erstellen. Danach werden Sie diese Hot-Spot-Bereiche mit Informationen über die Reparaturwerkstätten verknüpfen.

Zuerst werden Sie den Rand um das Bild entfernen.

1 Klicken Sie bei ausgewähltem Bild auf den Reiter »Mehr« im Bild-Inspektor. Wählen Sie die Option »Rand« und geben Sie **0** ein. Geben Sie als »Ersatztext« **Repair map** ein und drücken Sie die Eingabetaste. Dieser Ersatztext erscheint immer dann, wenn ein Browser das Bild nicht darstellen kann.

2 Klicken Sie auf den Reiter »Karte« im Bild-Inspektor. Wählen Sie in der Registerkarte dann die Option »Karte«. Diese Option ermöglicht Ihnen das Hinzufügen einer Bildkarte zu einem Bild und aktiviert die Werkzeuge in der Palette.

Die Registerkarte »Karte« wird verwendet, um eine Bildkarte zu erzeugen. Außerdem enthält sie Zeichenwerkzeuge für das Erstellen der Hot-Spot-Bereiche einer Bildkarte.

3 Geben Sie in das Textfeld »Kartenname« einen Namen für die Karte ein und hängen Sie die Endung **.map** an. (Wir haben die Karte *Guitar.map* genannt.)

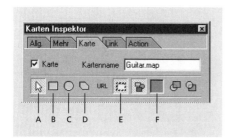

A. Bereichswerkzeug Auswahl B. Bereichswerkzeug Rechteck C. Bereichswerkzeug Kreis D. Bereichswerkzeug Polygon E. Bereiche einrahmen F. Farbwahl

4 Klicken Sie auf die Schaltfläche »Bereichswerkzeug Rechteck«. (Erklärungen, die die Symbole identifizieren, werden angezeigt, wenn Sie den Mauszeiger über die Werkzeuge der Werkzeugleiste in der Registerkarte »Karte« bewegen.)

5 Ziehen Sie im Dokumentfenster einen Rechteckbereich auf, der den Gitarrenhals vollständig bedeckt. An den Seiten und Ecken des Hot-Spot-Bereiches erscheinen Anfasser, die Sie benutzen können, um den Hot-Spot-Bereich anzupassen. Sie können ihn auch einfach an eine andere Stelle ziehen.

(Verwenden Sie das Polygon-Bereichswerkzeug, um einen präziseren Hot-Spot-Bereich zu zeichnen.)

168 LEKTION 3
Verknüpfungen

6 Klicken Sie in der Registerkarte »Karte« auf die Schaltfläche »Bereichswerkzeug Kreis«. Ziehen Sie im Dokumentfenster einen kreisförmigen Hot-Spot-Bereich über dem Gitarrenkörper auf, der den rechteckigen Hot-Spot-Bereich etwas überlappt.

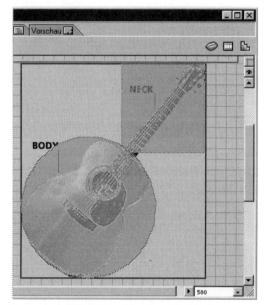

Rechteck- und Kreis-Hot-Spot-Bereiche überlappen

Hot-Spot-Bereich-Zeichenwerkzeuge in der Registerkarte »Karte«

Bearbeiten von Hot-Spot-Bereichen

Sie können Hot-Spot-Bereiche einer Bildkarte bearbeiten, um ihre Form, ihre Farbe oder ihren Rand zu ändern, außerdem lassen sie sich neu ausrichten und in ihrer Überlappung ändern. Sie werden nun die Farbe und Position der Hot-Spot-Bereiche ändern.

1 Klicken Sie auf die Schaltfläche »Farbwahl« (die dritte Schaltfläche von rechts); wählen Sie dann eine andere Füllfarbe für den Hot-Spot-Bereich. (Voreingestellt ist Blau.)

2 Ziehen Sie die Farbe aus dem Vorschau-Fenster der Farbpalette auf die Schaltfläche »Farbwahl« in der Registerkarte »Karte«.

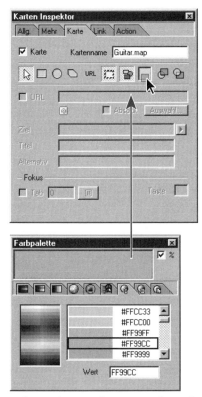

Farbe aus dem Vorschau-Fenster der Farbpalette auf die Schaltfläche »Farbwahl«

3 Wenn Sie den Rand um die Hot-Spot-Bereiche ein- oder ausschalten möchten, klicken Sie in der Registerkarte »Karte« im Karten-Inspektor auf die Schaltfläche »Bereiche einrahmen« (die fünfte Schaltfläche von rechts).

Wenn ein Hot-Spot-Bereich im Vordergrund einen anderen dahinter verdeckt, können Sie diese Überlappung ändern, indem Sie einen der Hot-Spot-Bereiche auswählen und entweder auf die Schaltfläche »Bereich nach vorne« oder »Bereich nach hinten« klicken.

Sie werden nun aber die Lage der Hot-Spot-Bereiche verändern, so dass sie sich nicht mehr überlappen.

4 Klicken Sie in der Registerkarte des Karten-Inspektors auf die Schaltfläche »Auswahl-Bereichswerkzeug« (die Schaltfläche ganz links). Klicken Sie im Dokumentfenster auf den rechteckigen Hot-Spot-Bereich, um ihn auszuwählen. Um den Hot-Spot-Bereich werden Anfasser dargestellt.

5 Ziehen Sie an den Anfassern des Hot-Spot-Bereiches, um ihn so auszurichten, dass er den kreisförmigen Hot-Spot-Bereich nicht mehr überlappt.

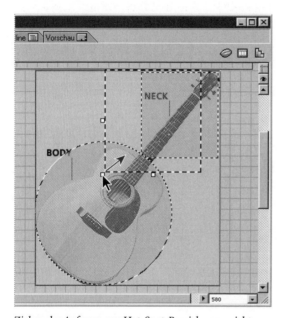

Ziehen der Anfasser, um Hot-Spot-Bereich auszurichten

Verknüpfen einer anwählbaren Bildkarte mit einer Webseite

Das Verknüpfen einer anwählbaren Bildkarte mit einer Webseite ähnelt der Methode, wie eine Hypertext-Verknüpfung erstellt wird.

1 Wählen Sie den rechteckige *Hot Spot*-Bereich aus.

2 Verknüpfen Sie von der Registerkarte »Karte« im Karten-Inspektor aus den rechteckigen Hot-Spot-Bereich mit der Datei *Neck.html* und verwenden Sie dafür eine der folgenden Methoden:

- Ziehen Sie von der Schaltfläche »Point & Shoot« ( ) auf die Datei *Neck.html* im Ordnerpfad *Gage/Repair_Pages* im Site-Fenster. (Falls nötig, setzen Sie den Zeiger auf dem Namen des Ordners im Site-Fenster, um den Ordner zu öffnen; lassen Sie die Maustaste erst los, wenn der Inhalt des Ordners *Repair_Pages* erscheint.)
- Klicken Sie auf die Schaltfläche »Auswahl« und suchen Sie die Datei *Neck.html* im Ordnerpfad *Gage/Repair_Pages* und klicken Sie auf »Öffnen«.
- Geben Sie im Textfeld »URL« **Repair_Pages/Neck.html** ein und drücken Sie die Eingabetaste. (Sie können hier ruhig einen relativen Pfadnamen benutzen.)

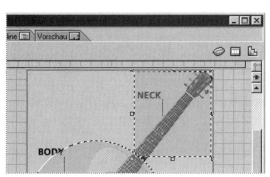 

Rechteckiger Hot-Spot-Bereich in der Datei Repair.html

Verknüpfung auf Neck.html *im Karten-Inspektor*

3 Wiederholen Sie die Schritte 1 und 2 und verknüpfen Sie den kreisförmigen Hot-Spot-Bereich mit der Datei *Body.html* im Ordnerpfad *Gage/Repair_Pages*.

4 Wählen Sie **Datei: Speichern**, um die Datei *Repair.html* zu speichern.

5 Klicken Sie im Dokumentfenster auf den Reiter »Vorschau« und klicken Sie auf die Hot-Spot-Bereiche, um sie auszuprobieren. Wenn Sie mit der Vorschau fertig sind, schließen Sie die Dateien *Neck.html* und *Body.html*.

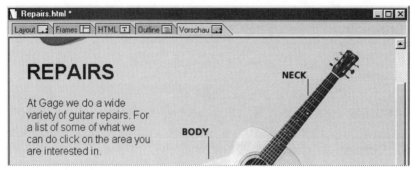

Auf Hot-Spot-Bereich klicken

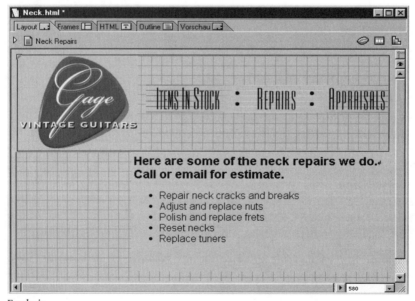

Ergebnis

6 Klicken Sie auf den Reiter »Layout«, um zurück in die Layout-Ansicht zu gelangen.

Voreinstellungen von Hyperlink-Warnungen

Sie können das Aussehen von Hyperlink-Warnungen steuern (einschließlich des Rahmens und der Text- und Hintergrundfarbe). Die voreingestellte Farbe für unterbrochene Verknüpfungen ist Rot.

1. Wählen Sie **Bearbeiten: Voreinstellungen**.
2. Klicken Sie auf das Symbol links neben der Option »Allgemein«, um weitere Optionen anzuzeigen. Klicken Sie auf die Option »Darstellung«.
3. Klicken Sie auf das Farbfeld neben *Hyperlink Warnungen*, wenn Sie eine andere Farbe auswählen möchten. Die Systemfarbpalette wird aufgerufen.
4. Wählen Sie eine der Farbpaletten aus, wählen Sie dann eine Farbe und klicken Sie anschließend auf OK.
5. Wenn Sie den Rahmen verändern möchten, der Hyperlink-Warnungen im Text und um Bilder herum umgibt, wählen Sie aus dem Pop-Up-Menü »Rahmen« eine der Optionen aus. Klicken Sie auf OK.
6. Wählen Sie **Datei: Speichern**, um die Datei zu speichern, und schließen Sie die Datei *Repairs.html*.

Reparieren von fehlerhaften Verknüpfungen

In dieser letzten Aufgabe werden Sie einige fehlerhafte Verknüpfungen auf der *Index.html*-Seite reparieren. Per Voreinstellung werden fehlerhafte Verknüpfungen im Dokumentfenster und im Textfeld »URL« des Inspektors mit einem roten Rand gekennzeichnet.

1. Doppelklicken Sie in der Registerkarte »Extra« des Site-Fensters auf die Datei *Navbar.html*. Diese Datei enthält einige fehlerhafte Verknüpfungen. (Sie können die Datei auch im Pfad *Gage/Gage.data/Components* vom Desktop aus öffnen.)
2. Klicken Sie oben im Dokumentfenster der Datei *Navbar.html* auf den Reiter »Layout« ( ), um sie in der Layout-Ansicht darzustellen.
3. Klicken Sie in der Werkzeugleiste auf die Schaltfläche »Hyperlinkfehler zeigen/verbergen« ( ), um die Darstellung von Verknüpfungsfehlern einzuschalten, oder wählen Sie **Bearbeiten: Hyperlink Warnungen einblenden**.

Bilder mit fehlerhaften Verknüpfungen werden mit einem Rand in der Farbe dargestellt, die von Ihnen im vorigen Abschnitt für Hyperlink-Warnungen gewählt wurde.

4 Wählen Sie das Bild *Repairs* im Dokumentfenster aus.

5 Klicken Sie im Bild-Inspektor auf den Reiter »Link«. Beachten Sie, dass die Verknüpfung durch die farbige Hervorhebung im Textfeld »URL« und das Käfer-Symbol (*Bug*) neben der Schaltfläche »Point & Shoot« als fehlerhaft gekennzeichnet wird.

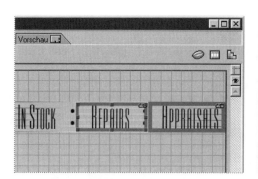

Fehlerhafte Verknüpfung

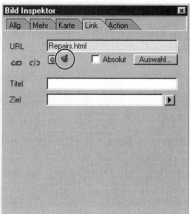

Registerkarte »Link« im Bild-Inspektor

6 Lokalisieren Sie von der Registerkarte »Link« aus die Seite, mit der das Bild *Repairs* verknüpft werden soll, indem Sie von der Schaltfläche »Point & Shoot« aus auf die Datei *Repairs.html* im Ordner *Pages* des Site-Fensters ziehen.

Sie werden nun die letzten Schritte wiederholen, um das Bild *Appraisals* mit der entsprechenden Datei zu verknüpfen.

7 Wählen Sie im Dokumentfenster das Bild *Appraisals*. Diese Verknüpfung wird in der Registerkarte »Link« des Bild-Inspektors ebenfalls als fehlerhaft gekennzeichnet.

8 Verknüpfen Sie jetzt dieses Bild erneut mit der Datei *Appraise.html*, indem Sie von der Schaltfläche »Point & Shoot« in der Registerkarte »Link« auf die Datei *Appraise.html* im Ordner *Pages* des Site-Fensters ziehen.

9 Wählen Sie **Datei: Speichern**, um die Datei zu speichern. Wenn Sie dazu aufgefordert werden, die Dateien zu aktualisieren, klicken Sie auf OK.

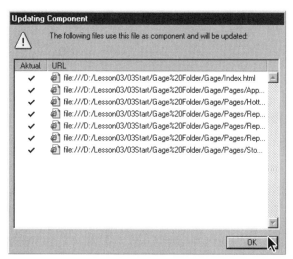

Aktualisieren einer dynamische Komponente

10 Schließen Sie die Datei *Navbar.html*.

Überprüfen von Verknüpfungen

Als letzten Schritt sollten Sie sich vergewissern, dass alle Ihre Verknüpfungen so funktionieren, wie Sie es erwarten, indem Sie sie in Ihrem Browser überprüfen.

1 Starten Sie Ihren Browser.

2 Suchen und öffnen Sie Ihre fertiggestellte Datei *Index.html*:

- Unter Windows wählen Sie **Datei: Öffnen**. Wählen Sie die Datei *Index.html* aus dem Pfad *Lesson03/03Start/Gage Folder/Gage folder* im Ordner *Lessons* auf Ihrer Festplatte und klicken Sie auf »Öffnen«.

- Unter Mac OS wählen Sie **Ablage: Öffnen**. Wählen Sie die Datei *Index.html* aus dem Pfad *Lesson03/03Start/Gage f/Gage folder* im Ordner *Lessons* auf Ihrer Festplatte und klicken Sie auf »Öffnen«.

3 Klicken Sie auf die Verknüpfungen in der Datei *Index.html* und erkunden Sie die WebSite.

4 Wenn Sie mit dem Betrachten der Datei fertig sind, schließen Sie sie.

5 Schließen und beenden Sie Ihren Browser.

Damit ist die Verknüpfungs-Lektion abgeschlossen. Für weitere Übungen mit dem Reparieren fehlerhafter Verknüpfungen lesen Sie Lektion 8, »WebSite-Verwaltung«.

Fragen

1 Was ist ein Hyperlink? Wie erzeugen Sie einen Hyperlink?

2 Was ist ein Anker? Wie erzeugen Sie einen Anker?

3 Was ist der beste Ort auf der Seite für einen Anker?

4 Wie fügen Sie einer Verknüpfung eine Aktion hinzu?

5 Wie erzeugen Sie eine Verknüpfung in einer dynamischen Komponente?

6 Was ist der Unterschied zwischen relativen und absoluten Pfadnamen? Warum ist dieser Unterschied für Verknüpfungen wichtig?

7 Was ist eine anwählbare Bildkarte und wie können Sie sie herstellen?

8 Was ist der Zweck einer Hyperlink-Warnung?

9 Wie können Sie den gesamten Inhalt des Site-Fensters darstellen?

Antworten

1 Ein Hyperlink ist ein Sprung von einem Ort in einem Dokument an einen anderen Ort in einem Dokument – auf derselben Seite (auch Anker genannt), lokal innerhalb einer WebSite, im Web oder auf Nicht-Web-Quellen wie beispielsweise FTP-Server, Newsgroups und E-Mail-Adressen.

Einen Hyperlink von einem Text oder einem Bild erstellen Sie, indem Sie den Text oder das Bild im Dokumentfenster auswählen und dann auf die Schaltfläche »Neuer Hyperlink« in der Werkzeugleiste klicken. Danach klicken Sie auf den Reiter »Link« im Inspektor und verwenden die Schaltfläche »Point & Shoot« oder die Schaltfläche »Auswahl«, um mit einer anderen Datei der WebSite zu verknüpfen; Sie können auch den Pfadnamen in das Textfeld »URL« im Inspektor eingeben.

Sie können einen Hyperlink auch mit Tastaturkürzeln erzeugen: Drücken Sie die Tasten Strg+L (Windows) bzw. Befehl+L (Mac OS), um einen ausgewählten Text in eine Verknüpfung zu verwandeln; drücken Sie die Tastenkombination Strg/Befehl+Komma [,], um die Registerkarte »Link« im Inspektor und das Textfeld »URL« zu aktivieren, und drücken Sie gleichzeitig die Tasten Strg/Befehl+Semikolon [;], um den Text im Dokument erneut auszuwählen.

2 Anker verhalten sich wie Lesezeichen auf Orte innerhalb derselben Seite. Sie können eine einzelne Verknüpfung erstellen, die mit einem einzelnen Anker verbindet oder Sie erzeugen mehrere Verknüpfungen, die alle auf einen einzelnen Anker weisen.

   Um einen Anker zu erstellen, der von einem Ort auf einer Seite auf einen anderen weist, wählen Sie Text aus oder ziehen ein Anker-Symbol aus der Palette an den Text im Dokumentfenster. Danach ziehen Sie mit gedrückter Alt- (Windows) bzw. Befehlstaste (Mac OS) auf das Ziel der Verknüpfung auf der Seite. Sie können den Anker-Inspektor verwenden, um dem Anker einen Namen zu geben.

3 Am besten platziert man Anker in den Textfluss von HTML-Text, in einen Layout-Textrahmen oder eine Tabelle. (Sie können dem Layout-Raster einen kleinen Layout-Textrahmen zufügen, der den Anker aufnimmt.) Sie erreichen gleichmäßigere Ergebnisse, wenn Sie den Anker in die Nähe des linken Randes der Seite platzieren. Sie können nicht unmittelbar mit Grafiken verankern, da HTML diese Möglichkeit bisher nicht unterstützt; platzieren Sie den Anker stattdessen nahe an der oberen linken Ecke einer Grafik.

4 Um einer Verknüpfung eine Aktion hinzuzufügen, treffen Sie zuerst eine Auswahl und erzeugen eine Verknüpfung mit der Schaltfläche »Neuer Hyperlink« in der Werkzeugleiste oder in der Registerkarte »Link« im Text-Inspektor. Danach verwenden Sie die Registerkarte »Action« im Inspektor, um der Verknüpfung eine Aktion hinzuzufügen.

5 Eine dynamische Komponente aktualisiert alle Dateien, in der sie verwendet wird, sobald sie sich ändert. Das Einfügen einer Verknüpfung zu einer dynamischen Komponente verläuft nach demselben Schema wie das Einfügen anderer Hyperlinks, erfordert allerdings zuerst das Öffnen der eigentlichen Datei mit der dynamischen Komponente.

6 Absolute URLs enthalten den vollständigen Pfadnamen einer Datei, einschließlich des Ordnernamens der WebSite. Relative URLs beinhalten nicht den vollen Pfadnamen und können sich auf eine Datei in einem Unterverzeichnis bzw. Unterordner von der zu verknüpfenden Datei aus beziehen. Wenn Sie nach dem Verknüpfungsziel suchen oder den URL eingeben, können Sie einfach den relativen Pfad eingeben (bei dem der WebSite-Ordner impliziert wird). Adobe GoLive ist sich per Voreinstellung des WebSite-Ordners »bewusst«, daher brauchen Sie ihn nicht mit in den URL einzugeben.

7 Anwählbare Bildkarten sind Bilder in wählbaren Hot-Spot-Bereichen. Sie können Bildkarten mit anderen Quellen verknüpfen und die Hot-Spot-Bereiche der Karte mit anderen scriptfähigen Aktionen wie Formularen oder E-Mail-Adressen verbinden. Um eine anwählbare Bildkarte zu erzeugen, fügen Sie in Ihr Dokument ein Bild ein, definieren das Bild mit Hilfe der Registerkarte »Karte« im Bild-Inspektor als Bildkarte und fügen mit Hilfe der Werkzeuge der Registerkarte »Karte« Hot-Spot-Bereiche hinzu. Anschließend fügen Sie den Hot-Spot-Bereichen auf die übliche Weise Verknüpfungen hinzu.

8 Hyperlink-Warnungen erscheinen als hervorgehobenes URL-Textfeld in der Registerkarte »Link« des Inspektors (oder als »Bug«-Symbol im Site-Fenster). Hyperlink-Warnungen machen Sie auf Dateien mit fehlerhaften Verknüpfungen aufmerksam, die repariert werden müssen, bevor die Dateien auf einen Webserver geladen werden (und Betrachter frustrieren, die die verknüpften Informationen nicht finden können).

9 Verwenden Sie diese Methoden, um die Ansicht des Site-Fensters zu erweitern:

- Klicken Sie unter Windows auf das Dreieck-Symbol unten links im Site-Fenster, um den vollständigen Inhalt der WebSite anzuzeigen. Klicken Sie im unteren Teil des geteilten Site-Fensters oben auf den Reiter »Extra«, um den Ordner *Gage.data* des Site-Fensters und seinen Inhalt zu zeigen. (Möglicherweise müssen Sie das Site-Fenster nach oben ziehen, um seinen gesamten Inhalt sehen zu können.) Doppelklicken Sie auf den Ordner *Components*, um ihn zu öffnen; klicken Sie anschließend auf die Datei *Navbar.html*, um sie zu öffnen.

- Klicken Sie unter Mac OS auf das Symbol ganz rechts in der Titelleiste des Site-Fensters, um seinen gesamten Inhalt anzuzeigen. Klicken Sie im rechten Teil des geteilten Site-Fensters auf den Reiter »Extra«, um den Ordner *Gage.data* des Site-Fensters und seinen Inhalt zu zeigen. Doppelklicken Sie auf den Ordner *Components*, um ihn zu öffnen; klicken Sie anschließend auf die Datei *Navbar.html*, um sie zu öffnen.

Lektion 4

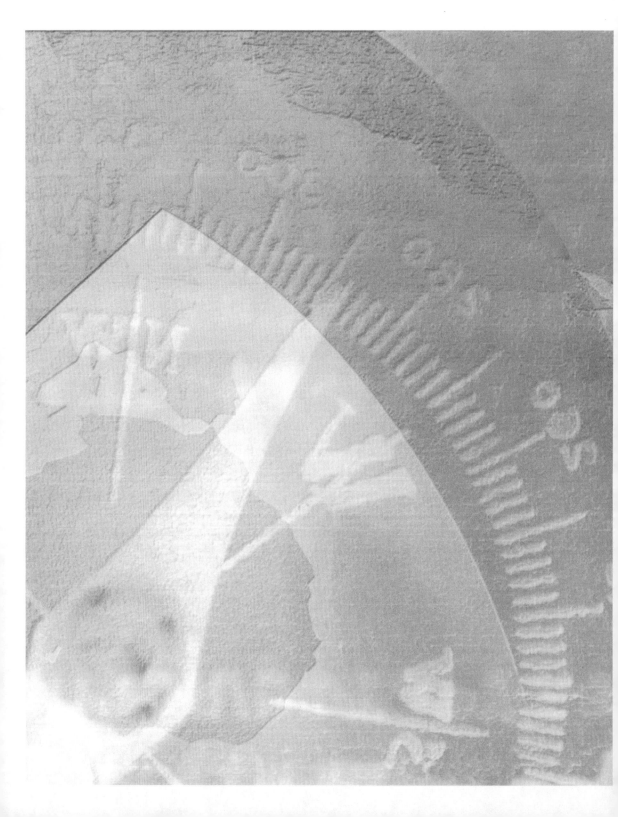

4 | Arbeiten mit Frames

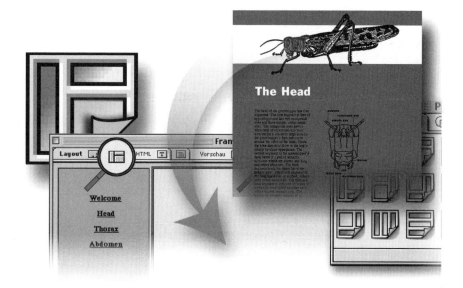

Frames sind für das Gestalten des Layouts und des Aufbaus Ihrer WebSite sehr praktisch. Sie können sowohl als Navigationswerkzeug als auch für die gleichzeitige Darstellung von mehr als einer Art von Information benutzt werden. In dieser Lektion werden Sie ein Frame-Set mit drei Frames erzeugen und ihren Inhalt hinzufügen.

In dieser Lektion lernen Sie Folgendes:

- Erzeugen einer Seite für Ihr Frame-Set
- Erzeugen eines Frame-Sets
- Ändern von Frame-Set-Optionen mit Hilfe des Frame-Set-Inspektors
- Konfigurieren einzelner Frames mit Hilfe des Frame-Inspektors
- Hinzufügen, Verschieben und Löschen eines Frames
- Hinzufügen von Inhalten zu Frames
- Erzeugen von Ziel-Verknüpfungen innerhalb des Frame-Sets
- Verknüpfen des Frame-Sets mit Ihrer Homepage

Für diese Lektion werden Sie etwa 45 Minuten benötigen. Entfernen Sie, falls nötig, den Ordner mit der vorherigen Lektion von Ihrer Festplatte und kopieren Sie den Ordner *Lesson04* an seine Stelle.

Frame-Sets

Ein Frame-Set ist eine HTML-Seite, die mehrere Frames aufnehmen kann und Ihnen erlaubt, in jedem Frame ein anderes Dokument darzustellen. Der Vorteil, eine Seite mit Frames aufzubauen, liegt darin, dass mehrere HTML-Dokumente auf einmal dargestellt werden können, wobei jedes in einem eigenen Fenster innerhalb des Browser-Fensters liegt. Dabei ist jeder Frame unabhängig und kann je nach Zweck mit oder ohne Rollbalken angelegt werden.

Ein Frame-Set enthält nicht wirklich alle dargestellten HTML-Seiten, sondern stellt ihnen einfach eine Gliederung zur Verfügung. Wenn Sie sich den HTML-Kode einer Seite ansehen, die ein Frame-Set enthält, werden Sie feststellen, dass er bloß einfache HTML-Meta-Information und ein paar Zeilen beschreibenden Kode für die Definition des Frame-Sets enthält – weiter nichts.

Das einfachste Frame-Set enthält zwei Frames, einen für die Navigation auf der Seite und einen für die Darstellung des Inhaltes. Das Frame-Set, das Sie in dieser Lektion erzeugen werden, wird aus drei Frames bestehen: einem Navigations-Frame, einem Frame für die Hauptseite und einem Frame für ein Banner-Bild.

Hinweis: Sie werden in dieser Lektion keine Frame-Sets ineinander verschachteln. Obwohl dies in HTML erlaubt ist, kann es zu ernsthaften Navigationsproblemen führen.

Aufbau des Frame-Set

In dieser Lektion werden Sie das folgende Frame-Set erzeugen:

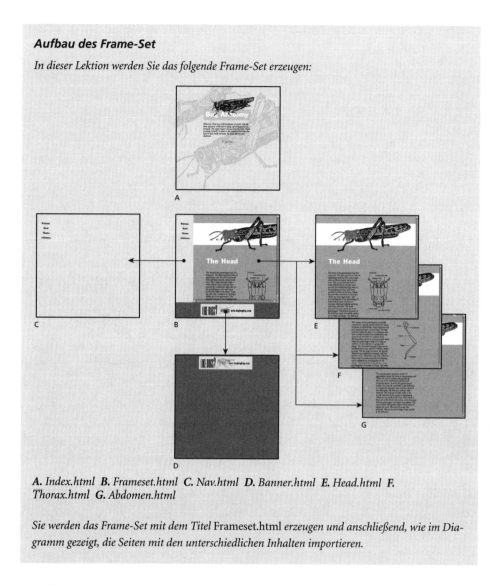

A. *Index.html* **B.** *Frameset.html* **C.** *Nav.html* **D.** *Banner.html* **E.** *Head.html* **F.** *Thorax.html* **G.** *Abdomen.html*

Sie werden das Frame-Set mit dem Titel Frameset.html erzeugen und anschließend, wie im Diagramm gezeigt, die Seiten mit den unterschiedlichen Inhalten importieren.

Vorbereitungen

In dieser Lektion werden Sie einen Frame-Set für eine WebSite mit dem Namen *BugBody* erzeugen und die Frames danach mit Inhalt füllen. Zuerst werden Sie sich die vorbereitete WebSite in Ihrem Browser ansehen.

1 Öffnen Sie Ihren Browser.

2 Öffnen Sie den Ordner *04End* im Ordner *Lesson04*.

186 | LEKTION 4
Arbeiten mit Frames

3 Öffnen Sie den Ordner *BugBody* (Windows) bzw. *Bugbody f* (Mac OS) und dort den Ordner *Bugbody*.

4 Öffnen Sie die Datei *Index.html*. Das ist die Homepage der Site. Da sie nicht Teil des Frame-Sets ist, erscheint sie als eine Seite über den gesamten Browser.

5 Klicken Sie auf »Enter«. Diese Verknüpfung weist auf die HTML-Seite *Frameset.html*. Obwohl Sie auf dieser Seite Inhalte sehen, enthält *Frameset.html* nur Kode für den Frame-Set der WebSite. Die Seiten mit den Inhalten werden innerhalb des Frame-Sets geöffnet.

Beachten Sie, dass die Seite drei Frames aufweist: Die Information über den Kopf der Heuschrecke ist der Haupt-Frame, die Inhaltsliste ist auch ein Frame und das animierte Bild unten auf der Seite ist ein weiterer Frame.

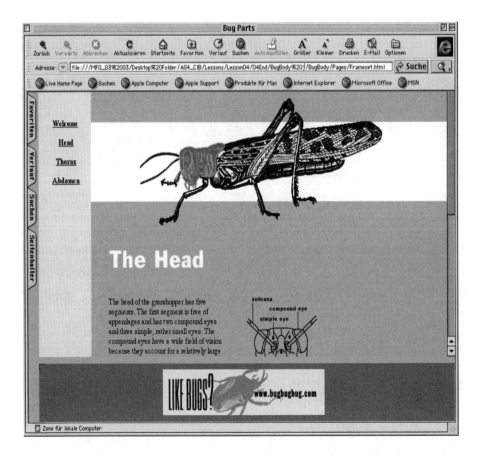

6 Klicken Sie auf die Verknüpfungen in der Inhaltsliste und erkunden Sie die WebSite.

7 Wenn Sie mit dem Betrachten der WebSite fertig sind, beenden Sie Ihren Browser.

Erzeugen eines Frame-Sets

Wenn Sie eine neue WebSite kreieren möchten und dafür Frames verwenden wollen, müssen Sie zuerst die Seite, die Ihren Frame-Set enthalten soll, einrichten und dann genau überlegen, wie die Frames aussehen sollen. Erst danach sollten Sie damit beginnen, Ihre Inhaltsseiten hinzuzufügen und zu formatieren.

Sie werden in dieser Lektion damit beginnen, die BugBody-WebSite zu öffnen und eine neue HTML-Seite mit Frame-Sets zu erzeugen.

1 Starten Sie Adobe GoLive.

2 Öffnen Sie den Ordner *04Start* im Ordner *Lesson04*.

3 Öffnen Sie den Ordner *BugBody* (Windows) bzw. *Bugbody f* (Mac OS); öffnen Sie die Datei *BugBody.site* (Windows) bzw. *BugBody.π* (Mac OS).

Diese WebSite enthält eine Homepage (*Index.html*) und ein paar Inhaltsseiten. Diese Seiten sind noch nicht in Frames gesetzt. Sie werden nun einen Frame-Set für die Inhaltsseiten der WebSite erstellen.

4 Wählen Sie **Datei: Neu** und öffnen Sie ein neues Dokumentfenster einer neuen Seite.

5 Ändern Sie im Titelfeld des Dokumentfensters *Ohne Titel.html* den Text neben dem Symbol *Seite* (▤) von *Willkommen bei Adobe GoLive 4* in **Bug Parts**.

6 Wählen Sie **Datei: Speichern**, um die Datei mit dem Namen **Frameset.html** zu speichern. (Speichern Sie sie im Ordnerpfad *04Start/BugBody/Pages*.)

Hinzufügen eines Frame-Sets

Nachdem Sie nun eine neue Seite angelegt haben, können Sie ihr einen Frame-Set hinzufügen. Beim Arbeiten mit Frames beginnen Sie immer damit, aus der Palette einen Frame-Set auszuwählen und ihn anschließend im Frame-Editor des Dokumentfensters zu konfigurieren.

1 Klicken Sie auf den Reiter *Frame-Editor* (▣) des Dokumentfensters, um den Frame-Editor aufzurufen. Im Fenster steht momentan *Keine Frames*.

2 Klicken Sie in der Palette auf den Reiter *Frames* (▣), um die entsprechende Registerkarte auszuwählen.

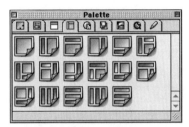

Registerkarte Frames *in der Palette*

Die Registerkarte Frames enthält eine Vielzahl von Frame-Set-Vorlagen, mit jeweils bis zu drei Frames. Jede Vorlage zeigt Ihnen, wie die Frames auf der Seite dargestellt werden.

Hinweis: Das erste Symbol in der obersten Zeile zeigt nur einen Frame. Sie können dieses Symbol dazu benutzen, einem Frame-Set einen weiteren Frame hinzuzufügen.

 3 Wählen Sie in der Registerkarte *Frames* der Palette das fünfte Symbol in der zweiten Zeile und ziehen Sie es aus der Palette auf den Frame-Editor. Im Dokumentfenster wird daraufhin ein Frame-Set dargestellt.

Hinweis: Falls Sie Ihre Palette in der Größe verändert haben, kann sich das Symbol auf einer anderen Position befinden.

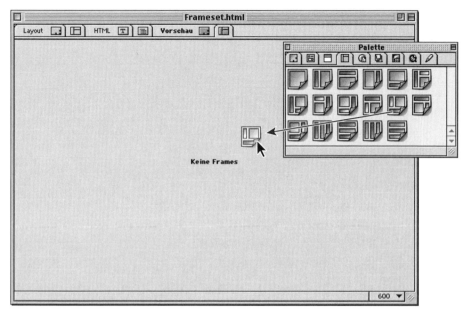
Frame-Set auf den Frame-Editor ziehen

Beachten Sie, dass jeder Frame die Wörter »No Name« und ein Fragezeichen-Symbol mit der Bezeichnung »Leere Referenz!« enthält. Sie werden später in der Lektion jedem Frame sowohl einen Namen als auch Inhalt geben. Aber jetzt ist es an der Zeit, sich einmal den HTML-Kode des neuen Frame-Sets anzusehen.

4 Klicken Sie im Dokumentfenster auf den Reiter *HTML* (), um in die HTML-Ansicht zu gelangen. Der HTML-Kode dieser Seite besteht nur aus den Frame-Tags und ein paar Mcta-Informationen.

5 Kehren Sie zurück in den Frame-Editor.

Frame-Set ändern

Sie können einen Frame-Set mit Hilfe des FrameSet-Inspektors auf vielfältige Weise verändern, beispielsweise seine Ausrichtung oder seine Ränder.

1 Klicken Sie oben auf den inneren Rand des unteren Rahmens, um den FrameSet-Inspektor aufzurufen.

Sie können jeden beliebigen inneren Rand des Frame-Sets auswählen, um den FrameSet-Inspektor aufzurufen.

A. Größe B. Orientierung C. Randeinstellungen
D. Schaltflächen für Voransichten

2 Wählen Sie die Option »Horizontale Orientierung« und beachten Sie, wie sich das Erscheinungsbild der Frames oberhalb des ausgewählten Randes ändert. Wählen Sie anschließend wieder die Option »Vertikale Orientierung«.

Hinweis: Diese Optionen ändern nicht die Orientierung des gesamten Frame-Sets, sondern nur die an den ausgewählten Rahmen angrenzenden Frames.

3 Wählen Sie die Option »Randgröße« und geben Sie in das Textfeld **5** ein. Drücken Sie die Eingabetaste oder klicken Sie auf die Schaltfläche »Eingabe« (), um die neue Randgröße zuzuweisen. Beachten Sie, dass die Änderung nur dem Rand zugefügt wird, den Sie ausgewählt haben, um den FrameSet-Inspektor aufzurufen.

4 Wählen Sie die Option »Randfarbe« und klicken Sie auf das graue Farbfeld, um die Farbpalette zu öffnen.

5 Wählen Sie in der Farbpalette den Reiter »Sichere Webfarben (Web I)«( ) und wählen Sie eine Farbe aus (wir haben als »Wert« **99CC99** eingegeben). Auf diese Weise wird das Voransicht-Farbfeld oben in der Farbpalette mit Ihrer gewünschten Farbe gefüllt.

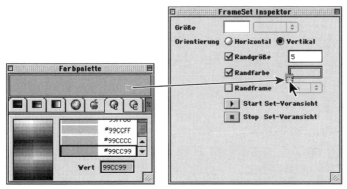

Farbe aus der Farbpalette auswählen

Farbe auf das Randfarbe-Feld im FrameSet-Inspektor ziehen

6 Ziehen Sie diese Farbe aus dem Voransicht-Farbfeld der Farbpalette auf das Randfarbe-Feld des Frame-Set-Inspektors. Beachten Sie, wie *alle* inneren Ränder geändert werden.

7 Schließen Sie die Farbpalette.

8 Wählen Sie den inneren Rand zwischen den oberen zwei Frames.

Beachten Sie, dass dieser Frame auf *Horizontale Orientierung* eingestellt ist. Wählen Sie die Option *Vertikale Orientierung*, um zu sehen, wie sich dies auf die Orientierung der Frames auswirkt; kehren Sie danach wieder zur *Horizontalen Orientierung* zurück.

9 Wählen Sie die Option »Randgröße« und geben Sie in das Textfeld **0** ein. Wählen Sie anschließend die Option »Randframe« und im zugehörigen Popup-Menü »Nein«. Der Rand wird im Browser nicht mehr angezeigt, obwohl Sie nach wie vor eine schwarze Linie im Frame-Editor sehen können.

Hinweis: *Viele Web-Designer verwenden randlose Frames mit derselben Hintergrundfarbe, um den Eindruck einer WebSite ohne Frames zu erwecken.*

10 Speichern Sie Ihre Datei.

Frame für den Hauptinhalt einrichten

Sie werden den Frame-Inspektor verwenden, um den Frame für den Hauptinhalt in Ihrem Set zu benennen, seine Größe zu verändern und einen Rollbalken hinzuzufügen.

1 Wählen Sie den oberen linken Frame. Der Frame-Inspektor wird aufgerufen.

Der Frame-Inspektor ist kontextsensitiv und ermöglicht Ihnen, die Optionen für den ausgewählten Frame festzulegen. Sie können ihn in der Größe verändern, ihn mit einer Inhaltsseite verknüpfen und seine Roll- und Größenvoreinstellungen festlegen. Außerdem können Sie die Voransicht von Inhalten ein- oder ausschalten (nur Mac OS).

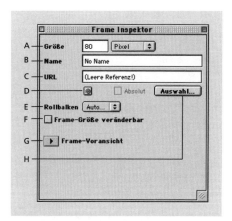

A. Größe B. Name C. URL-Textfeld
D. Schaltfläche »Point & Shoot« für URL-Verknüpfungen E. Rollbalken
F. Änderung der Größe
G. Schaltfläche »Voransicht« (nur Mac OS)
H. Auswählen von URL-Verknüpfungen

2 Geben Sie als »Name« im Frame-Inspektor **Navigator** ein.

Jetzt werden Sie die Größe des Frames einstellen. Sie können dazu auf unterschiedliche Weise vorgehen:

- Ziehen Sie die Ränder in die gewünschte Lage.
- Geben Sie für jedes Fenster pixelgenaue Maße ein.
- Geben Sie einen prozentualen Anteil am Browser-Fenster ein.
- Belassen Sie den Frame variabel, damit er immer in das Browser-Fenster passt.

Sie werden die Größe des Navigations-Frames pixelgenau festlegen. Da dieser Frame eine Navigationsleiste erhalten wird, sollte er in allen Browsern und in allen Bildschirmauflösungen die gleiche Breite aufweisen, damit sichergestellt wird, dass die Wörter der Navigationsleiste für die Verknüpfungen immer korrekt dargestellt werden.

3 Ändern Sie den Frame, indem Sie *Pixel* im Popup-Menü »Größe« auswählen und **110** im Textfeld »Größe« eingeben. Beachten Sie, dass der linke Frame jetzt etwas größer als vorher ist.

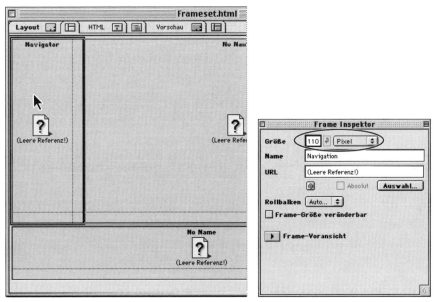

Pixel-Größe *für den Navigations-Frame auswählen*   *Navigations-Frame*

4 Das Kontrollkästchen vor der Option »Frame-Größe veränderbar« sollte nicht ausgewählt sein. Somit verhindern Sie, dass Betrachter das Layout Ihrer Frames verändern.

5 Wählen Sie *Keine* im Popup-Menü »Rollbalken«, damit das Fenster ohne Rollbalken dargestellt wird.

Es ist sinnvoll, dass ein Navigationsfenster ohne Rollbalken dargestellt wird. Bevor Sie die Betrachter zwingen, durch Verknüpfungen zu rollen, sollten Sie lieber den Inhalt eines Fensters verringern. Falls Ihre WebSite so viele Seiten umfasst, dass sie nicht mehr alle im Navigationsfenster dargestellt werden können, sollten Sie darüber nachdenken, die WebSite neu zu ordnen, in Bereiche aufzuteilen und das Navigationsfenster dazu zu benutzen, den Betrachter auf diese Bereiche anstatt auf einzelne Seiten zu lenken. Jeder Bereich kann dann sein eigenes Inhaltsverzeichnis bekommen, der die zugehörigen Seiten anzeigt.

Sie werden jetzt den Hauptinhalts-Frame formatieren.

6   Wählen Sie den Frame oben rechts. Wählen Sie *Variabel* aus dem Popup-Menü »Größe« im Frame-Inspektor.

Falls ein Betrachter das Browser-Fenster vergrößert oder verkleinert, sorgt die Option *Variabel* dafür, dass der Frame sich entweder ausdehnt oder verkleinert, um das Browser-Fenster rechts vom Navigations-Frame immer auszufüllen.

7   Geben Sie als »Name« **Main** ein.

8   Um dem Frame vertikale und horizontale Rollbalken hinzuzufügen, wählen Sie *Ja* (Windows) bzw. *Sichtbar* (Mac OS) im Popup-Menü »Rollbalken«.

Nun werden Sie den unteren Frame formatieren.

9   Wählen Sie den unteren Frame und nennen Sie ihn **Banner**.

10 Legen Sie seine Größe mit 90 Pixel fest. Das ist etwas größer als das Bild, das dieser Frame aufnehmen soll, um Verschiebungen in unterschiedlichen Browsern auszugleichen.

11 Wählen Sie *Keine* in der Option »Rollbalken«.

12 Speichern Sie die Datei.

Hinzufügen, Verschieben und Löschen von Frames

Sie können einem Frame-Set Frames hinzufügen, sie verschieben und löschen. Zuerst werden Sie Ihrem Frame-Set einen vierten Frame hinzufügen.

 1 Ziehen Sie aus der Registerkarte »Frames« der Palette einen neuen Frame (das erste Symbol der obersten Zeile) auf den unteren Frame Ihres Frame-Sets. Er wird rechts von ihrem vorhandenen Frame dargestellt.

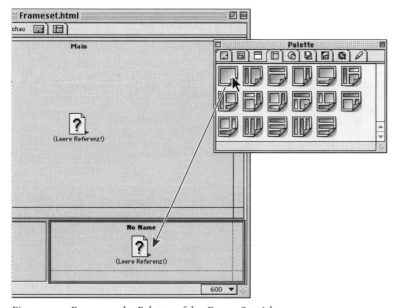

Einen neuen Frame aus der Palette auf den Frame-Set ziehen

2 Ändern Sie die Größe des Frames, indem Sie **20 Prozent** im Größenfeld des Frame-Inspektors eingeben.

Sie werden nun den neuen Frame auf die linke Seite des ursprünglichen Frames verschieben.

3 Ziehen Sie den neuen Frame auf den ursprünglichen unteren Frame, bis er seine Farbe in Schwarz (Windows) bzw. Grau (Mac OS) ändert, und lassen Sie ihn dann auf dem Frame los. Der neue Frame wird nun links von dem ursprünglichen Frame dargestellt.

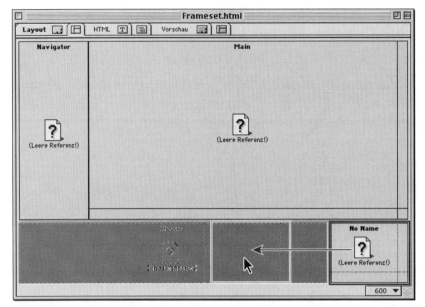

Neuen Frame nach links vom ursprünglichen Frame ziehen

Jetzt werden Sie den gerade hinzugefügten Frame löschen.

4 Wählen Sie den neuen Frame und drücken Sie die Löschtaste. Damit wird der neue Frame entfernt und die Größe des ursprünglichen Frames auf 50 Prozent der gesamten Seite geändert.

5 Wählen Sie den unteren Frame und geben Sie erneut **90 Pixel** im Feld »Größe« ein, um das Banner-Fenster auf seine ursprüngliche Größe zu bringen.

Hinzufügen von Inhalt in Frames

Jetzt ist es an der Zeit, jedem Ihrer drei Frames Inhalt hinzuzufügen, indem Sie sie mit Inhaltsseiten verknüpfen. Sie werden dazu unterschiedliche Wege beschreiten, indem Sie:

- die Schaltfläche »Auswahl« im Frame-Inspektor benutzen.
- die Schaltfläche »Point & Shoot« (▣) im Frame-Inspektor verwenden.
- eine Inhaltsdatei mittels *Drag & Drop* unmittelbar in einen Frame bringen.

Sie werden für das Hinzufügen von Inhalt zu den drei Frames jede der drei Methoden einmal verwenden.

Zuerst werden Sie die Schaltfläche »Auswahl« verwenden, um eine Datei zu suchen und dem Frame hinzuzufügen. Diese Methode ist besonders dann sinnvoll, wenn die Inhaltsseite sich nicht im selben Ordner wie der Rest Ihrer WebSite befindet.

1 Wählen Sie den Navigations-Frame links auf der Seite. Wählen Sie im Frame-Inspektor die Datei *Nav.html* Ihrer WebSite aus und klicken Sie auf »Öffnen«. Im Frame erscheint stellvertretend für die Datei ein Symbol.

- Klicken Sie unter Mac OS auf die Schaltfläche »Voransicht Frame« (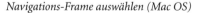) im Frame-Inspektor. Im Frame wird das Inhaltsverzeichnis der Datei *Nav.html* eingeblendet. (Sie können erneut auf die Schaltfläche klicken, um die Voransicht wieder auszuschalten. Lassen Sie sie aber vorerst eingeschaltet.)

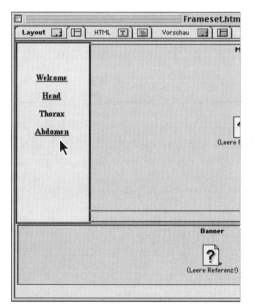

Navigations-Frame auswählen (Mac OS)

Schaltfläche »Frame-Voransicht« im Frame-Inspektor (nur Mac OS)

💡 *Falls Sie feststellen, dass eine Inhaltsseite (wie beispielsweise das Inhaltsverzeichnis) zu breit für die Darstellung des gesamten Textes in ihrem Frame ist, formatieren Sie die Seite neu, nachdem Sie die Frame-Größe festgelegt haben.*

Sie werden nun eine andere Methode für das Hinzufügen einer Inhaltsdatei ausprobieren. Wenn sich die Datei in Ihrer WebSite befindet, können Sie dafür die Schaltfläche »Point & Shoot« im Frame-Inspektor verwenden.

2 Ziehen Sie, falls nötig, das Dokumentfenster an eine andere Stelle auf Ihrem Monitor, so dass Sie sowohl den Haupt-Frame (*Main*) Ihres Frame-Sets als auch die Dateien in Ihrem WebSite-Fenster sehen können.

3 Öffnen Sie den Ordner *Pages* in Ihrem Site-Fenster.

4 Wählen Sie den Haupt-Frame (*Main*) im Dokumentfenster. Ziehen Sie im Frame-Inspektor von der Schaltfläche »Point & Shoot« ( ) auf die Datei *Head.html* im Site-Fenster, um eine Verknüpfung zu erzeugen.

5 Sehen Sie sich die Inhalte des Frames in der Voransicht (Mac OS) an. Beachten Sie, dass sowohl ein horizontaler als auch ein vertikaler Rollbalken am Frame dargestellt wird.

Die letzte Möglichkeit, einem Frame Inhalt hinzuzufügen, ist wahrscheinlich auch die einfachste: Es wird einfach nur eine Datei auf den Frame gezogen.

6 Falls nötig, verschieben Sie das Dokumentfenster so, dass Sie sowohl den unteren Frame Ihres Frame-Sets als auch die Dateien in Ihrem WebSite-Fenster sehen können (vielleicht müssen Sie außerdem die Größe von Frameset.html anpassen).

7 Ziehen Sie die Datei *Banner.html* aus Ihrem Site-Fenster auf den unteren Frame. Nun ist die Bilddatei mit dem Frame verknüpft.

8 Sehen Sie sich die Inhalte des Frames in der Voransicht an.

Hinweis: Wenn Sie einem Frame ein Bild als Inhalt hinzufügen möchten, müssen Sie das Bild zunächst in eine HTML-Seite einsetzen. Ein Frame kann keine reine Bilddatei darstellen.

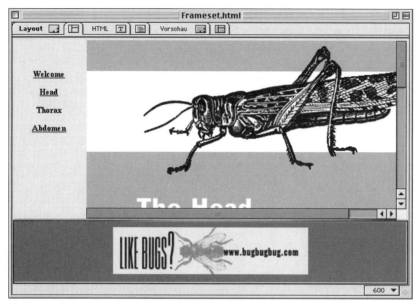

Voransicht der Inhalte aller drei Frames (nur Mac OS)

9 Wählen Sie **Datei: Speichern**.

Erzeugen von Ziel-Verknüpfungen

Obwohl Sie Ihre Frames einfach nur dazu benutzen können, diese drei Webseiten darzustellen, können Sie mit ihnen auch wesentlich mächtigere Aufgaben erledigen und mit ihnen durch die gesamte WebSite navigieren und sie darstellen lassen. Sie werden einem Betrachter das Ändern des Haupt Frames (*Main*) ermöglichen, indem Sie Ziel-Verknüpfungen vom Navigations-(Inhaltsverzeichnis-)Fenster auf andere Seiten verwenden.

1 Öffnen Sie vom WebSite-Fenster aus die Datei *Nav.html*.

2 Wählen Sie in der Datei *Nav.html* das Wort *Thorax* aus.

3 Klicken Sie in der Werkzeugleiste auf die Schaltfläche »Neuer Hyperlink« ( ).

4 Verwenden Sie im Text-Inspektor die Schaltfläche »Point & Shoot«, um eine Verknüpfung auf *Thorax.html* zu erzeugen.

Auf diese Weise verknüpfen Sie die beiden Seiten. Aber in welchem Frame wird die Verknüpfung dargestellt? Sie möchten sie im Haupt-Frame (*Main*) anzeigen lassen, also müssen Sie diesen Frame als Ziel auswählen.

5 Wählen Sie im Text-Inspektor aus dem Popup-Menü »Ziel« *Main* aus.

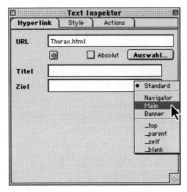

Auswählen des Main-*Frames als Ziel*

Jetzt wird die Datei *Head.html* im *Main*-Frame durch die Datei *Thorax.html* ersetzt, wenn ein Besucher auf diese Verknüpfung im Inhaltsverzeichnis klickt.

Erzeugen einer Verknüpfung zurück auf die Homepage

Sie werden für das Wort *Welcome* auf dieser Seite die Homepage als Ziel verknüpfen. Auf diese Weise können die Betrachter jederzeit und von überall auf Ihrer WebSite zurück auf die Homepage gelangen.

1 Wählen Sie die Verknüpfung *Welcome*.

2 Vergewissern Sie sich, dass im WebSite-Fenster die Datei *Index.html* zu sehen ist.

3 Verwenden Sie im Text-Inspektor die Schaltfläche »Point & Shoot«, um eine Verknüpfung mit *Index.html* zu erzeugen.

4 Wählen Sie diesmal im Text-Inspektor *_parent* aus dem Popup-Menü »Ziel«.

Die Option *_parent* legt das Browser-Fenster als Ziel fest und weist den Browser an, den Inhalt des gesamten Fensters zu ändern. Der Browser wird das Frame-Set in ein Fenster ändern, das die Homepage zeigt; den Navigations- oder Banner-Frame stellt der Browser nicht mehr dar.

Die beiden anderen Verknüpfungen wurden bereits für Sie vorgenommen.

5 Speichern und schließen Sie die Datei *Nav.html*.

6 Wählen Sie **Datei: Speichern**, um die Datei *Frameset.html* zu speichern.

7 Vergewissern Sie sich, dass die Datei *Frameset.html* ausgewählt ist und nicht nur einer der Frames innerhalb der Datei; geben Sie dann in **Spezial: Im Browser anzeigen** Ihren bevorzugten Browser ein, um die Datei *Frameset.html* in Ihrem Browser darzustellen.

8 Klicken Sie auf jede der Verknüpfungen im Inhaltsverzeichnis-Fenster (wählen Sie die Verknüpfung *Welcome* zuletzt). Die verknüpften Seiten werden im *Main*-Fenster dargestellt.

Beachten Sie, dass die Homepage der WebSite das gesamte Browser-Fenster ausfüllt, wenn Sie auf die Verknüpfung *Welcome* klicken. Auf diese Weise wird die Auswirkung der Zielverknüpfung auf *_parent* verdeutlicht. Auf der anderen Seite werden Sie feststellen, dass nichts passiert, wenn Sie auf *Enter* klicken.

Verknüpfen des Frame-Sets mit Ihrer Homepage

Ihre letzte Aufgabe besteht darin, eine Verknüpfung von Ihrer Homepage mit dem neuen Frame-Set zu erzeugen. Diese Verknüpfung wird meistens mit so etwas wie *Enter* oder *Start* bezeichnet. Wenn ein Betrachter darauf klickt, öffnet sich das Frame-Set und stellt die Start-Inhaltsseiten Ihrer WebSite dar.

Beachten Sie, dass Sie *keine* Verknüpfung mit einer Inhaltsseite erzeugen; Sie erzeugen eine Verknüpfung mit der Datei *Frameset.html*, die so die drei Inhaltsseiten in den Frames von *Frameset.html* darstellen wird.

1 Schließen Sie Ihren Browser.

2 Öffnen Sie im WebSite-Fenster die Datei *Index.html*.

3 Vergewissern Sie sich, dass das WebSite-Fenster sichtbar und der Ordner *Pages* geöffnet ist.

4 Wählen Sie in *Index.html* den Text *Enter*.

5 Klicken Sie in der Werkzeugleiste der WebSite auf die Schaltfläche »Neuer Hyperlink« ( ). Verwenden Sie im Text-Inspektor die Schaltfläche »Point & Shoot«, um eine Verknüpfung mit der Datei *Frameset.html* zu erzeugen.

6 Speichern Sie Ihre Datei.

Herzlichen Glückwunsch! Sie haben eine Drei-Frame-Ansicht für Ihre WebSite erzeugt und eine HTML-Seite, die ein Frame-Set enthält, in sie integriert. Wenn Sie möchten, können Sie sie in Ihrem Browser öffnen und nachsehen, wie sie funktioniert.

Fragen

1 Wo finden Sie einen Satz mit vorgefertigten Frame-Layouts?

2 Wie legen Sie die Größe eines Frames auf eine bestimmte Anzahl von Pixeln fest?

3 Wie fügen Sie einem Frame-Rand Farbe hinzu?

4 Wie fügen Sie einem Frame einen Rollbalken hinzu?

5 Wie fügen Sie Ihrem Frame-Set einen neuen Frame hinzu?

6 Welches sind die drei Methoden, um zu einem Frame Inhalte hinzuzufügen?

7 Wie können Sie eine Voransicht des Inhaltes Ihres Frame-Sets bekommen, ohne einen Browser zu starten?

Antworten

1 Sie finden einen Satz mit vorgefertigten Frame-Layouts in der Registerkarte »Frames« in der Palette.

2 Wählen Sie den gewünschten Frame an. Aus dem Popup-Menü »Größe« im Frame-Inspektor wählen Sie *Pixel*. Geben Sie die Anzahl der Pixel in das entsprechende Textfeld ein.

3 Wählen Sie den Frame-Rand an. Im Frame-Set-Inspektor wählen Sie die Option *Randfarbe* und klicken auf das Farbfeld, um die Farbpalette zu öffnen. Wählen Sie dort den Reiter »Websichere Farben (Web I)« und in der Registerkarte die gewünschte Farbe. Ziehen Sie sie aus dem Farbvoransichtfeld der Farbpalette auf das Farbfeld *Randfarbe*.

4 Wählen Sie einen Frame aus. Im Popup-Menü »Rollbalken« des Frame-Inspektors wählen Sie *Ja* (Windows) bzw. *Sichtbar* (Mac OS).

5 Ziehen Sie ein Frame-Symbol aus der Registerkarte »Frames« der Palette auf Ihr Frame-Set. Lassen Sie es auf dem gewünschten Frame los.

6 Wählen Sie einen Frame aus. Nun können Sie ihm Inhalte hinzufügen, indem Sie:

- im Frame-Inspektor die Schaltfläche »Auswahl« verwenden, um eine Datei zu suchen.

- die Schaltfläche »Point & Shoot« im Frame-Inspektor benutzen, um mit einer Datei zu verknüpfen.

- eine Datei aus dem WebSite-Fenster auf den Frame ziehen.

7 Doppelklicken Sie auf das Seiten-Symbol in einem Frame, um seine Inhalts-Datei in einem anderen Fenster zu öffnen.

Lektion 5

5 Animationen

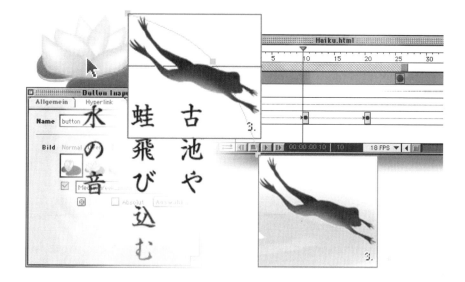

Adobe GoLive unterstützt Dynamic HTML, so dass Sie Ihren Webseiten Animationen hinzufügen können. Sie können Maus-Rollover-Schaltflächen erzeugen, die ihr Erscheinungsbild ändern, sobald sich der Mauszeiger darauf befindet. Außerdem ermöglicht DHTML Ihnen das Hinzufügen von Rahmen zu Webseiten, die Sie so animieren können, dass sich ihr Inhalt auf der Seite bewegt. Dabei lassen sich die Rahmen sogar zunächst vor- und dann hintereinander bewegen.

LEKTION 5
Animationen

Vorbereitungen

In dieser Lektion lernen Sie Folgendes:

- Erzeugen von Maus-Rollover-Schaltflächen
- Erzeugen von Rahmen
- Ändern der Stapelreihenfolge und Einfügen von Text und Bildern in Rahmen
- Animieren mehrerer Rahmen
- Bearbeiten von Animationen
- Hinzufügen von Aktionen zu Rahmen und Webseiten

Für diese Lektion werden Sie etwa eine Stunde benötigen.

Kopieren Sie, falls nötig, den Ordner *Lesson05* auf Ihre Festplatte. Beim Arbeiten mit dieser Lektion werden Sie die Dateien im Ordner *Start* überschreiben. Falls Sie die Start-Dateien wieder herstellen möchten, kopieren Sie sie von der *Adobe GoLive Classroom in a Book*-CD.

Sie beginnen diese Lektion, indem Sie die fertigen Webseiten in Ihrem Webbrowser betrachten.

1 Starten Sie einen DHTML-fähigen Webbrowser, wie beispielsweise *Netscape Communicator 4* oder *Microsoft Internet Explorer 4*. (Wenn der Browser nicht DHTML-fähig ist, können Animationen oder Aktionen nicht dargestellt werden.)

2 Öffnen Sie im Browser die Webseite *Index.html*:
- Unter Windows ist der Pfad *Lesson05/05End/Poetry Folder/Poetry/index.html*.
- Unter Mac OS ist der Pfad *Lesson05/05End/Poetry f /Poetry/index.html*.

Diese WebSite ist zwar noch im Aufbau, sie besitzt allerdings bereits ein paar aktive Verknüpfungen.

3 Klicken Sie auf die Verknüpfung *Poetry Sampler* oben auf der Webseite *Index.html* und die Lotusblüte-Verknüpfung unten auf der Seite, um sich mit der WebSite vertraut zu machen.

4 Wenn Sie mit dem Betrachten der WebSite fertig sind, beenden Sie Ihren Browser.

Erzeugen von Maus-Rollover-Effekten

In diesem ersten Teil der Lektion werden Sie eine Maus-Rollover-Schaltfläche erzeugen. Mit Rollover wird ein Effekt bezeichnet, wenn Objekte ihr Aussehen verändern, sobald der Mauszeiger über sie bewegt wird oder sie angeklickt werden.

1 Starten Sie Adobe GoLive.

Im Dokumentfenster öffnet sich ein leeres Dokument mit dem Namen *Ohne Titel.html*. Da Sie eine vorhandene Seite einer WebSite öffnen werden, benötigen Sie die leere unbenannte Seite nicht.

2 Schließen Sie die Seite *Ohne Titel.html*.

3 Öffnen Sie die Datei *Poetry.site*:
 - Unter Windows ist der Pfad *Lesson05/05Start/Poetry Folder/Poetry.site*.
 - Unter Mac OS ist der Pfad *Lesson05/05Start/Poetry f /Poetry.π*.

4 Öffnen Sie die Datei *Index.html*, indem Sie im Site-Fenster auf ihren Namen doppelklicken.

Obwohl Sie den JavaScript-Editor in Adobe GoLive benutzen könnten, um JavaScript-Rollover-Effekte ganz neu zu erzeugen, erleichtert Adobe GoLive Ihnen diese Arbeit mit dem Objekt »Aktives Bild«. Ein *Aktives Bild* lässt sich auf einer Webseite platzieren und nimmt sowohl die Bilder, die für die unterschiedlichen Darstellungen des Maus-Rollover-Effektes verwendet werden, als auch ein JavaScript, das je nach Lage des Mauszeigers zwischen den Bildern hin- und herschaltet, auf. In dieser Lektion werden Sie einen Maus-Rollover-Effekt mit Hilfe eines *Aktiven Bildes* erzeugen.

5 Wenn der Inspektor nicht angezeigt wird, wählen Sie **Ansicht: Inspektor** (Windows) bzw. **Fenster: Inspektor** (Mac OS).

6 Wenn die Palette nicht eingeblendet ist, wählen Sie **Ansicht: Palette** (Windows) bzw. **Fenster: Palette** (Mac OS).

7 Klicken Sie in der Palette auf den Reiter »CyberObjects« ().

8 Ziehen Sie das Symbol »Aktives Bild« aus der Palette in die obere linke Ecke des Layout-Rasters der Seite.

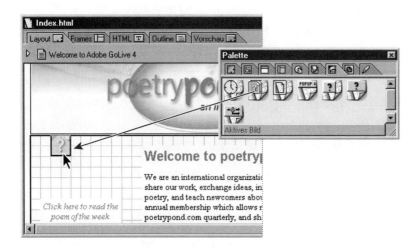

Beachten Sie, dass der Inspektor zum Feld-Inspektor wird. Beachten Sie außerdem, dass das Symbol »Normal« im Feld-Inspektor ausgewählt ist. Das bedeutet, dass der Platzhalter für das *aktive Bild* bereit ist, mit dem Bild verknüpft zu werden, das angezeigt werden soll, wenn der Mauszeiger sich nicht auf dem *aktiven Bild* befindet – mit anderen Worten, seinem Normal-Zustand.

9 Ziehen Sie von der Schaltfläche »Point & Shoot« (🔘) im Feld-Inspektor auf die Datei *Week_main.jpg* im Ordner *Media* im Site-Fenster.

Hinweis: *Unter Windows können Sie von der Schaltfläche »Point & Shoot« auch auf einen geschlossenen Ordner ziehen, um ihn zu öffnen.*

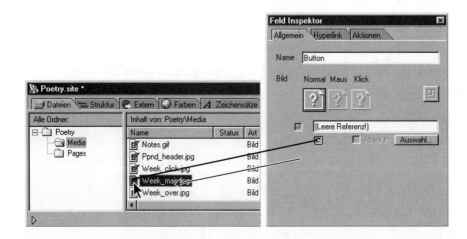

Das ausgewählte Bild (eine geschlossene Lotusblüte) ersetzt das Symbol »Aktives Bild« in der Webseite und das Symbol »Normal« im Feld-Inspektor.

10 Ziehen Sie, falls erforderlich, das Bild etwas nach rechts, um es über dem Text *Click here to read the poem of the week* zu zentrieren.

Als Nächstes werden Sie das Bild bestimmen, das angezeigt werden soll, wenn der Mauszeiger eines Besuchers sich *auf* dem Bild der Webseite befindet.

11 Klicken Sie im Feld-Inspektor auf das Symbol »Maus«. Klicken Sie anschließend auf das Kontrollkästchen neben dem Textfeld unter dem Bildbereich des Feld-Inspektors, um die Schaltfläche »Point & Shoot« zu aktivieren.

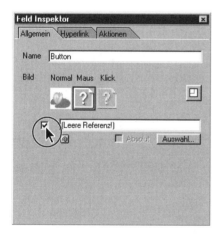

12 Ziehen Sie von der Schaltfläche »Point & Shoot« auf die Datei *Week_over.jpg* im Ordner *Media* im Site-Fenster.

Da Sie sich in der Layout-Ansicht befinden, zeigt das Bild auf der Webseite nach wie vor das Normal-Bild des Rollover-Effektes an. Allerdings wird das Symbol »Maus« im Feld-Inspektor durch das Bild *Week_over.jpg* ersetzt.

Nun werden Sie das Bild hinzufügen, das dargestellt wird, wenn der Rollover-Effekt ausgelöst wird.

13 Klicken Sie auf das Symbol »Klick« im Feld-Inspektor. Klicken Sie anschließend auf das Kontrollkästchen neben dem Textfeld unter dem Bildbereich des Feld-Inspektors, damit die Schaltfläche »Point & Shoot« aktiviert wird.

212 | LEKTION 5
Animationen

14 Ziehen Sie von der Schaltfläche »Point & Shoot« auf die Datei *Week_click.jpg* im Ordner *Media* im Site-Fenster.

Sie haben soeben einen Maus-Rollover-Effekt in Adobe GoLive erzeugt. Jetzt werden Sie ihn mit einer anderen Seite verknüpfen, so dass ein Anklicken mit der Maus Sie auf eine andere Seite bringt.

15 Klicken Sie auf den Reiter »Hyperlink« im Feld-Inspektor.

16 Klicken Sie im Feld-Inspektor auf das Kontrollkästchen neben dem Textfeld »URL«, damit die Schaltfläche »Point & Shoot« aktiviert wird. Ziehen Sie anschließend von der Schaltfläche »Point & Shoot« auf die Seite *Forever.html* im Ordner *Pages* im Site-Fenster.

17 Wählen Sie **Datei: Speichern**.

Sie können sich den Rollover-Effekt mit Ihrem Browser ansehen.

18 Klicken Sie auf das Dreieck links neben dem Menü »Im Browser ansehen« in der Werkzeugleiste und wählen Sie im Popup-Menü einen Webbrowser aus. Für weitere Informationen über das Einstellen von Webbrowsern lesen Sie »Anzeigen von Webseiten in Adobe GoLive« auf Seite 34.

19 Achten Sie darauf, wie das Bewegen des Mauszeigers über das Bild und das Klicken auf das Bild die unterschiedlichen Stadien des Rollover-Effektes darstellen und Sie auf eine andere Seite bringen.

Hinweis: Abhängig von der Geschwindigkeit der Internet-Verbindung und des verwendeten Browsers kann es vorkommen, dass das Bild für »Klick« gar nicht mehr dargestellt wird.

Zeiger außerhalb des Bildes

Zeiger auf dem Bild

Bild angeklickt

20 Schließen Sie die Webseite *Index.html* erst im Browser und anschließend in Adobe GoLive.

Arbeiten mit Rahmen

Browser der neueren Generation wie *Internet Explorer 4* und *Netscape Communicator 4.0* unterstützen Hypertext Markup Language (HTML) 4.0 und Dynamic Hypertext Markup Language (DHTML). Es handelt sich dabei um Aktualisierungen der Web-Programmiersprache HTML. HTML 4.0 ermöglicht Ihnen, *Cascading Style Sheets* (CSSs) zu verwenden, mit deren Hilfe Sie Objekte exakt auf Ihren Webseiten platzieren können. Mit Hilfe von DHTML können Sie Objekte animieren, indem sie über die Seite bewegt werden.

Damit Sie keine Programmzeilen schreiben müssen, um diese Möglichkeiten auf Ihren Webseiten zu verwenden, bietet Adobe GoLive eingebaute Werkzeuge zur Vereinfachung der Prozedur. Beispielsweise stellt Adobe GoLive Rahmen bereit, mit denen Sie die Position eines jeden Objektes auf Ihrer Webseite auf visuelle Art bestimmen können.

In diesem Teil der Lektion werden Sie zwei Rahmen erzeugen. Einen der beiden werden Sie mit Text versehen, den anderen mit einem Bild.

1 Doppelklicken Sie auf die Datei *Forever.html* im Ordner *Pages* im Site-Fenster, um diese Webseite zu öffnen.

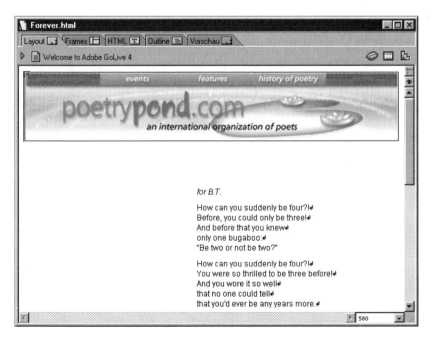

2 Klicken Sie in der Palette auf den Reiter »Elemente« ( ).

Als Nächstes werden Sie den Anker für den Rahmen zwischen der Bannergrafik oben auf der Seite und dem Gedicht platzieren. Dafür müssen Sie die Einfügemarke unmittelbar hinter die Bannergrafik setzen. Das ist am einfachsten, wenn Sie den Zeiger auf die rechte Seite der Bannergrafik bewegen. Da GoLive den Anker nicht direkt auf der Bannergrafik platzieren kann, wird der Anker an den nächstmöglichen Platz hinter der Grafik gebracht.

 3 Ziehen Sie das Symbol »Rahmen« aus der Palette auf den rechten Bereich der Bannergrafik auf der Webseite.

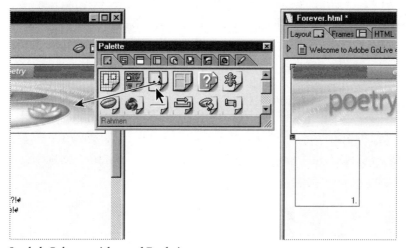

Symbol »Rahmen« ziehen und Ergebnis

Der Inspektor ändert sich in den Rahmen-Inspektor.

In diese Rahmen lassen sich Text, Bilder, JavaScript-Funktionen und QuickTime-Movies platzieren. Sie werden in den Rahmen Text einfügen.

4 Klicken Sie in den Rahmen und geben Sie **Forever Four** ein, die Überschrift des Gedichtes.

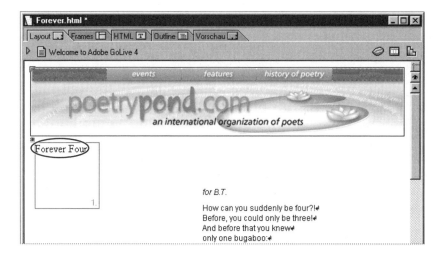

5 Ziehen Sie mit gedrückter Maustaste über den Text, um ihn auszuwählen.

6 Klicken Sie in der Werkzeugleiste auf die Schaltfläche »Fett« (F) und wählen Sie **6** aus dem Menü »Schriftgröße« (3) aus.

7 Wählen Sie **Stil: Zeichensatz: Arial** als Schrift.

8 Bewegen Sie den Zeiger auf den Rahmen, bis der Zeiger sich in eine nach links weisende Hand ändert, und klicken Sie anschließend, um den Rahmen auszuwählen.

Geben Sie im Rahmen-Inspektor im Textfeld »Name«**Title** ein und klicken Sie auf die Eingabe-Schaltfläche oder drücken Sie die Eingabetaste. So geben Sie dem Rahmen einen Namen, damit das Arbeiten mit mehreren Rahmen übersichtlicher und einfacher wird. (Immer wenn nach einem Text- oder Zahlenfeld die Eingabe-Schaltfläche anwählbar wird, müssen Sie auf sie klicken oder die Eingabetaste drücken, um den Wert zuzuweisen.)

Sie können die Größe des Rahmens verändern, damit die Überschrift in eine Zeile passt.

9 Bewegen Sie den Mauszeiger auf die untere rechte Ecke des Rahmens.

10 Sobald der Zeiger sich in einen Pfeil ändert, ziehen Sie die Ecke des Rahmens so, dass beide Wörter des Titels in dieselbe Zeile passen. Ziehen Sie nochmals den Rahmen, so dass er dicht am Text verläuft.

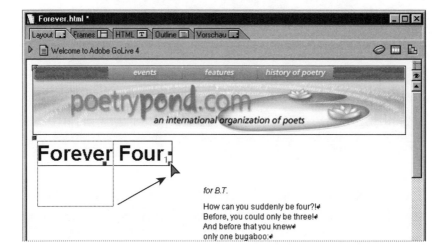

11 Geben Sie im Rahmen-Inspektor 135 im Textfeld »x« ein und drücken Sie die Eingabetaste. Geben Sie anschließend 125 für »y« ein und drücken Sie die Eingabetaste, um die genaue Position des Rahmens festzulegen.

Damit haben Sie ihren ersten Rahmen fertiggestellt.

12 Wählen Sie **Datei: Speichern**.

Einfügen eines Rahmens über einen anderen

Jetzt werden Sie einen zweiten Rahmen hinzufügen. Dieser wird ein Bild aufnehmen.

 1 Ziehen Sie das Symbol »Rahmen« aus der Palette auf die Position unmittelbar rechts neben den kleinen gelben Anker des ersten Rahmens. (Sie können sicher sein, dass Sie es auf die korrekte Position gezogen zu haben, wenn rechts vom ersten Rahmenanker eine blinkende vertikale Einfügemarke dargestellt wird. Das Ergebnis sollte so aussehen wie in folgender Illustration dargestellt.)

2 Geben Sie **Duck** im Rahmen-Inspektor als »Name« ein und drücken Sie die Eingabetaste, damit Sie den Rahmen vom vorher eingefügten Überschrift-Rahmen unterscheiden können.

 3 Ziehen Sie das Symbol »Bild« aus der Palette auf den soeben erzeugten Rahmen.

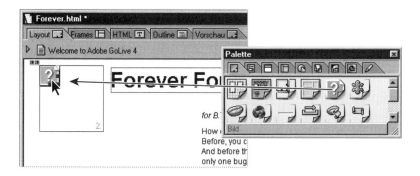

Der Bild-Platzhalter befindet sich nun innerhalb des Rahmens und der Inspektor wird zum Bild-Inspektor.

Jetzt werden Sie den Bild-Platzhalter mit einer Bilddatei verbinden.

4 Halten Sie die Alt- (Windows) bzw. Befehlstaste (Mac OS) gedrückt und ziehen Sie vom Bild-Platzhalter der Webseite auf die Datei *Duck.gif* im Ordner *Media* im Site-Fenster. (Diese Methode führt zum gleichen Ergebnis wie das Ziehen von der Schaltfläche »Point & Shoot« im Bild-Inspektor auf eine Datei im Site-Fenster.)

Im Rahmen wird das Bild einer Ente dargestellt.

Diesmal werden Sie den Rahmen mit der Maus ziehen, um ihn zu platzieren, anstatt Positionswerte im Rahmen-Inspektor einzugeben.

5 Klicken Sie auf eine Seite des neuen Rahmens, um ihn auszuwählen. Vergewissern Sie sich, dass der Rahmen und nicht das Bild in ihm ausgewählt ist. Sie haben den Rahmen ausgewählt, wenn der Zeiger zu einer nach links weisenden Hand wird. Weist die Hand jedoch nach oben, wurde das Bild ausgewählt und nicht der Rahmen.

6 Ziehen Sie den neuen Rahmen so, dass sich seine rechte Seite unmittelbar neben dem linken Rand des Gedichtes befindet und seine Oberkante mit der Überschrift *Forever Four* abschließt. Die Ente versperrt nun einen Teil der Überschrift.

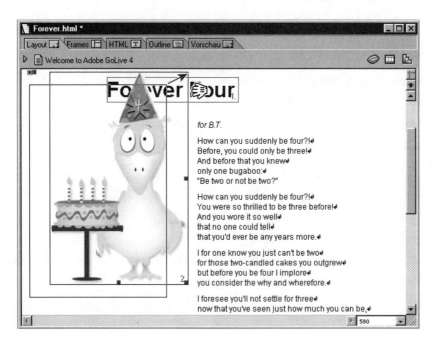

7 Wählen Sie **Datei: Speichern**.

Beachten Sie, dass Sie auf dieser Seite kein Layout-Raster benutzt haben, um Objekte präzise anzulegen. Das liegt daran, dass Rahmen Ihnen das Verschieben von Objekten ermöglichen, ohne dass Tabellen oder Layout-Raster nötig wären. Tatsächlich könnte es sein, dass durch die zunehmende Verbreitung und Verwendung von HTML-4.0-fähigen Anwendungen die Notwendigkeit, Tabellen für das Platzieren von Elementen zu verwenden, nach und nach zurückgeht.

Ändern der Stapelreihenfolge

Sie können die Reihenfolge ändern, in der die Rahmen übereinander gestapelt werden. Sie werden hier die Stapelreihenfolge so ändern, dass der Rahmen mit der Überschrift über dem Rahmen mit dem Entenbild liegt.

Die Stapelreihenfolge wird anfangs durch die Lage der Anker auf der Webseite bestimmt. Das heißt, je weiter unten und rechts auf der Seite sich der Anker eines Rahmens im Verhältnis zu anderen befindet, desto höher bzw. weiter vorne befindet er sich im Stapel. Allerdings können Sie die voreingestellte Stapelreihenfolge aufheben, wenn Sie im Rahmen-Inspektor die Tiefe festlegen. Die Ziffer, die im Rahmen in der Ecke unten rechts dargestellt wird, zeigt die Reihenfolge an, in der der Rahmen der Seite hinzugefügt wurde.

1 Wählen Sie den Rahmen mit der Ente aus. (Denken Sie daran: Der Rahmen ist ausgewählt, wenn die Hand nach links weist.)

2 Geben Sie 1 im Rahmen-Inspektor im Textfeld »z« ein und drücken Sie die Eingabetaste.

3 Wählen Sie die rechte Seite des Rahmens mit dem Text *Forever Four* an (da, wo er nicht von dem anderen Rahmen verdeckt wird).

4 Geben Sie 2 im Rahmen-Inspektor im Textfeld »z« ein und drücken Sie die Eingabetaste.

Da der Rahmen mit der Überschrift nun eine höhere Ziffer aufweist, wird er nach vorne bewegt.

5 Wählen Sie **Datei: Speichern** und schließen Sie anschließend die Seite *Forever.html*.

Animieren von Rahmen

In diesem Teil der Lektion werden Sie lernen, wie Rahmen so animiert werden, dass sie sich über die Seite bewegen.

1 Doppelklicken Sie auf die Datei *Night.html* im Ordner *Pages* im Site-Fenster, um die Webseite zu öffnen.

Diese Seite enthält einen Rahmen mit einem Noten-Bild.

2 Klicken Sie oben rechts im Dokumentfenster auf die Schaltfläche »Zeitachsen-Editor« ( ).

Der Zeitachsen-Editor wird aufgerufen. In der »Tour durch Adobe GoLive« haben Sie einen Rahmen animiert, indem Sie ihn auf dem Fenster bewegt haben. Diesmal werden Sie einen Rahmen mit Hilfe des Zeitachsen-Editors animieren, um eine bessere Kontrolle und Präzision der Animation zu erreichen.

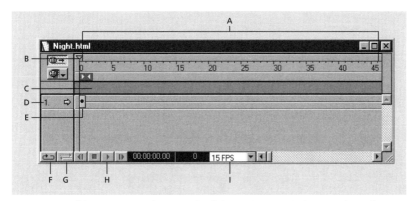

*A. Frame-Markierungen B. Zeitcursor C. Aktionen-Spur D. Zeitspuren für Rahmen
E. Erster Keyframe F. Steuerelement »Schleife«/»Wiederholen«
G. Steuerelement »Palindrom« (»vor und zuruck«) H. Schaltfläche »Abspielen«
I. »Bilder pro Sekunde«-Menü*

Verwenden von Keyframes

Keyframes bezeichnen bestimmte Punkte (*Frames*) auf der Zeitlinie der Animation. Sie fügen die Keyframes dem Zeitachsen-Editor hinzu. Danach wählen Sie einen Keyframe aus und bewegen den Rahmen auf eine Position der Webseite. Wenn dann später die Animation abläuft und der Zeitcursor den Keyframe erreicht, bewegt sich der Rahmen auf die gewählte Position der Webseite.

1 Wählen Sie den Rahmen mit den Musik-Noten aus. (Sie erinnern sich: Die Hand weist nach links, wenn der Rahmen ausgewählt ist.)

2 Wählen Sie den Anfangs-Keyframe in der Zeitachse aus, indem Sie auf ihn klicken.

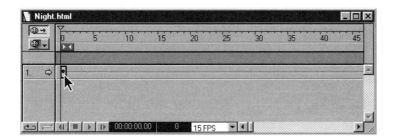

3 Ziehen Sie nun den Rahmen unmittelbar rechts an den Schnabel der Nachtigall. Damit wird festgelegt, wo sich der Rahmen befinden soll, wenn die Animation beginnt.

Hinweis: *Unter Windows müssen Sie während der ganzen Lektion jeweils einmal in das Dokumentfenster klicken, bevor Sie den Rahmen bewegen können.*

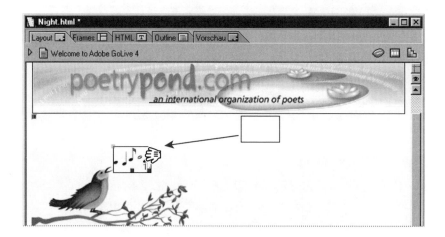

Nun werden Sie einen weiteren Keyframe hinzufügen und den Rahmen an seine nächste Position in der Animation bewegen.

4 Klicken Sie mit gedrückter Strg- (Windows) bzw. Befehlstaste (Mac OS) in die Zeitspur, um einen weiteren Keyframe an der Frame-Marke 30 einzufügen. (Falls der Keyframe nicht an der richtigen Frame-Marke platziert wurde, können Sie ihn an die korrekte Position ziehen.)

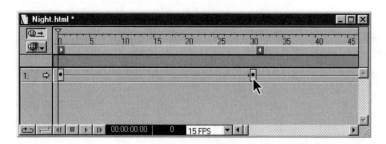

5 Wählen Sie den Keyframe aus. (Falls der neue Keyframe nicht ausgewählt wird, bleibt der vorige Keyframe ausgewählt und die Animation wird beim Abspielen immer vor und zurück ablaufen.)

6 Ziehen Sie den Rahmen unmittelbar unter die rechte Ecke des Banners.

Jetzt können Sie die Animation abspielen.

7 Klicken Sie auf die Schaltfläche »Abspielen« ( ) unten links im Zeitachsen-Editor. Üblicherweise müssen Sie die Schaltfläche »Abspielen« zweimal anklicken, um die Animation am Anfang zu starten, da Sie sich bereits am Ende der Animation befinden.

Die Animation wird einmal abgespielt und hält dann an. Jetzt werden Sie sie vor und zurück abspielen lassen und ihre Geschwindigkeit andern.

8 Klicken Sie auf das Steuerelement »Schleife« (Windows) bzw. »Wiederholen« (Mac OS) ( ) und anschließend auf die Schaltfläche »Abspielen« im Zeitachsen-Editor, damit die Animation ständig wiederholt wird. Klicken Sie danach auf das Steuerelement »Palindrom« ( ) im Zeitachsen-Editor, um die Animation vor und zurück abspielen zu lassen.

9 Probieren Sie unterschiedliche Geschwindigkeiten aus dem Menü »FPS« (Bilder pro Sekunde, eigentlich »Frames pro Sekunde«) unten im Zeitachsen-Editor aus, um die Animation schneller oder langsamer abspielen zu lassen.

224 | LEKTION 5
Animationen

10   Wenn Sie mit dem Ausprobieren fertig sind, wählen Sie **20 FPS** im Menü »Bilder pro Sekunde«.

11   Klicken auf die Schaltfläche »Stop«(■), um die Animation anzuhalten.

12   Wählen Sie **Datei: Speichern**.

Bearbeiten von Keyframes

1   Klicken Sie mit gedrückter Strg- (Windows) bzw. Befehlstaste (Mac OS) in die Zeitlinie, um zwei weitere Keyframes zwischen die beiden vorhandenen einzufügen, einen an der Frame-Marke 10 und den zweiten an der Frame-Marke 20.

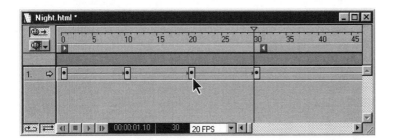

2   Wählen Sie den Keyframe an der Frame-Marke 10 aus und ziehen Sie den Rahmen etwa in die Mitte unter das Banner. (Denken Sie daran, dass die Hand nach links weisen muss, um den Rahmen auswählen zu können.)

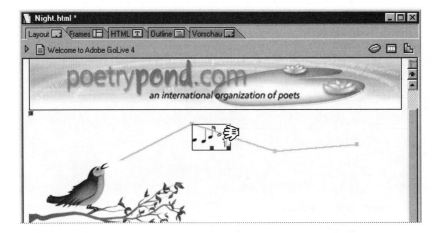

3 Wählen Sie den Keyframe an der Frame-Marke 20 aus und ziehen Sie den Rahmen etwas näher an die Titelzeile des Gedichtes heran.

4 Klicken Sie auf »Abspielen« ( ), um die Animation erneut abzuspielen.

5 Klicken Sie auf »Stop« ( ), um die Animation anzuhalten.

Damit der Rahmen den Eckpunkten nicht so statisch von Keyframe zu Keyframe folgt, werden Sie den Animations-Pfad etwas glätten.

6 Klicken Sie mit gedrückter Umschalttaste jeden einzelnen Keyframe an oder ziehen Sie mit gedrückter Maustaste über die Keyframes, um alle vier Keyframes auszuwählen. Sie können den Animations-Pfad erst dann ändern, wenn Sie einen oder mehrere Keyframes gewählt haben und der Zeitcursor sich auf einem der Keyframes befindet.

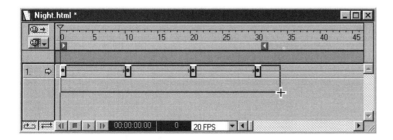

7 Wählen Sie **Kurve** aus dem Menü »Art« im Bereich »Animation« des Rahmen-Inspektors.

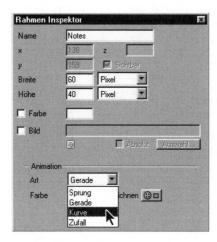

8 Spielen Sie die Animation ab. Beachten Sie, wie viel weicher die Bewegung nun abläuft.

9 Halten Sie die Animation an.

10 Wählen Sie **Datei: Speichern**.

11 Probieren Sie ein wenig herum, indem Sie ein paar Keyframes hinzufügen (denken Sie daran, den Keyframe dann auszuwählen und den Rahmen auf eine neue Position zu bewegen) und andere entfernen (indem Sie einen Keyframe auswählen und die Löschtaste drücken). Spielen Sie die Animation anschließend ab und halten Sie sie wieder an.

12 Schließen Sie den Zeitachsen-Editor und die Webseite *Night.html*, wenn Sie fertig sind. Speichern Sie die Webseite nicht wieder ab, da Sie Ihre experimentelle Animation aus dem letzten Schritt nicht behalten wollen.

Animieren von mehreren Rahmen

Da Sie nun das Animieren eines einzelnen Rahmens kennen gelernt haben, sind Sie bereit für das Animieren mehrerer Rahmen.

1 Doppelklicken Sie auf die Datei *Haiku.html* im Ordner *Pages* im Site-Fenster, um die Webseite zu öffnen.

Diese Seite enthält bereits folgende Objekte:

- Einen großen Rahmen (*Poem*), der die Bilder eines Gedichtes, eines Teiches und von Schilf enthält.
- Einen animierten Rahmen (*Jumper*) mit dem Bild eines springenden Frosches.
- Einen Rahmen (*Dragonfly*) mit dem Bild einer Libelle.

In diesem Teil der Lektion werden Sie den Rahmen *Dragonfly* so animieren, dass er sich vor und hinter dem Schilf bewegt.

Sie werden zunächst das Rahmenverzeichnis benutzen, um die beiden anderen Rahmen auf ihrer Position zu sperren, damit Sie sie nicht versehentlich auswählen oder verschieben.

2 Wenn das Rahmenverzeichnis nicht eingeblendet ist, wählen Sie **Ansicht: Rahmenverzeichnis** (Windows) bzw. **Fenster: Rahmenverzeichnis** (Mac OS).

3 Klicken Sie im Rahmenverzeichnis auf die Bleistift-Symbole neben *Poem* und *Jumper*, so dass sie verblasst dargestellt werden. Die Rahmen *Poem* und *Jumper* sind für den aktuellen Keyframe nun auf ihrer Position gesperrt.

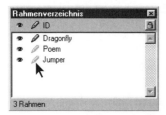

4 Klicken Sie auf die Schaltfläche »Zeitachsen-Editor« ( ) oben rechts im Dokumentfenster, um den Zeitachsen-Editor einzublenden.

Beachten Sie, dass der Zeitachsen-Editor für jeden Rahmen auf der Seite eine eigene Spur darstellt. Auf diese Weise können Sie jeden Rahmen einzeln animieren. Die Ziffer in der unteren rechten Ecke eines jeden Rahmens entspricht der Ziffer einer Spur im Zeitachsen-Editor.

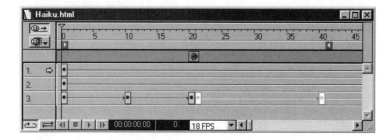

5 Wählen Sie den Rahmen *Dragonfly* auf der Webseite aus. (Denken Sie daran: Die Hand muss nach links weisen.)

Der Name *Dragonfly* wird im Rahmenverzeichnis hervorgehoben und im Zeitachsen-Editor wird ein Pfeil neben seiner Spur (Spur 1) dargestellt.

6 Klicken Sie auf den ersten Keyframe in Spur 1, um ihn auszuwählen.

7 Ziehen Sie den Rahmen *Dragonfly* auf seine Startposition mittig über dem Rahmen *Poem*.

8 Klicken Sie mit gedrückter Strg- (Windows) bzw. Befehlstaste (Mac OS) in die Zeitlinie, um einen zweiten Keyframe für den Rahmen auf der Frame-Marke 20 im Zeitachsen-Editor zu erzeugen.

9 Wählen Sie den Keyframe auf Frame-Marke 20 aus und ziehen Sie den Rahmen *Dragonfly* auf eine Position nach unten rechts vom Schilf.

Sie werden bemerkt haben, dass die anderen Rahmen ebenfalls auf ihren Positionen für Frame-Marke 20 dargestellt wurden, als Sie den entsprechenden Keyframe ausgewählt haben.

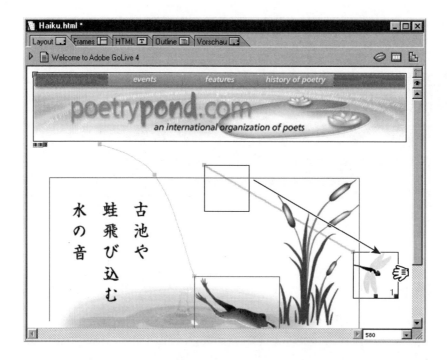

10 Klicken Sie mit gedrückter Strg- (Windows) bzw. Befehlstaste (Mac OS), um einen dritten Keyframe für den Rahmen auf Frame-Marke 40 zu erzeugen.

11 Wählen Sie den Keyframe aus und ziehen Sie den Rahmen zurück auf seine Anfangsposition in der Mitte der Seite.

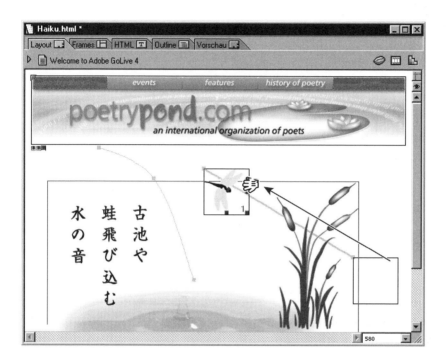

💡 *Um den Rahmen auf dieselbe Anfangsposition zu ziehen, können Sie den ersten Keyframe (auf Frame-Marke 0) auswählen und sich die x- und y-Koordinaten aus dem Rahmen-Inspektor notieren. Anschließend wählen Sie den Keyframe auf Frame-Marke 40 aus und geben die Koordinaten des Keyframes auf Frame-Marke 0 ein.*

12 Spielen Sie die Animation ab.

Die Libelle fliegt vor dem Schilf auf und ab und der Frosch springt in den Teich. Jetzt werden Sie die Libelle hinter dem Schilf zurückfliegen lassen.

13 Halten Sie die Animation an.

14 Klicken Sie auf den ersten Keyframe der Spur 2, das ist die Spur für den Rahmen mit dem Schilf.

15 Geben Sie 2 im Textfeld »z« (Tiefe) des Rahmen-Inspektors ein und drücken Sie die Eingabetaste. Damit legen Sie die Tiefe des Rahmens *Poem* (der das Schilf enthält) in der Stapelreihenfolge auf der Seite fest. Durch das Bestimmen der Tiefe 2 erhalten Sie Spielraum, um dem Rahmen *Dragonfly* eine höhere oder niedrigere Tiefe zuzuweisen.

16 Klicken Sie auf den ersten Keyframe im Rahmen *Dragonfly* (er ist in Spur 1). Geben Sie **3** im Textfeld »z« im Rahmen-Inspektor ein und drücken Sie die Eingabetaste.

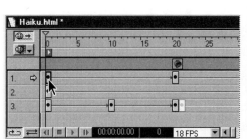

17 Wählen Sie den zweiten Keyframe in der Spur, geben Sie **1** für die Tiefe ein und drücken Sie die Eingabetaste. Die niedrigere Tiefe wird den Rahmen *Dragonfly* beginnend mit diesem Keyframe hinter das Schilf bringen.

18 Wählen Sie den letzten Keyframe auf der Spur des Rahmens *Dragonfly*, geben Sie **3** für die Tiefe ein und drücken Sie die Eingabetaste. Auf diese Weise wird der Rahmen *Dragonfly* in der Stapelreihenfolge wieder über bzw. vor das Schilf gebracht.

19 Spielen Sie die Animation ab.

Beachten Sie, dass die Libelle jetzt das Schilf zu umrunden scheint, indem sie zunächst vor dem Schilf und dann dahinter fliegt.

20 Halten Sie die Animation an und wählen Sie **Datei: Speichern**.

21 Schließen Sie den Zeitachsen-Editor und die Datei *Haiku.html*.

Aktionen

Aktionen sind vorgefertigte Skripte, mit denen Sie Vorgänge auslösen können, beispielsweise Abspielen von Animationen, dynamisches Ändern von Bildinhalten und Steuern von unterschiedlichen Abläufen auf der Webseite. Aktionen können mit Text, Bildern und Rahmen verbunden werden.

In diesem Teil der Lektion werden Sie eine Aktion mit einer Maus-Rollover-Schaltfläche verbinden, so dass das Klicken auf den Rollover-Effekt eine Animation ausblendet. Die Animation wiederum wird mit einer Aktion verbunden sein, die eine Überschrift aufrufen wird, die sich auf ihren Platz auf der Webseite bewegt. Eine zweite Animation wird eine Aktion aufrufen, die ein Gedicht Zeile für Zeile darstellt.

1 Doppelklicken Sie auf die Datei *Prince.html* im Ordner *Pages folder* im Site-Fenster, um sie zu öffnen. Vergewissern Sie sich, dass die Seite sich in der Layout-Ansicht befindet, da Sie sie bearbeiten werden.

Diese Seite enthält eine Rollover-Schaltfläche mit einem Frosch, mit der Sie eine Aktion verbinden werden. (Vielleicht müssen Sie auf der Seite nach unten rollen, um den Frosch zu sehen.)

Außerdem befinden sich zwei animierte Rahmen auf der Seite, einer für die Überschrift des Gedichtes und einer für das Gedicht selbst. Im Moment können Sie lediglich sehen, wie die Seite während des ersten Frames der Animation aussieht, in dem die animierten Rahmen noch nicht sichtbar sind. Erst wenn die Animation abgespielt wird, werden auch diese Rahmen und ihr Inhalt dargestellt und auf ihre Positionen verschoben.

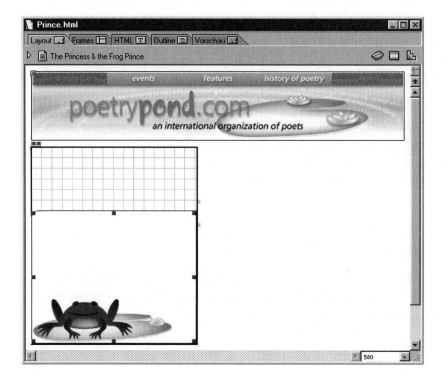

Hinzufügen einer Aktion zu einer Seite

Netscape Navigator enthält einen Programmfehler, der die Darstellung von Animationen auf Webseiten stört, wenn der Besucher die Größe der Seiten verändert. Sie werden nun eine Aktion hinzufügen, die dieses Problem verhindert. Es empfiehlt sich, diese Aktion jeder Seite mit animierten Rahmen hinzuzufügen.

1 Klicken Sie im Dokumentfenster auf das Dreieck neben dem Seite-Symbol (▤), um den Kopfbereich einzublenden.

Ergebnis nach dem Klicken auf das Dreieck

2 Klicken Sie in der Palette auf den Reiter »CyberObjects« ( ).

3 Ziehen Sie das Symbol »Aktionsobjekt« aus der Palette in den Kopfbereich des Dokumentfensters.

Der Inspektor wird zum Aktionen-Inspektor.

4 Wählen Sie die Option »OnLoad« aus dem Popup-Menü »Ausführen« im Aktionen-Inspektor. Wählen Sie anschließend die Option **Sonstige: Netscape CSS Fix** aus dem Popup-Menü »? Action« im Aktionen-Inspektor.

5 Klicken Sie auf das Dreieck neben dem Seite-Symbol im Dokumentfenster, um den Kopfbereich wieder auszublenden.

6 Wählen Sie **Datei: Speichern**.

Hinzufügen einer Aktion zu einem Rollover-Effekt

Jetzt fügen Sie der Rollover-Schaltfläche einen Auslöser und eine Aktion hinzu.

1 Wählen Sie das Bild des Frosches auf der Webseite aus.

Da das Bild eine Rollover-Schaltfläche ist, wird der Inspektor zum Feld-Inspektor.

2 Klicken Sie im Feld-Inspektor auf den Reiter »Aktionen«.

3 Wählen Sie »Mausklick« aus dem Bereich *Ereignis* im Feld-Inspektor aus. Damit bestimmen Sie eine Aktion, die ausgelöst wird, wenn ein Besucher der Webseite auf den Rollover-Effekt klickt.

4 Klicken Sie auf die Schaltfläche »+« im Bereich *Aktion* im Feld-Inspektor. Damit wird die Aktion dem Bereich *Aktion* hinzugefügt.

Nun werden Sie die gewünschte Aktion auswählen. In diesem Fall verbinden Sie sie mit dem Rahmen, der die Überschrift des Gedichtes enthält: *The Princess and the Frog Prince.*

5 Wählen Sie die Option **Multimedia: Sichtbarkeit** aus dem Popup-Menü »? Action« des Feld-Inspektors.

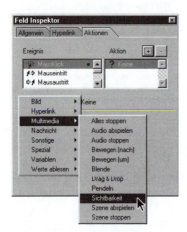

Beachten Sie, dass *Sichtbarkeit (NS 4, IE 4)* neben dem Menü dargestellt wird. Das bedeutet, dass Besucher Ihrer Webseite einen HTML-4.0-fähigen Browser wie beispielsweise *Netscape Navigator 4* oder *Internet Explorer 4* benötigen, um die Animation betrachten zu können.

6 Wählen Sie die Option »Title« aus dem Popup-Menü »Rahmen« unter dem Popup-Menü »? Action« aus. Damit bestimmen Sie, dass die Aktion den Rahmen »Title« betreffen soll. Das ist der Rahmen, der die Überschrift des Gedichtes *The Princess and the Frog Prince* enthält.

7 Wählen Sie die Option »Verbergen« aus dem Popup-Menü »Effekt«. Damit wird der Rahmen mit der Gedicht-Überschrift ausgeblendet, wenn ein Besucher auf die Maus-Rollover-Schaltfläche klickt.

Damit haben Sie Ihre erste Aktion hinzugefügt.

8 Wählen Sie **Datei: Speichern**.

Hinzufügen von Aktionen zu Animationen

Sie können Aktionen auch zu Animationen hinzufügen.

1 Klicken Sie auf die Schaltfläche »Zeitachsen-Editor« (▦) oben rechts im Dokumentfenster, um den Zeitachsen-Editor aufzurufen.

Der Zeitachsen-Editor enthält zwei Animationsspuren, auch *Zeitspuren* genannt. Spur 1 steuert den Rahmen mit der Gedichtüberschrift und Spur 2 den Rahmen mit dem Gedicht.

2 Klicken Sie auf die Schaltfläche »Abspielen« ( ) im Zeitachsen-Editor. Beachten Sie, dass auf der Frame-Marke 10 der Animation plötzlich die Überschrift erscheint und sich über die Seite bewegt. Bei Frame-Marke 50 erscheint dann der Text des Gedichtes.

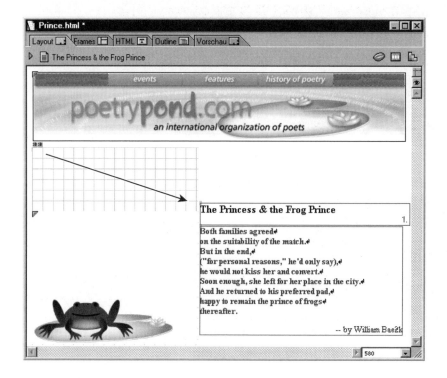

3 Verwenden Sie die »Vor«- und »Zurück«-Schaltflächen unten links im Zeitachsen-Editor, um zurück auf die ersten Frames der Animationsspur zu gelangen.

Jetzt werden Sie der Animationsspur des Überschrift-Rahmens eine Aktion hinzufügen.

4 Klicken Sie in Spur 1 des Zeitachsen-Editors auf die Frame-Marke 10, um den Keyframe auszuwählen. Sie sehen, dass in dem Rahmen nun die Überschrift angezeigt wird. Sie werden eine Aktion hinzufügen, die dafür sorgt, dass die Überschrift, während sie sich von links nach rechts über die Seite bewegt, erst nach und nach sichtbar wird, anstatt plötzlich zu erscheinen.

5 Klicken Sie mit gedrückter Strg- (Windows) bzw. Befehlstaste (Mac OS) genau über dem Keyframe auf der Frame-Marke 10 in die Aktionspur (die graue Spur) im Zeitachsen-Editor.

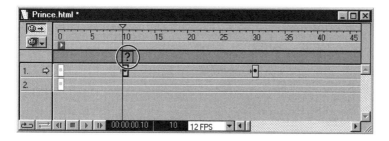

Der Inspektor wird zum Aktionen-Inspektor.

6 Wählen Sie die Option **Multimedia: Blende** im Popup-Menü »? Action« des Aktionen-Inspektors.

7 Wählen Sie die Option »Title« aus dem Popup-Menü »Rahmen«, um diesen Rahmen auszuwählen.

8 Wählen Sie die Option »Aufblende von links nach rechts« aus dem Popup-Menü »Effekt«, um die Art der Blende zu bestimmen. Geben Sie anschließend 30 in das Textfeld »Schrittzahl« ein, damit die Überleitung über 30 Schritte abläuft. (Mehr Schritte verlängern die Überleitung und lassen sie weicher erscheinen.)

9 Wählen Sie **Datei: Speichern**.

Schließlich werden Sie noch der Zeitspur für den Rahmen mit dem Gedicht eine Aktion hinzufügen.

10 Verwenden Sie die Schaltflächen »Vor« oder »Zurück« unten im Zeitachsen-Editor, um auf Frame 50 der Animationsspur zu gelangen.

11 Wählen Sie den Keyframe auf der Frame-Marke 50 in Spur 2 des Zeitachsen-Editors aus.

Der Rahmen stellt nun sowohl das Gedicht als auch die Überschrift darüber dar. Sie werden jetzt eine Aktion hinzufügen, die das Gedicht nach und nach Zeile für Zeile von oben nach unten erscheinen lässt, anstatt plötzlich sichtbar zu werden.

12 Klicken Sie mit gedrückter Strg- (Windows) bzw. Befehlstaste (Mac OS) in die Aktionsspur im Zeitachsen-Editor, oberhalb des Keyframes auf der Frame-Marke 50.

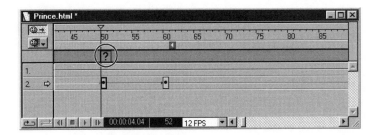

13 Wählen Sie die Option **Multimedia: Blende** aus dem Popup-Menü »? Action« im Aktionen-Inspektor.

14 Wählen Sie »Poem« aus dem Popup-Menü »Rahmen«, um diesen Rahmen auszuwählen.

15 Wählen Sie die Option »Aufblende von oben nach unten« aus dem Popup-Menü »Effekt«, um den gewünschten Effekt zu bestimmen. Geben Sie **15** in das Textfeld Schrittfolge ein, um den Effekt zu verlangsamen.

16 Speichern Sie die Datei und schließen Sie die Seite.

Sie haben soeben das Hinzufügen von Aktionen zu Webseiten beendet!

Betrachten der Seite

Da sich Aktionen nicht in der Voransicht von Adobe GoLive betrachten lassen, werden Sie sich die fertig gestellte Webseite mit Ihrem Web-Browser ansehen.

1 Starten Sie einen Webbrowser, der DHTML unterstützt, beispielsweise *Netscape Communicator™ 4.0* oder *Internet Explorer™ 4.0*.

2 Benutzen Sie »Öffnen« oder den entsprechenden Menübefehl des Browsers, um die Datei *Prince.html* zu öffnen:

- Unter Windows ist der Pfad
  Lesson05/05Start/Poetry Folder/Poetry/Pages/Prince.html.
- Unter Mac OS ist der Pfad
  Lesson05/05Start/Poetry f/Poetry/Pages/Prince.html.

3 Klicken Sie auf den Frosch, nachdem die Überschrift an ihren Platz bewegt wurde und das gesamte Gedicht dargestellt wird, um die von Ihnen hinzugefügte Aktion auszulösen.

4 Klicken Sie auf die aktiven Verknüpfungen in der Webseite und betrachten Sie die von Ihnen veränderte WebSite.

Fragen

1 Was sind die zwei Methoden, Animationen zu erzeugen?
2 Was ist eine Maus-Rollover-Schaltfläche?
3 Nennen Sie zwei Vorteile bei der Verwendung von Rahmen.
4 Wodurch wird die Stapelreihenfolge von Rahmen bestimmt?
5 Wie ziehen Sie einen Rahmen mit der Maus?
6 Was bewirkt das Rahmenverzeichnis?

Antworten

1 Sie können schnell und einfach Animationen erzeugen, indem Sie die Schaltfläche »Aufzeichnen« des Rahmen-Inspektors verwenden und einen Rahmen ziehen, um seine Bewegungen aufzuzeichnen. Um eine höhere Genauigkeit zu erreichen, können Sie den Zeitachsen-Editor benutzen.

2 Ein Maus-Rollover-Schaltfläche ist ein Bild, das sich verändert, je nachdem, ob sich der Mauszeiger über dem Bild oder außerhalb des Bildes befindet oder auf das Bild geklickt wird.

3 Mit Hilfe von Rahmen können Sie Objekte präzise auf Webseiten platzieren und Sie können sie animieren. Außerdem ermöglichen sie Ihnen das Formatieren von Objektgruppen, wie beispielsweise Textblöcke, ohne Tabellen verwenden zu müssen.

4 Zunächst ist die Stapelreihenfolge eines Rahmens durch die Lage seines Ankers auf der Seite bestimmt, wobei der Rahmen des Ankers, der sich am weitesten rechts befindet, am weitesten unten in der Stapelreihenfolge ist, und so weiter. Sie können die Stapelreihenfolge ändern, indem Sie im Rahmen-Inspektor die Tiefe »z« vorgeben.

5 Sie ziehen einen Rahmen, indem Sie den Mauszeiger über ihn bewegen, bis er sich in eine nach links weisende Hand ändert; anschließend können Sie den Rahmen ziehen. Andernfalls werden Sie nur das Objekt *in* dem Rahmen ziehen, und nicht den Rahmen selbst. Unter Windows müssen Sie vielleicht einmal in das Dokumentfenster klicken, bevor sich der Mauszeiger in die nach links weisende Hand ändern kann.

6 Das Rahmenverzeichnis ermöglicht Ihnen das Sperren von Rahmen. In Animationen werden die Rahmen nur für den ausgewählten Keyframe gesperrt.

Lektion 6

6 | Formulare

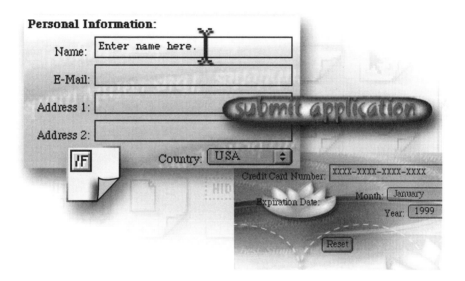

Formulare sind interaktive Elemente, die Ihnen das Erfassen von Daten Ihrer WebSite-Betrachter erlaubt. Sie ermöglichen dem Betrachter das Anfordern von Informationen oder Produkten und die Übermittlung von persönlichen Daten, wie beispielsweise ihre Namen und Adressen.

LEKTION 6
Formulare

In dieser Lektion lernen Sie Folgendes:

- Verwenden einer Tabelle für das präzise Platzieren von Formularfeldern auf einer Seite
- Einfügen einer Vielzahl von Formularfeldern in eine Tabelle, einschließlich Textfelder und eines Popup-Menüs
- Ablegen häufig benötigter Objekte in der Registerkarte »Magazin« in der Palette und Einfügen dieser Objekte in eine Webseite
- Hinzufügen von Auswahlfeldern, eines Eingabebildes und einer »Formular zurücksetzen«-Schaltfläche
- Anpassen eines Listenfeldes in einem Formular
- Festlegen der Reihenfolge, in der Formularfelder ausgewählt werden, wenn der Betrachter wiederholt die Tabulatortaste drückt

Für diese Lektion werden Sie etwa 45 Minuten benötigen.

Kopieren Sie, falls nötig, den Ordner *Lesson06* auf Ihre Festplatte. Beim Arbeiten mit dieser Lektion werden Sie die Dateien im Ordner *Start* überschreiben. Falls Sie die Start-Dateien wieder herstellen möchten, kopieren Sie sie von der *Adobe GoLive Classroom in a Book*-CD.

Vorbereitungen

In dieser Lektion werden Sie den Entwurf eines *Antragsformulars für die Mitgliedschaft* der WebSite *poetrypond.com* vervollständigen. Sie werden den Abschnitt erzeugen, in den der Betrachter seine persönlichen Daten eingibt. Außerdem werden Sie den vorbereiteten Bereichen des Formulars eine Vielzahl von Feldern hinzufügen, zu denen Auswahlfelder, ein Hyperlinkbereich (*Hot Spot*) und eine Rücksetzen-Schaltfläche gehören.

Zuerst werden Sie sich das fertige Antragsformular in Ihrem Browser ansehen.

1 Starten Sie Ihren Webbrowser.

2 Öffnen Sie die Datei *Index.html*, um die Homepage der WebSite *poetrypond.com* zu öffnen. Der Pfad lautet *Lesson06/06End/Forms Folder/Forms/Index.html* unter Windows, und unter Mac OS *Lesson06/06End/Forms f/Forms/Index.html*.

3 Klicken Sie auf den Frosch auf der Seite, um auf das Antragsformular zu gelangen.

Das Mitglieder-Antragsformular enthält eine Vielzahl von Formularfeldern, wie Textfelder für das Eingeben von persönlichen Daten, eine Liste zur Auswahl von Arbeitskreisen über Dichtung, Auswahllisten für die Art der Zahlung und einen Hyperlinkbereich (*Hot Spot*), der für das Absenden des Formulars über das Web vorgesehen wurde.

4 Versuchen Sie, das Formular auszufüllen, indem Sie Ihre persönlichen Daten in die Textfelder eingeben und Ihre Wahl aus den Auswahllisten, den Popup-Menüs und den Auswahlfeldern treffen.

Das Formular wurde ausschließlich zum Zwecke dieser Lektion entworfen. Daher können Sie Ihren Antrag nicht wirklich über das Internet abschicken.

Um Informationen aus einem Formular über das Internet versenden und sammeln zu können, müssen Sie über eine *Common Gateway Interface (CGI)-* Anwendung auf einem Webserver verfügen, die die Daten zunächst sammelt und an eine Datenbank weiterleitet. Die Bezeichnungen der Formularfelder müssen außerdem mit den gespeicherten Bezeichnungen in der CGI-Anwendung übereinstimmen. Bedenken Sie, dass CGI-Skripte in Anwendungen außerhalb von Adobe GoLive erstellt werden müssen und gewisse Kenntnisse der Programmierung erfordern. CGI-Anwendungen werden üblicherweise durch einen Webserver-Administrator erstellt.

5 Schließen Sie Ihren Browser, wenn Sie mit dem Betrachten des Formulars fertig sind.

Formulare

Die folgende Abbildung zeigt das fertige Layout des Mitglieder-Antragsformulars in Adobe GoLive.

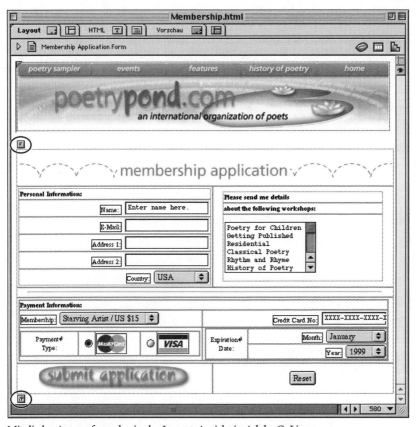

Mitglieder-Antragsformular in der Layout-Ansicht in Adobe GoLive

Beachten Sie, dass das Formular zwischen zwei Symbolen angelegt ist: einem *Formular*-Symbol (F) und einem *Formular Ende*-Symbol (/F). Wenn Sie einer Seite diese Symbole hinzufügen, fügen Sie in Wirklichkeit dem HTML-Kode der Seite ein *Formular*-Tag und ein *Formular Ende*-Tag hinzu. Diese beiden Tags kennzeichnen die aktuelle Webseite oder einen Abschnitt der Webseite als Formular und weisen den Browser an, wie er die Formularinformationen weiterverarbeiten soll. Beide Tags müssen vorhanden sein, damit das Formular korrekt dargestellt wird und funktionieren kann.

Weitere Informationen finden Sie unter »Einrichten der Formular- und Formular-Ende-Tags« in Kapitel 10 im *Adobe GoLive 4.0 Handbuch*.

Beachten Sie außerdem, dass es so aussieht, als ob das Formular mit Hilfe von einer oder mehreren Tabellen auf der Seite angelegt wurde. Das Formular wurde tatsächlich mit einer Tabelle mit zwei Spalten und fünf Zeilen angelegt, wobei einige der Zellen der Tabelle wiederum Tabellen enthalten. Sie können Tabellen benutzen, um Formularfelder präzise auf einer Webseite zu platzieren.

Die Haupttabelle setzt sich aus folgenden Elementen zusammen:

- Die erste Zeile der Haupttabelle enthält ein Bild (mit dem Text *membership application*), das sich über beide Spalten erstreckt.
- Die zweite Reihe beinhaltet zwei Zellen, von denen jede wiederum eine eingebettete Tabelle enthält. Die eingebettete Tabelle in der ersten Zelle schließt Textfelder für die Eingabe von persönlichen Daten ein. Die eingebettete Tabelle in der zweiten Zelle enthält Text und eine Auswahlliste zur Wahl von Arbeitskreisen (*Workshops*) über Dichtung.
- Die dritte Zeile beinhaltet eine Linie, die sich über beide Spalten erstreckt.
- Die vierte Zeile enthält eine eingebettete Tabelle, um Informationen über die Zahlungsart eingeben zu können. In dieser eingebetteten Tabelle befinden sich tatsächlich noch zwei weitere eingebettete Tabellen: eine für die Eingabe der Art der Mitgliedschaft und der Zahlungsart, die andere für die Eingabe der Kreditkartennummer und des Ablaufdatums.
- Die fünfte Zeile enthält zwei Zellen, eine mit einem Hyperlinkbereich (*Hot Spot*), der für das Absenden des Antrages vorgesehen ist und eine mit einer Rücksetzen-Schaltfläche.

Erstellen eines Formularabschnittes

Wir haben bereits einige Abschnitte des Aufnahmeantragsformulares für Sie fertig gestellt, damit Sie gleich mit dem Entwerfen beginnen können. Sie werden nun den Abschnitt des Formulares erzeugen, den interessierte Betrachter für das Eingeben ihrer persönlichen Angaben benutzen werden. Dafür werden Sie eine neue Seite verwenden. Weiter hinten in dieser Lektion werden Sie den Inhalt der Seite dann dem bereits vorhandenen Formular hinzufügen.

1   Starten Sie Adobe GoLive. Ein neues Dokument, *Ohne Namen.html*, wird geöffnet.

Falls Sie Adobe GoLive nicht neu gestartet haben, wird möglicherweise kein neues Dokument mit dem Namen *Ohne Namen.html* auf Ihrem Schreibtisch geöffnet. Wählen Sie dann **Datei: Neu**, um eine neue Seite zu erhalten.

2   Wählen Sie **Datei: Speichern als**, benennen Sie die Datei in **Name_form.html** um und speichern Sie sie im Ordner *Forms*. Unter Windows ist es der Pfad *Lesson06/06Start/Forms Folder/Forms*. Unter Mac OS ist es der Pfad *Lesson06/06Start/Forms f /Forms*.

3   Wählen Sie die Seitenüberschrift *Welcome to Adobe GoLive 4* aus.

4   Geben Sie **Personal Information** als neue Überschrift ein und klicken Sie in den Leerraum unterhalb der Überschrift, um die Auswahl aufzuheben.

Hinzufügen einer Tabelle für den Formularentwurf

Nun werden Sie der Seite eine Tabelle hinzufügen. Sie werden die Tabelle benutzen, um Formularfelder präzise auf der Seite zu platzieren.

Wir empfehlen, Formulare immer mit Hilfe von einer oder mehreren Tabellen anzulegen. Wahlweise können Sie Formularfelder auch auf einem Layout-Raster auf der Seite platzieren. Allerdings ist diese Methode nicht empfehlenswert, da sich das Aussehen eines Formulares, das mit Hilfe eines Layout-Rasters erzeugt wurde, in Abhängigkeit des verwendeten Browsers und der benutzten Bildschirmauflösung des Betrachters stark ändern kann.

1 Falls nötig, wählen Sie **Ansicht: Palette** (Windows) bzw. **Fenster: Palette** (Mac OS), um die Palette aufzurufen, und stellen Sie sicher, dass die Registerkarte »Elemente« () ausgewählt ist.

2 Falls nötig, wählen Sie **Ansicht: Inspektor** (Windows) bzw. **Fenster: Inspektor** (Mac OS), um den Inspektor aufzurufen.

3 Ziehen Sie ein Tabellen-Symbol aus der Palette auf die Seite. Der Inspektor wird zum Tabellen-Inspektor.

4 Geben Sie **6** im Tabellen-Inspektor unter Zeilen ein und drücken Sie die Eingabetaste. Geben Sie **1** unter Spalten ein und drücken Sie die Eingabetaste. Falls nötig, wählen Sie Pixel aus dem Popup-Menü »Breite«. Geben Sie **300** unter Breite ein und drücken Sie die Eingabetaste.

Neue Tabelle   *Setzen der Tabellen-Einstellungen im Tabellen-Inspektor*

Jetzt fügen Sie der ersten Zelle der Tabelle eine Überschrift hinzu. Dies wird die Überschrift des Formularabschnittes, den Sie entwerfen.

5 Geben Sie **Personal Information:** in die erste Zelle im Dokumentfenster ein.

6 Wählen Sie den Text aus, den Sie gerade eingegeben haben, und wählen Sie **Stil: Struktur: Starke Betonung**, um den Text mit der Auszeichnung *Fett* zu versehen.

7 Wählen Sie »2« aus dem Menü »Schriftgröße« (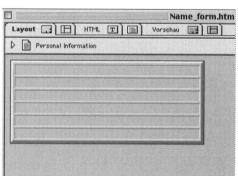) in der Werkzeugleiste. Mit dem Auswählen einer kleineren relativen Schriftgröße können Sie verhindern, dass der Text in der Tabellenzelle beim Betrachten mit den geläufigsten Browsern umgebrochen wird.

Denken Sie daran, dass Text in Browsern für Windows größer dargestellt wird. Falls Sie Ihre Formulare unter Mac OS entwerfen, sollten Sie den Text möglichst klein halten und zusätzlichen Platz in Ihren Tabellenzellen lassen. Sie sollten das Aussehen Ihrer Formulare grundsätzlich in Browsern unter Windows *und* Mac OS überprüfen, bevor Sie sie auf den Webserver laden.

8 Wählen Sie **Datei: Speichern**.

Hinzufügen eines Name-Feldes

Jetzt werden Sie der Tabelle ein Textfeld hinzufügen, in das der Betrachter seinen Namen eingeben soll. Wenn Sie Textfelder hinzufügen, sollten Sie immer auch eine Bezeichnung hinzufügen. Die Bezeichnung weist den Besucher auf die Art der einzugebenden Informationen hin.

1 Klicken Sie auf den Reiter »Formular« ( ) in der Palette. Die Registerkarte »Formular« enthält eine Vielzahl von Elementen, die Sie in Formularen einfügen können, einschließlich der *Formular-* und *Formular Ende*-Tags.

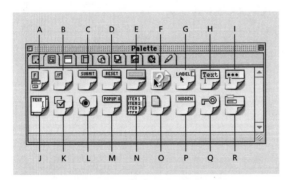

A. *Formular-Tag* B. *Formular-Ende-Tag*
C. *Formular Abschicken* D. *Formular zurücksetzen*
E. *Schaltfläche* F. *Eingabe Bild* G. *Label* H. *Textfeld*
I. *Kennwort* J. *Textbereich* K. *Auswahlfeld* L. *Auswahlfeld*
M. *Popup-Menü* N. *Auswahlliste* O. *Datei-Browser*
P. *Versteckt* Q. *Schlüssel-Generator* R. *Gruppierung*

2 Ziehen Sie ein Label-Symbol aus der Palette auf die zweite Zelle der Tabelle.

3 Wählen Sie das Wort *Label* aus. Geben Sie dann **Name:** ein, um den Label-Text zu ändern.

💡 *Um den Label-Text schnell und einfach auszuwählen, klicken Sie ihn dreifach an.*

4 Wählen Sie den Text aus, den Sie gerade eingegeben haben, und wählen Sie »2« aus dem Menü »Schriftgröße« ( ) in der Werkzeugleiste.

Nun werden Sie das Textfeld für den Namen des Betrachters hinzufügen.

5 Klicken Sie hinter das Label *Name*, um eine Einfügemarke zu setzen. (Vergewissern Sie sich, dass Sie hinter das Label geklickt haben und nicht auf den Label-Text.) Drücken Sie danach die Leertaste, um ein Leerzeichen einzufügen.

 6 Ziehen Sie ein Textfeld-Symbol aus der Palette auf die Einfügemarke auf der Seite.

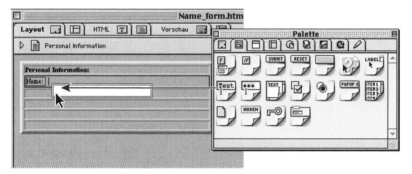

Ziehen eines Textfeldes auf eine Tabellenzelle

Der Inspektor wird zum Formular-Textfeld-Inspektor.

7 Geben Sie im Textfeld »Name« des Formular-Textfeld-Inspektors **nameField** ein. Damit benennen Sie das Textfeld der Tabelle.

8 Geben Sie **Enter name here:** im Textfeld »Inhalt« des Formular Textfeld Inspektors ein.

Der Text, den Sie gerade eingegeben haben, wird im Textfeld dieser Seite dargestellt. Der Betrachter kann beim Ausfüllen des Formulars diesen Text durch seine eigenen Daten ersetzen.

Falls Sie es vorziehen, Formulare ohne Label zu entwerfen, können Sie stattdessen auch nur Beschreibungen in die Textfelder »Wert«/»Inhalt« eingeben.

9 Geben Sie unter »Sichtbar« **20** ein und drücken Sie die Eingabetaste. Das ist die Anzahl der sichtbaren Zeichen in diesem Feld.

10 Geben Sie **40** unter »Maximal« ein und drücken Sie die Eingabetaste. Das ist die Anzahl der Zeichen, die höchstens in dieses Feld eingegeben werden kann.

Hinzufügen von Adressfeldern

Jetzt werden Sie der Tabelle drei Adressfelder hinzufügen, damit der Betrachter seine postalische und seine E-Mail-Adresse eingeben kann. Um Zeit zu sparen, werden Sie das Label und das Textfeld aus der zweiten Zelle kopieren und in die dritte, vierte und fünfte Zelle einfügen.

1 Wählen Sie den Inhalt der zweiten Zelle im Dokumentfenster aus. (Die zweite Zelle enthält das Label *Name* und das Textfeld *Enter name here*.)

2 Ziehen Sie die Auswahl mit gedrückter Strg- (Windows) bzw. Wahltaste (Mac OS) aus der zweiten Zelle nach unten in die dritte Zelle. Nun sollten der Inhalt der zweiten und dritten Zelle identisch sein.

3 Ziehen Sie die Auswahl mit gedrückter Strg-/Wahltaste von der dritten Zelle in die vierte Zelle. Der Inhalt der dritten und vierten Zelle sollten nun gleich sein.

4 Ziehen Sie mit gedrückter Strg-/Wahltaste von der vierten in die fünfte Zelle. Nun sollten auch der Inhalt der vierten und fünften Zelle identisch sein.

5 Ändern Sie den Label-Text in der dritten Zelle in **E-Mail:**, den Label-Text der vierten Zelle in **Address 1:** und den Label-Text der fünften Zelle in **Address 2:**.

6 Wählen Sie das Textfeld mit dem Label »E-Mail:« in der dritten Zelle aus. (Vergewissern Sie sich, dass Sie das Textfeld rechts auswählen, nicht das Label links.) Geben Sie im Textfeld »Name« des Formular-Textfeld-Inspektors **emailField** ein.

7 Löschen Sie den Text im Textfeld »Inhalt«. Die meisten Betrachter werden nach dem Ausfüllen des ersten Textfeldes wissen, was in dieses Feld eingetragen werden soll. (Sie können wahlweise das Wort *Name* im Textfeld »Inhalt« durch *E-Mail-Adresse* ersetzen.)

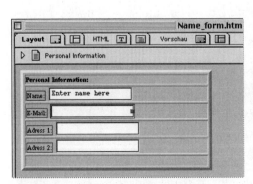 

Eingeben von Voreinstellungen für Textfelder

8 Wählen Sie das Textfeld in der vierten Zelle mit dem Label *Address 1:* aus. Geben Sie im Textfeld »Name« des Formular-Textfeld-Inspektors **address1Field** ein. Löschen oder ändern Sie den Text im Textfeld »Inhalt«.

9 Wählen Sie das Textfeld in der fünften Zelle mit dem Label *Address 2:* aus. Geben Sie im Textfeld »Name« des Formular-Textfeld-Inspektors **address2Field** ein. Löschen oder ändern Sie den Text im Textfeld »Inhalt«.

Beachten Sie, dass für jedes Textfeld eine Kennwortfeld-Option im Formular-Textfeld-Inspektor vorgesehen ist. Sie wählen diese Option an, wenn Sie möchten, dass ein Betrachter ein Kennwort in das Textfeld eingibt.

Ausrichten von Tabellenzellen

Sie werden jetzt den Tabellen-Inspektor dazu benutzen, den Inhalt der Tabellenzellen auszurichten, die Textfelder enthalten.

1 Bewegen Sie den Zeiger über die rechte oder untere Kante der zweiten Zelle, bis sich der Zeiger in einen Pfeil ändert. Klicken Sie dann, um die Zelle auszuwählen.

Der Inspektor wird zum Tabellen-Inspektor und die Registerkarte »Zelle« wird automatisch dargestellt.

2 Klicken Sie mit gedrückter Umschalttaste auf die rechte oder untere Kante der dritten, vierten und fünften Zelle, um sie der Auswahl hinzuzufügen. Jetzt sollten alle Zellen, die Textfelder enthalten, ausgewählt sein.

3 Wählen Sie »Mittig« aus dem Popup-Menü »Vert. Ausrichtung« des Tabellen-Inspektors. Wählen Sie »Rechts« aus dem Popup-Menü »Horiz. Ausrichtung«.

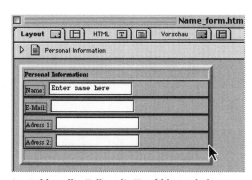

Auswählen aller Zellen, die Textfelder enthalten

Auswählen von mittiger vertikaler und rechter horizontaler Ausrichtung

4 Klicken Sie in den Leerraum außerhalb der Tabelle, um die Auswahl der Zellen aufzuheben.

5 Wählen Sie **Datei: Speichern**.

Verknüpfen von Labeln mit Textfeldern

Sie werden nun jedes Label mit seinem entsprechenden Textfeld auf der Seite verknüpfen. Dadurch ermöglichen Sie dem Betrachter, das Textfeld auszuwählen, indem er auf das dazugehörige Label klickt. Der Betrachter kann beispielsweise auf das Label *Name:* klicken, damit eine Einfügemarke in das Textfeld gesetzt wird und er seinen Namen eingeben kann.

Zuerst werden Sie das Label *Name:* mit seinem entsprechenden Textfeld verknüpfen.

1 Bewegen Sie den Zeiger auf eine Kante des Labels *Name:*, so dass der Zeiger sich in eine Hand ändert. Klicken Sie dann auf das Label, um es auszuwählen. Der Inspektor wird zum Formular-Label-Inspektor.

2 Ziehen Sie von der Schaltfläche »Point & Shoot« ( ) im Formular-Label-Inspektor auf das entsprechende Textfeld neben dem Label *Name:*. Im Textfeld »Referenz« des Formular-Label-Inspektors wird ein Verweis auf das Textfeld »nameField« gezeigt.

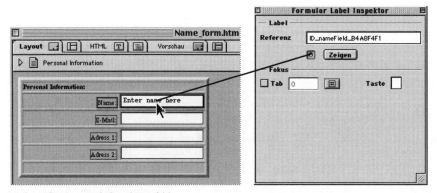

Verknüpfung von Label und Textfeld

3 Wählen Sie das Label *E-Mail:* aus, und verknüpfen Sie es mit seinem entsprechenden Textfeld, indem Sie die Schaltfläche »Point & Shoot« im Formular-Label-Inspektor benutzen.

4 Verknüpfen Sie die Label *Address 1:* und *Address 2:* mit ihren entsprechenden Textfeldern.

Hinweis: Wenn Sie ein Label, das mit einem Formularfeld verknüpft wurde, kopieren und einfügen, müssen Sie das neue Label erneut mit dem richtigen Feld verknüpfen. Andernfalls werden sich beide Label auf dasselbe Feld beziehen.

5 Wählen Sie **Datei: Speichern**.

Erzeugen eines Popup-Menüs

Popup-Menüs ermöglichen dem Betrachter die Auswahl aus einer Vielzahl von Optionen. Sie werden jetzt ein Popup-Menü hinzufügen, aus dem der Betrachter das Land aussuchen kann, in dem er lebt.

 1 Ziehen Sie aus der Palette ein Label-Symbol auf die sechste Zelle der Tabelle.

2 Wählen Sie das Wort *Label* aus. Geben Sie anschließend **Country:** ein, um den Label-Text zu ändern.

3 Wählen Sie den Text aus, den Sie gerade eingegeben haben, und wählen Sie »2« aus dem Menü »Schriftgröße« (3) in der Werkzeugleiste aus.

4 Klicken Sie hinter das Label, um eine Einfügemarke zu setzen. (Vergewissern Sie sich, wirklich nach dem Label geklickt zu haben und nicht auf den Label-Text.) Drücken Sie danach die Leertaste, um ein Leerzeichen einzufügen. Ziehen Sie ein Popup-Symbol aus der Palette auf die Einfügemarke im Dokumentfenster. Auf der Seite wird ein Platzhalter für das Popup-Menü dargestellt.

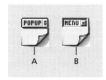

A. Popup-Symbol (Mac OS)
B. Popup-Symbol (Windows)

5 Bewegen Sie den Zeiger über die rechte oder untere Kante der sechsten Zelle, bis der Zeiger sich in einen Pfeil ändert. Klicken Sie dann, um die Zelle auszuwählen.

Der Inspektor wird zum Tabellen-Inspektor und die Registerkarte »Zelle« wird automatisch aufgerufen.

6 Wählen Sie »Mittig« aus dem Popup-Menü »Vert. Ausrichtung« im Tabellen-Inspektor. Wählen Sie »Rechts« aus dem Popup-Menü »Horiz. Ausrichtung«.

7 Wählen Sie den Popup-Menü-Platzhalter auf der Seite aus. Der Inspektor wird zum Formular-Aufklappmenü-Inspektor.

8 Geben Sie **countryPopup** im Textfeld »Name« des Formular-Aufklappmenü-Inspektors ein. Damit benennen Sie das Popup-Menü.

Sie werden die Option »Zeilen« auf 1 belassen. Das bedeutet, dass eine Zeile (oder ein Element) im Popup-Menü sichtbar ist.

Nun werden Sie den Formular-Aufklappmenü-Inspektor benutzen, um dem Popup-Menü weitere Elemente hinzuzufügen.

9 Klicken Sie in der Auswahlliste »Fokus« auf das erste Element, um es auszuwählen. (Das erste Element hat gegenwärtig die Beschriftung *first* und einen Wert von *one*.)

10 Geben Sie in das erste Textfeld unten im Formular-Aufklappmenü-Inspektor **Canada** ein, um das Wort *first* zu ersetzen, und drücken Sie die Eingabetaste. In das zweite Textfeld geben Sie **Country_Canada** ein, um das Wort *one* zu ersetzen und drücken Sie die Eingabetaste.

Im Popup-Menü wird das Label *Canada* als Element dargestellt und der Wert *Country_Canada* würde an das CGI-Skript des Formulares zurückgesendet, wenn ein Betrachter es auswählt.

11 Wählen Sie das zweite Element in der Auswahlliste »Fokus« aus. (Das zweite Element ist momentan mit *second* und einem Wert von *two* beschriftet.) Benutzen Sie die Textfelder unten im Formular-Aufklappmenü-Inspektor, um **France** als Beschriftung und **Country_France** als Wert einzugeben.

12 Wählen Sie das dritte Element in der Auswahlliste »Fokus« und geben Sie **Germany** als Bezeichnung und **Country_Germany** als Wert ein.

Jetzt werden Sie dem Popup-Menü noch ein viertes Element hinzufügen.

13 Klicken Sie auf die Schaltfläche »Neu«, um ein viertes Element zu erzeugen. Geben Sie anschließend **USA** als Beschriftung und **Country_USA** als Wert ein.

Es wird per Voreinstellung das erste Element, das Sie dem Popup-Menü hinzugefügt haben (*Canada*), im Browser angezeigt. Da bei diesem Beispiel vermutlich die meisten Betrachter dieser WebSite aus den Vereinigten Staaten von Amerika kommen, werden Sie die Voreinstellung dahingehend ändern, dass *USA* angezeigt wird.

14 Klicken Sie im Formular-Aufklappmenü-Inspektor auf das Kontrollkästchen neben dem Textfeld, das den Text *USA* enthält.

Festlegen des Menüelementes, das per Voreinstellung zuerst dargestellt werden soll

Das Popup-Menü auf der Seite zeigt nun den Text *USA* an.

15 Wählen Sie **Datei: Speichern**.

Setzen der Tabelleneinstellungen

Nun haben Sie alle Formaularfelder zu der Tabelle hinzugefügt. Jetzt werden Sie den Rand der Tabelle entfernen und weitere Tabelleneinstellungen vornehmen. Wenn Sie vorhaben, die Tabellenränder in Ihren Formularen zu entfernen, empfehlen wir Ihnen, diesen Schritt als letzten vorzunehmen. Es ist einfacher, Tabellenzellen auszuwählen, so lange ihr Rand auf den Wert 4 voreingestellt ist.

1 Bewegen Sie den Zeiger über die linke oder obere Kante der Tabelle, so dass der Zeiger sich in eine Hand ändert. Klicken Sie dann auf die Tabelle, um sie auszuwählen. Der Inspektor wird zum Tabellen-Inspektor und die Registerkarte »Tabelle« wird automatisch dargestellt.

💡 *Sie können mit Hilfe des Inspektors überprüfen, ob Sie die Tabelle oder ein Formularfeld ausgewählt haben.*

2 Geben Sie im Tabellen-Inspektor **0** für den Rand ein und drücken Sie die Eingabetaste. Geben Sie **2** für den Zellinnenrand ein und **0** für den Zellabstand ein. Drücken Sie jeweils die Eingabetaste.

3 Wählen Sie **Datei: Speichern**.

Verwenden der Registerkarte »Magazin« in der Palette zum Ablegen und Hinzufügen von Objekten

Sie können mit Adobe GoLive einfach und bequem Objekte auf einer Seite kopieren und in eine andere einfügen. Häufig benutzte Objekte lassen sich in der Registerkarte »Magazin« ablegen und anschließend schnell wieder Ihren Seiten hinzufügen.

Sie werden die Tabelle, die Sie gerade erzeugt haben, jetzt in der Registerkarte »Magazin« in der Palette ablegen, damit Sie sie schnell in das Mitgliedschaft-Antragsformular einfügen können.

1 Klicken Sie auf den Reiter »Magazin« in der Palette ( ).

2 Klicken Sie in der Seite auf die linke oder obere Kante der Tabelle, um sie auszuwählen.

3 Ziehen Sie die ausgewählte Tabelle aus der Seite auf die Registerkarte »Magazin« in der Palette. (Lassen Sie die Tabelle los, wenn das Registerkartenfenster mit einem dicken schwarzen Rand dargestellt wird.) In der Palette wird ein Symbol für die Tabelle angezeigt.

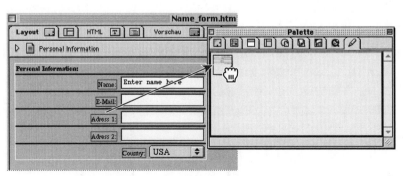

Ziehen der Tabelle von der Seite auf die Registerkarte »Magazin« in der Palette

4 Doppelklicken Sie auf das Tabellen-Symbol, um das Dialogfeld »Element des Magazins« aufzurufen. Geben Sie dort **Name and Address** im Textfeld »Name« ein und klicken Sie auf OK. Damit benennen Sie das Tabellen-Symbol.

Objekte der Registerkarte »Magazin« in der Palette werden in Ihren Adobe-GoLive-Präferenzen (Preferences) gespeichert. Sie können sie den Seiten einer bestehenden WebSite oder einer neuen WebSite hinzufügen und bleiben so lange in der Palette gespeichert, bis Sie Ihre Preferences löschen oder neu installieren. Objekte in der Registerkarte »Magazin« können Sie löschen, indem Sie sie anklicken, um sie auszuwählen und anschließend **Bearbeiten: Löschen** wählen oder die Löschtaste drücken.

Sie werden jetzt die Registerkarte »Magazin« benutzen, um die Tabelle dem Antragsformular für die Mitgliedschaft hinzuzufügen.

5 Schließen Sie die Datei *Name_form.html*.

6 Öffnen Sie die Datei *Membership.html*. Unter Windows ist der Pfad *Lesson06/06Start/Forms Folder/Forms/Membership.html*. Unter Mac OS ist der Pfad *Lesson06/06Start/Forms f/Forms/Membership.html*.

Das Antragsformular für die Mitgliedschaft wird geöffnet.

7 Vergrößern Sie das Dokumentfenster *Membership.html* so, dass Sie möglichst viel von dem Formular sehen können. (Ziehen Sie an der unteren rechten Ecke eines Fensters, um es in der Größe zu verändern.)

Sie sehen, dass in dem Formular einige Bilder und Formularfelder fehlen.

8 Ziehen Sie das Tabellen-Symbol aus der Palette auf die Tabellenzelle im Formular direkt unter den Worten *Membership Application*.

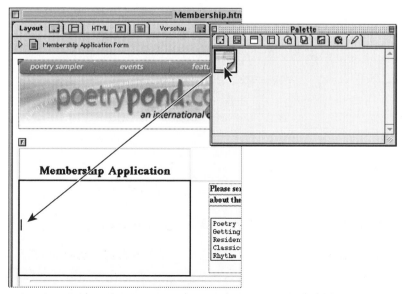

Ziehen des Tabellen-Symbols aus der Palette auf das Antragsformular

Die Haupttabelle für das Antragsformular wurde so eingerichtet, dass die Tabelle *Personal Information* genau in die vorgesehene Zelle passt. Normalerweise müssen Sie die Ausmaße einer Zelle in der Haupttabelle so anpassen, dass die einzubettende Tabelle genau passt.

Bevor Sie mit der Arbeit an einem Formular anfangen, empfiehlt es sich, das Layout sorgfältig zu planen. Sie sollten sich Gedanken über den Inhalt der Haupttabelle machen und dabei besonders darauf achten, ob weitere Tabellen eingebettet werden sollen. Sorgfältiges Planen wird Ihnen die Mühe ersparen, das Formular-Layout während des Erstellens neu zu entwerfen.

9 Wählen Sie **Datei: Speichern**.

Hinzufügen eines Bildes über zwei Spalten

Sie werden jetzt die Wörter *Membership Application* durch ein Bild ersetzen. Dafür werden Sie zuerst die Tabellenspalten ausrichten, damit die Wörter *Membership Application* über zwei Spalten reichen.

1 Bewegen Sie Ihren Zeiger auf die Zelle, die die Wörter *Membership Application* enthält, so dass der Zeiger sich in einen Pfeil ändert. Klicken Sie anschließend, um die Zelle auszuwählen.

Der Inspektor wird zum Tabellen-Inspektor mit automatisch ausgewählter Registerkarte »Zelle«.

2 Geben Sie **2** im Textfeld »Horiz. Vereinigen« des Tabellen-Inspektors ein und drücken Sie die Eingabetaste.

Nun werden Sie den Text durch ein Bild ersetzen.

3 Wählen Sie die Wörter *Membership Application* aus und drücken Sie die Löschtaste.

Sie werden eine Datei aus dem Site-Fenster benutzen, um dem Formular das Bild hinzuzufügen.

4 Öffnen Sie die Datei *Forms.site* (Windows) bzw. *Forms.π* (Mac OS). Der Pfad lautet *Lesson06/06Start/Forms Folder/Forms.site* unter Windows, und unter Mac OS *Lesson06/06Start/Forms ƒ/Forms.π*.

Das Site-Fenster wird geöffnet. Es enthält einen Ordner *Media*, die Datei *Index.html* und die Datei *Membership.html*. Außerdem enthält es noch die Datei *Name_form.html*, die Sie weiter vorne in dieser Lektion angelegt haben; um allerdings diese Datei im Site-Fenster darstellen zu können, müssen Sie den Inhalt des Fensters aktualisieren.

5 Klicken Sie auf die Schaltfläche »Aktualisieren« in der Werkzeugleiste, damit der Inhalt des Site-Fensters aktualisiert wird.

6 Öffnen Sie im Site-Fenster den Ordner *Media*. Ziehen Sie anschließend die Datei *Form_header.jpg* aus dem Ordner *Media* im Site-Fenster auf die nun leere Tabellenzelle, die vormals die Wörter *Membership Application* enthielt. Das Bild wird der Zelle hinzugefügt.

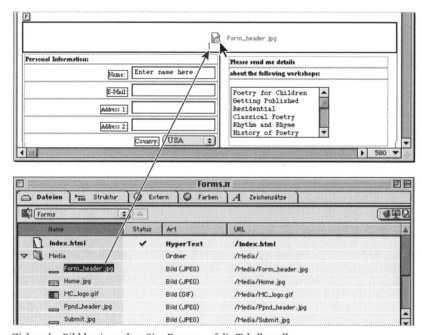

Ziehen der Bilddatei aus dem Site-Fenster auf die Tabellenzelle

7 Wählen Sie **Datei: Speichern**.

Hinzufügen von Auswahlfeldern

Der Abschnitt *Payment Information* in der unteren rechten Ecke des Formulars enthält eine eingebettete Tabelle mit einer Zeile und fünf Spalten, die der Haupttabelle zugefügt wurde. Sie werden diesem Abschnitt eine Gruppe von Auswahlfeldern hinzufügen, damit der Betrachter eine Zahlungsart auswählen kann.

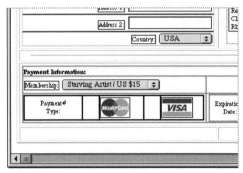

Abschnitt Zahlungsart *des Formulars*

Wenn Sie den Abschnitt Zahlungsart (*Payment Information*) ohne Vorgaben erzeugen müssten, würden Sie ihn ähnlich wie den Abschnitt über die persönlichen Angaben (*Personal Information*) aufbauen. Sie würden eine einzeilige Tabelle mit fünf Spalten erzeugen. Danach würden Sie den Text *Payment Type:* in die erste Zelle eingeben und Abbildungen einer *MasterCard* und einer *Visa Card* in die dritte und fünfte Zelle einfügen. Sie würden anschließend in die zweite und vierte Zelle Auswahlfelder einfügen, so, wie Sie es auch in dieser Lektion machen werden.

 1 Klicken Sie auf den Reiter »Formular« (🖹) in der Palette. Ziehen Sie danach das Auswahlfeld-Symbol aus der Palette in die leere Zelle links von der MasterCard-Abbildung auf der Webseite.

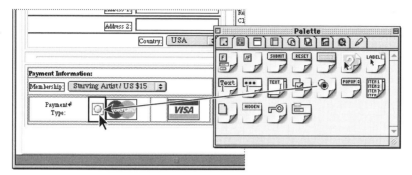

Ziehen des Auswahlfeld-Symbols aus der Palette in die Zelle

Der Inspektor wird zum Formular-Auswahlfeld-Inspektor.

2 Ziehen Sie ein weiteres Auswahlfeld-Symbol aus der Palette in die leere Zelle links von der VISA-Abbildung.

💡 *Sie können das vorhandene Auswahlfeld auf der Webseite auch kopieren und in die leere Zelle einfügen. Dazu müssen Sie das Auswahlfeld mit gedrückter Strg-(Windows) bzw. Wahltaste (Mac OS) auf die leere Zelle ziehen.*

3 Klicken Sie das erste hinzugefügte Auswahlfeld an, um es auszuwählen.

4 Geben Sie **paymentType** im Textfeld »Gruppe« des Formular-Auswahlfeld-Inspektors ein. Damit benennen Sie die Gruppe der Auswahlfelder.

Sie werden denselben Gruppennamen für das zweite Auswahlfeld auf der Seite verwenden. Wenn zwei Auswahlfelder denselben Gruppennamen haben, wird sichergestellt, dass der Betrachter nur ein Feld aus der Gruppe auswählen kann.

5 Geben Sie **mastercard** im Textfeld »Wert« ein. Das ist der Wert, der an das CGI-Skript des Formulars zurückgesendet wird, wenn ein Betrachter dieses Feld auswählt.

6 Wählen Sie die Option »Selektiert« an. Damit wählen Sie *MasterCard* als Voreinstellung aus.

Hinweis: *Es ist nicht erforderlich, eines der Auswahlfelder als Voreinstellung auszuwählen.*

7 Wählen Sie das zweite Auswahlfeld aus, das Sie der Seite hinzugefügt haben.

8 Wählen Sie aus dem Popup-Menü »Gruppe« neben dem Textfeld »Gruppe« die Option *paymentType* im Formular-Auswahlfeld-Inspektor aus. Geben Sie **visa** im Textfeld »Wert« ein.

9 Wählen Sie **Datei: Speichern**.

Sie können sich jetzt eine Voransicht der Webseite in Adobe GoLive ansehen, um die von Ihnen bis jetzt eingefügten Formularfelder auszuprobieren.

10 Klicken Sie auf den Reiter »Voransicht« im Dokumentfenster, um eine Voransicht der Seite in Adobe GoLive anschauen zu können.

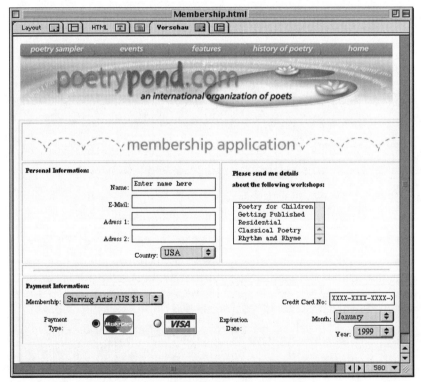

Voransicht der von Ihnen in die Webseite eingefügten Formularfelder

11 Probieren Sie die von Ihnen eingefügten Formularfelder aus, indem Sie Ihren Namen und Ihre Adresse eingeben, ein Land auswählen und sich für eine der Zahlungsarten entscheiden.

12 Klicken Sie auf den Reiter »Layout« im Dokumentfenster, um zurück in die Layout-Ansicht zu gelangen.

Ändern einer Auswahlliste

Eine Auswahlliste oben rechts im Formular stellt eine Reihe von Arbeitskreisen (*Workshops*) vor, aus denen der Betrachter auswählen kann. Die Auswahlliste wurde auf ähnliche Weise erstellt wie das Popup-Menü »Country«. Sie werden an der Auswahlliste einige Änderungen vornehmen. Zunächst werden Sie die Auswahlliste so ändern, dass sie gleichzeitig sechs statt fünf Elemente anzeigen kann.

1   Klicken Sie auf die Auswahlliste, um sie auszuwählen. Der Inspektor wird zum Formular-Auswahlliste-Inspektor.

Beachten Sie, dass die Elemente im Formular-Auswahlliste-Inspektor genauso wie im Popup-Menü »Country« eingegeben wurden. Jedes Element besitzt ein festgelegtes Label und einen festgelegten Wert.

2   Geben Sie **6** im Textfeld »Zeilen« ein, und drücken Sie die Eingabetaste. Damit erhöhen Sie die sichtbaren Zeilen (bzw. Elemente) in der Auswahlliste auf sechs.

Sie werden jetzt die Auswahlliste in ein Mehrfachauswahl-Formularfeld ändern, damit der Anwender mehr als einen Workshop auswählen kann.

3   Wählen Sie die Option »Mehrfachselektion«.

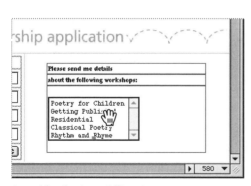

Auswählen der Auswahlliste

Setzen der Optionen im Formular-Auswahlliste-Inspektor

Nun werden Sie der Auswahlliste drei weitere Elemente hinzufügen.

4 Klicken Sie auf die Schaltfläche »Neu«, um ein neues Element anzulegen. Geben Sie in das erste Textfeld unten im Formular-Auswahlliste-Inspektor **History of Poetry** ein und drücken Sie die Eingabetaste. Im zweiten Textfeld geben Sie **Workshops_History** ein und drücken die Eingabetaste.

Vielleicht ist es erforderlich, dass Sie in der Auswahlliste »Fokus« im Formular-Auswahlliste-Inspektor nach unten rollen müssen, um das von Ihnen gerade hinzugefügte Element zu betrachten. (Wahlweise können Sie auch die Ausmaße des Inspektors vergrößern, indem Sie an seiner rechten unteren Ecke ziehen.)

5 Klicken Sie auf die Schaltfläche »Neu«, um ein weiteres neues Element zu erstellen und geben Sie unter »Label« **European Poetry** und unter »Wert« **Workshops_European** ein.

6 Klicken Sie auf »Neu« für ein weiteres neues Element und geben Sie **African Poetry** unter »Label« und **Workshops_African** unter »Wert« ein.

Erzeugen zusätzlicher Label und Werte in der Auswahlliste Fokus

7 Wählen Sie **Datei: Speichern**.

Nun werden Sie sich die Seite in der Voransicht in Adobe GoLive ansehen, um das korrekte Funktionieren der Auswahlliste zu überprüfen.

8 Klicken Sie auf den Reiter »Voransicht« im Dokumentfenster. Um mehr als ein Element auszuwählen, klicken Sie zuerst auf ein Element und danach mit gedrückter Umschalttaste auf weitere, die Sie der Auswahl hinzufügen möchten.

9 Klicken Sie auf den Reiter »Layout« im Dokumentfenster, um zurück in die Layout-Ansicht zu gelangen.

Hinzufügen eines Eingabebildes

Als Nächstes werden Sie dem Formular ein Eingabebild hinzufügen, um damit den Antrag über das Web senden zu können. Dies ist eine der Methoden, mit denen Sie dem Betrachter das Übermitteln eines Formulars ermöglichen können. Wahlweise können Sie auch eine Eingabe-Schaltfläche hinzufügen; mehr dazu lesen Sie unter »Hinzufügen einer »Formular zurücksetzen«-Schaltfläche« auf Seite 271.

1 Falls nötig, rollen Sie im Dokumentfenster *Membership.html* nach unten, um den unteren Bereich des Formulares darzustellen. Die Haupttabelle, die für das Anlegen des Formulares benutzt wurde, besitzt zwei leere Zellen in der letzten Zeile.

2 Klicken Sie unterhalb der MasterCard-Abbildung, um eine Einfügemarke in die leere Zelle links zu setzen.

3 Ziehen Sie ein Eingabebild-Symbol aus der Palette auf die Einfügemarke auf der Seite. Der Tabellenzelle wird ein Eingabebild-Platzhalter hinzugefügt und der Inspektor wird zum Formular-Bild-Inspektor.

4 Falls nötig, ordnen Sie Ihren Desktop so an, dass Sie sowohl den Eingabebild-Platzhalter im Dokumentfenster als auch die Datei *Submit.jpg* im Ordner *Media* im Site-Fenster sehen können. Klicken Sie dann auf den Eingabebild-Platzhalter auf der Webseite, um ihn erneut auszuwählen.

5 Ziehen Sie von der Schaltfläche »Point & Shoot« ( ) im Formular-Bild-Inspektor auf die Datei *Submit.jpg* im Ordner *Media* im Site-Fenster. Das Bild *Submit application* wird in die Zelle eingefügt.

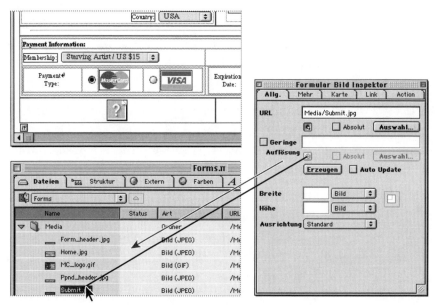

Verbindung des Eingabebild-Platzhalters auf der Webseite mit der Bild-Datei im Site-Fenster

6 Klicken Sie auf den Reiter »Mehr« im Formular-Bild-Inspektor.

7 Unter Windows müssen Sie nun im Abschnitt »Formular« die Option »Formular« ausschalten (indem Sie die Marke im Kontrollkästchen vor dem Wort *Formular* anklicken), damit das Textfeld »Ersatztext« anwählbar wird. Der Inspektor wird zum Bild-Inspektor.

Sie werden die Option »Formular« unter Windows nur vorübergehend ausschalten. Die Option »Formular« muss eingeschaltet sein, damit das Bild als Eingabebild festgelegt werden kann.

8 Geben Sie unter »Ersatztext« **Submit Image** für das Bild ein und drücken Sie die Eingabetaste.

9 Unter Windows schalten Sie nun die Option »Formular« wieder ein. Der Inspektor wird zum Formular-Bild-Inspektor.

10 Geben Sie unter »Name« für das Eingabebild **submitImage** ein und drücken Sie die Eingabetaste. Speichern Sie die Datei.

Hinzufügen einer »Formular zurücksetzen«-Schaltfläche

Sie können Ihrem Formular auf mindestens zwei Arten Schaltflächen hinzufügen. Bei der ersten Methode erzeugen Sie das Bild einer Schaltfläche und verknüpfen sie mit einer oder mehreren Aktionen. Die zweite Methode verwendet die Schaltflächen »Formular abschicken« oder »Formular zurücksetzen« aus der Registerkarte »Formular« in der Palette. Folgendes passiert, wenn der Betrachter auf eine dieser vorbereiteten Schaltflächen klickt:

- Die Schaltfläche »Formular abschicken« sendet Informationen des Betrachters an Ihre Datenbank und schließt das Formular.
- Die Schaltfläche »Formular zurücksetzen« löscht alle Informationen des Betrachters und stellt die Voreinstellungen des Formulars wieder her.

Sie werden dem Formular nun eine »Formular zurücksetzen«-Schaltfläche hinzufügen.

 1 Ziehen Sie ein *Formular zurücksetzen*-Symbol aus der Palette auf die leere Tabellenzelle rechts vom *submit application*-Bild. Der Inspektor wird zum Formular-Feld-Inspektor.

Die notwendigen Optionen für die Schaltfläche »Formular zurücksetzen« sind bereits voreingestellt. Sie brauchen nur noch einen Namen und ein Label einzugeben, falls Sie eine Standardschaltfläche erstellen möchten.

Um mehr über Standardfeldschaltflächen zu erfahren, lesen Sie »Verwenden von universellen Aktionsfeldern« im Kapitel 10 im *Adobe GoLive 4.0 Handbuch*.

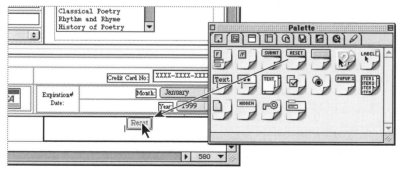

Ziehen des »Formular zurücksetzen«-Symboles aus der Palette auf die Tabellenzelle

2 Wählen Sie **Datei: Speichern**.

Ändern des Haupttabellenrandes und des Zellabstandes

Nun haben Sie alle Bilder und Formularfelder hinzugefügt und können den Rand der Haupttabelle und den Zellabstand entfernen. (Sowohl der Rand als auch der Zellabstand sind noch auf 2 eingestellt; dadurch war es für Sie einfacher, die Tabelle und ihre Zellen beim Ändern des Formulares auszuwählen.)

1 Klicken Sie im Dokumentfenster die linke oder obere Kante der Haupttabelle an, um sie auszuwählen. Der Inspektor wird zum Tabellen-Inspektor mit automatisch ausgewählter Registerkarte »Tabelle«.

2 Geben Sie im Tabellen-Inspektor im Textfeld »Rand« **0** ein und drücken Sie die Eingabetaste. Geben Sie **0** im Textfeld »Zellabstand« ein und drücken Sie die Eingabetaste.

3 Speichern Sie die Datei und klicken Sie auf den Reiter »Voransicht« im Dokumentfenster, um das Erscheinungsbild der Webseite in der Voransicht überprüfen zu können.

4 Klicken Sie auf den Reiter »Layout« im Dokumentfenster, um wieder zurück in die Layout-Ansicht zu gelangen.

Einrichten einer Tabulatorfolge

Sie werden Ihrem Formular jetzt eine Navigationshilfe hinzufügen – eine Tabulatorfolge, die es dem Betrachter erlaubt, sich mit Hilfe der Tabulatortaste durch die Formularfelder zu bewegen. Um eine Tabulatorfolge zu erzeugen, legen Sie die Reihenfolge fest, in der die Formularfelder durch die Tabulatortaste ausgewählt werden. Sie sollten das Einrichten einer Tabulatorfolge erst ganz am Schluss vornehmen, wenn Sie mit dem Layout Ihres Formulars zufrieden sind.

Hinweis: Einige Webbrowser erlauben dem Betrachter automatisch das Verwenden der Tabulatortaste für das Navigieren zwischen Textfeldern. Andere Browser gestatten die Benutzung der Tabulatortaste ausschließlich für die Navigation zwischen Textfeldern und nicht für andere Arten von Formularfeldern.

Sie können Ihre Tabulatorfolge mit jedem beliebigen Formularfeld beginnen. Die Tabulatorfolge dieses Formulares werden Sie mit dem Textfeld für die Eingabe des Namens starten.

1 Wählen Sie das Textfeld mit dem Inhalt *Enter name here* auf der Webseite aus. Der Inspektor wird zum Formular-Textfeld-Inspektor.

2 Wählen Sie im Formular-Textfeld-Inspektor die Option »Tab« aus. Geben Sie unter »Tabulator« **1** ein. Damit legen Sie dieses Textfeld als erstes Formularfeld in der Tabulatorfolge fest.

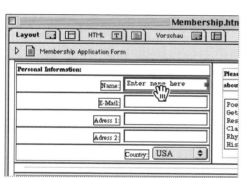
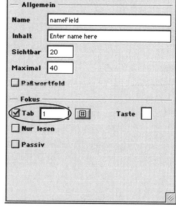

Auswählen des Textfeldes   *Festlegen des Textfeldes als erstes in der Tabulatorfolge*

3 Klicken Sie auf die Schaltfläche »Tabulator Indizierung« ( ). Dadurch werden an jedem Formularfeld, das Teil der Tabulatorfolge sein könnte, kleine gelbe Quadrate dargestellt. (Die gelben Quadrate werden auch an den Formular-Labeln dargestellt, obwohl Sie sie der Tabulatorfolge nicht hinzufügen können.)

Das gelbe Quadrat im Textfeld für die Eingabe des Namens trägt bereits die Ziffer 1 und zeigt damit an, dass dieses Feld das erste in der Tabulatorfolge ist.

LEKTION 6
Formulare

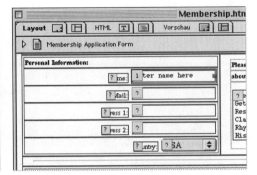

*Klicken auf die Schaltfläche
»Tabulator Indizierung«*   *Ergebnis*

4 Klicken Sie auf das Textfeld für die Eingabe der E-Mail-Adresse. In seinem gelben Quadrat wird eine 2 dargestellt.

5 Fahren Sie mit dem Einrichten der Tabulatorfolge fort, indem Sie jeweils auf das gelbe Quadrat der verbleibenden Formularfelder klicken. (Vergewissern Sie sich, dass Sie auf die gelben Quadrate der Formularfelder und nicht der Label klicken.)

6 Klicken Sie im Inspektor auf die Schaltfläche »Tabulator Indizierung«, wenn Sie mit dem Einrichten der Tabulatorfolge fertig sind. Damit haben Sie das Einrichten der Tabulatorfolge abgeschlossen und die gelben Quadrate werden nicht mehr dargestellt.

Falls Sie die Reihenfolge Ihrer Tabulatorfolge ändern möchten, können Sie jedes Formularfeld einzeln auswählen und im Inspektor eine neue Ziffer in das Textfeld »Tab« eingeben.

🔲 Wenn Sie mehr über das Einrichten von Tabulatorfolgen wissen möchten, lesen Sie »Einrichten von Tabulatorfolgen« in Kapitel 10 im *Adobe GoLive 4.0 Handbuch*.

7 Wählen Sie **Datei: Speichern**.

8 Klicken Sie auf den Reiter »Voransicht« im Dokumentfenster. Platzieren Sie Ihren Zeiger im Textfeld »Enter name here.« und drücken Sie wiederholt die Tabulatortaste, um zu überprüfen, ob die Tabulatorfolge ordnungsgemäß funktioniert.

9 Schließen Sie die Datei *Membership.html*.

Sie werden sich jetzt die Webseite in Ihrem Browser ansehen.

10 Starten Sie Ihren Webbrowser und öffnen Sie die Datei *Membership.html*, mit der Sie in dieser Lektion gearbeitet haben. Unter Windows finden Sie sie im Pfad *Lesson06/06Start/Form Folder/Forms/Membership.html*. Unter Mac OS ist es der Pfad *Lesson06/06Start/Form f/Forms/Membership.html*.

11 Wenn Sie mit dem Betrachten des Formulares fertig sind, beenden Sie Ihren Browser.

In dieser Lektion haben Sie gelernt, wie Sie Formularfelder mit Hilfe einer Tabelle anlegen können und wie Sie einem Formular eine Vielzahl von Formularfeldern hinzufügen können. Sie können Ihrem Formular aber noch eine Menge anderer Formularfelder hinzufügen; dazu gehören: Kontrollkästchen, Dateiauswahlfelder, Schlüssel-Generatoren, schreibgeschützte oder deaktivierte Formularelemente, Rahmenfelder für das Gruppieren von Formularfeldern und versteckte Formularfelder (*Hidden*).

🔲 Für umfassende Informationen über das Erstellen von Formularen in Adobe GoLive lesen Sie Kapitel 10 im *Adobe GoLive 4.0 Handbuch*.

Fragen

1 Was sind Formularfelder?
2 Warum müssen Sie jedem Formular ein Formular- und ein Formular-Ende-Tag hinzufügen?
3 Warum sollten Sie beim Anlegen eines Formulares darauf verzichten, ein Layout-Raster zu verwenden?
4 Wie können Sie einem Formular ein Eingabebild hinzufügen?
5 Wie fügen Sie einem Listenfeld ein Element hinzu?
6 Wie richten Sie für Ihr Formular eine Tabulatorfolge ein?

Antworten

1 Formularfelder sind Elemente, die Sie Ihrem Formular hinzufügen können; dazu gehören Textfelder, Auswahlfelder oder Listenfelder. Der Betrachter kann mit diesen Formularfeldern interagieren, indem er Informationen eingibt, darauf klickt oder Elemente auswählt.
2 Das Formular- und Formular-Ende-Tag bilden den Container für jedes Formular und ermöglichen so die korrekte Darstellung und Funktionsweise.
3 Die Darstellung eines Formulares, das mit einem Layout-Raster angelegt wurde, kann je nach verwendetem Browser und Bildschirmauflösung unterschiedlich ausfallen.
4 Sie können folgendermaßen vorgehen, um einem Formular ein Eingabebild hinzuzufügen:

- Ziehen Sie ein Eingabebild-Symbol aus der Palette auf das Formular und verwenden Sie die Schaltfläche »Point & Shoot« des Eingabebild-Inspektors, um den Platzhalter anschließend mit einer Bilddatei zu verbinden.
- Ziehen Sie ein Eingabebild-Symbol aus der Palette auf das Formular und verwenden Sie die Schaltfläche »Auswahl« im Eingabebild-Inspektor, um nach einer Bilddatei zu suchen.
- Ziehen Sie eine Bilddatei direkt auf den Eingabebild-Platzhalter im Formular.

Sie sollten außerdem sicherstellen, dass die Option »Formular« im Eingabebild-Inspektor eingeschaltet ist.

5 Sie erstellen ein neues Formular, indem Sie im Formular-Auswahlliste-Inspektor auf die Schaltfläche »Neu« klicken, um ein neues Element zu erzeugen. Geben Sie anschließend in den Textfeldern »Label« und »Wert« entsprechende Bezeichnungen ein.

6 Um eine Tabulatorfolge einzurichten, wählen Sie ein Formularfeld in Ihrem Formular aus und klicken auf die Schaltfläche »Tabulator Indizierung« im Inspektor. Klicken Sie in der Reihenfolge, die der Betrachter beim Verwenden der Tabulatortaste einhalten soll, auf die gelben Quadrate der Formularfelder (nicht der Label). Klicken Sie auf die Schaltfläche »Tabulator Indexierung« im Inspektor, um das Einrichten der Tabulatorfolge zu beenden.

Lektion 7

7 | Verwenden von Cascading Style Sheets

Mit Hilfe von Stylesheets können Sie auf einfache Weise den Stil langer Texte aktualisieren und die Einheitlichkeit der Typographie und Formatierung einer ganzen WebSite beibehalten. Gutes, durchgängiges Design lässt eine WebSite für Betrachter einladender erscheinen und macht sie einfacher zu erkunden.

LEKTION 7
Verwenden von Cascading Style Sheets

In dieser Lektion lernen Sie Folgendes:

- Bestimmen von *Styles*, die einem Dokument zugewiesen werden
- Festlegen von *Styles*, die einem HTML-Tag eines Dokumentes zugewiesen werden
- Erzeugen von *Styles*, die Textblöcken zugewiesen werden
- Festlegen von *Styles*, die nur ausgewähltem Text zugewiesen werden
- Aktualisieren von *Styles* und Zuweisen von globalen *Style*-Änderungen
- Duplizieren und Ändern von vorhandenen *Styles*
- Ändern der Seitenfarbe und -ränder mit *Styles*
- Unterscheiden von internen und externen *Stylesheets*
- Verknüpfen von externen *Stylesheets* mit einem Dokument und Verwendung dieser externen *Stylesheets* für das Aktualisieren einer Dokumentformatierung.

Für diese Lektion werden Sie etwa eine Stunde benötigen. Entfernen Sie, falls nötig, den Ordner mit der vorigen Lektion von Ihrer Festplatte und kopieren Sie den Ordner *Lesson07* an seine Stelle. Beim Arbeiten mit dieser Lektion werden Sie die Dateien im Ordner *Start* überschreiben. Falls Sie die Start-Dateien wieder herstellen möchten, kopieren Sie sie von der *Adobe GoLive Classroom in a Book*-CD.

Für weitere Informationen über das Einrichten Ihres Arbeitsbereiches lesen Sie »Einrichten des Arbeitsbereiches« auf Seite 58.

Vorbereitungen

Um einen Eindruck von dem zu bekommen, was Sie in dieser Lektion machen werden, werden Sie sich zunächst die fertig gestellte Datei aus dieser Lektion in Ihrem Browser ansehen.

1 Starten Sie Ihren Browser.

2 Wählen Sie **Datei: Öffnen** und öffnen Sie die Datei *Index.html*:

- Unter Windows finden Sie sie im Verzeichnis *Lesson07/07End/PoetryPond Folder/PoetryPond.com/ Index.html*.
- Unter Mac OS befindet sie sich im Verzeichnis *Lesson07/07End/PoetryPond.com f/PoetryPond.com/Index.html*.

3 Rollen Sie durch die Seite und beachten Sie ihre Formatierung.

4 Klicken Sie auf die Verknüpfung *Benjamin Lucas*. Die Formatierung und alle ihre Verknüpfungen werden durch ein *Cascading Style Sheet* gesteuert.

5 Wenn Sie mit dem Betrachten der Datei fertig sind, schließen Sie sie.

6 Schließen Sie Ihren Browser.

Stylesheets

HTML ist eine einfache Sprache, die entwickelt wurde, um den Aufbau von Informationen und nicht ihre Präsentation zu steuern. Mit *Stylesheets* können Web-Designer die elementaren HTML-Formatierungen verbessern, indem sie Stile verwenden, mit deren Hilfe Text präzise platziert, Schriften gesteuert und Elemente auf der Webseite formatiert werden können.

Cascading Style Sheets (abgekürzt CSS) sind eine einfache Methode, um HTML-Dokumenten Stile hinzuzufügen und die grundlegenden Formatierungen der HTML-Tags zu verbessern. Ein *Stylesheet* besteht aus einem Satz von Style-Anweisungen, die beschreiben, wie HTML-Dokumente dem Betrachter dargeboten werden sollen. Im HTML-Kode ist eine *Anweisung* eine Aussage über das stilistische Aussehen eines oder mehrerer Elemente, in denen ein *Selektor* bestimmt, welche Elemente der *Anweisung* – bestehend aus einer Eigenschaft und ihrem Wert – betroffen sind.

Ein Beispiel: Die *Style*-Anweisung h1 { color : red } sorgt dafür, dass alle Überschriften der Ebene 1 in einem Dokument rot dargestellt werden.

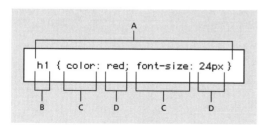

A. *Anweisung* **B.** *Selektor* **C.** *Eigenschaft* **D.** *Wert*

Bisher mussten Web-Designer diese Prinzipien und Hintergründe bis ins Kleinste verstehen, damit sie *Cascading Style Sheet*-Kode von Hand in HTML schreiben konnten. Von nun an schreibt Adobe GoLive diesen Kode für Sie, während Sie nur einfache Formatierungsbefehle hinzufügen, ganz so, wie Sie es von Textverarbeitungs- oder Layoutanwendungen gewohnt sind.

Außerdem werden alle Stylesheets, von allgemeinen bis sehr speziellen, kaskadierend hinzugefügt (das bedeutet, dass mehrere Stylesheets einem Dokument zugewiesen werden können und das Aussehen des Dokumentes nach bestimmten Prioritätsregeln beeinflussen).

Adobe GoLive unterstützt *Level 1 Cascading Style Sheets* (CSS1), die Teil der HTML-4.0-Spezifikation sind. Die meisten Webbrowser unterstützen Stylesheets; zu ihnen gehören Microsoft Internet Explorer 3, 4 und 5.0; Netscape Navigator 4.0 und Netscape Communicator 4.0. (Microsoft- und Netscape-Browser unterscheiden sich darin, welche der CSS-Möglichkeiten sie unterstützen.) Damit Webbrowser in der Lage sind, Stylesheets zu erkennen und korrekt umzusetzen, müssen sie mindestens CSS1-Tags unterstützen.

Ein paar Vorüberlegungen sind der Schlüssel für das erfolgreiche Benutzen von Stylesheets:

- Informieren Sie sich regelmäßig darüber, welche Stylesheet-Einstellungen von aktuellen Browsern unterstützt werden. Die CSS1-Spezifikation entwickelt sich stetig weiter. Unter *http://www.w3.org/Style/* finden Sie immer die neuesten Informationen.

- Probieren Sie verschiedene Einstellungen an unterschiedlichen HTML-Elementen aus. Es ist wichtig, sich die Ergebnisse immer wieder in aktuellen Browsern anzusehen, um die Wirkung Ihrer Stylesheets zu überprüfen.

Überblick über die Stylesheet-Werkzeuge

Drei Adobe GoLive-Werkzeuge ermöglichen Ihnen das Erzeugen und Bearbeiten von Stylesheets und das Verknüpfen mit externen Stylesheets: das Stylesheet-Fenster, die Stylesheet-Werkzeugleiste und der CSS-Selektor-Inspektor. Diese Abbildung zeigt die Beziehungen zwischen diesen drei Werkzeugen.

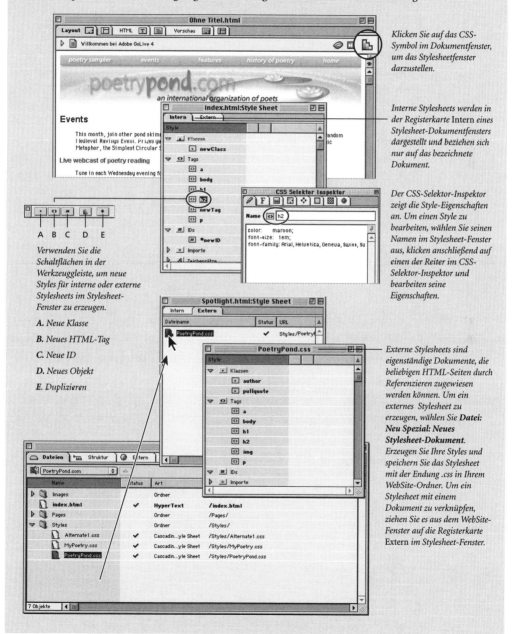

Klicken Sie auf das CSS-Symbol im Dokumentfenster, um das Stylesheetfenster darzustellen.

Interne Stylesheets werden in der Registerkarte Intern eines Stylesheet-Dokumentfensters dargestellt und beziehen sich nur auf das bezeichnete Dokument.

Der CSS-Selektor-Inspektor zeigt die Style-Eigenschaften an. Um einen Style zu bearbeiten, wählen Sie seinen Namen im Stylesheet-Fenster aus, klicken anschließend auf einen der Reiter im CSS-Selektor-Inspektor und bearbeiten seine Eigenschaften.

Verwenden Sie die Schaltflächen in der Werkzeugleiste, um neue Styles für interne oder externe Stylesheets im Stylesheet-Fenster zu erzeugen.

A. Neue Klasse
B. Neues HTML-Tag
C. Neue ID
D. Neues Objekt
E. Duplizieren

Externe Stylesheets sind eigenständige Dokumente, die beliebigen HTML-Seiten durch Referenzieren zugewiesen werden können. Um ein externes Stylesheet zu erzeugen, wählen Sie **Datei: Neu Spezial: Neues Stylesheet-Dokument**. Erzeugen Sie Ihre Styles und speichern Sie das Stylesheet mit der Endung .css in Ihrem WebSite-Ordner. Um ein Stylesheet mit einem Dokument zu verknüpfen, ziehen Sie es aus dem WebSite-Fenster auf die Registerkarte Extern im Stylesheet-Fenster.

Erkunden eines internen Stylesheets

Sie werden diese Lektion mit dem Erkunden eines Stylesheets beginnen, das mit einem Dokument erzeugt wurde.

1 Starten Sie Adobe GoLive.

2 Schließen Sie das leere Dokument, das im Dokumentfenster in der Layout-Ansicht aufgerufen wird.

3 Wählen Sie **Datei: Öffnen** und öffnen Sie die Datei *PoetryPond.com* (Windows) bzw. *PoetryPond.com.π* (Mac OS):

- Unter Windows ist es der Pfad *Lesson07/07Start/PoetryPond.com Folder/PoetryPond.com.site*.

- Unter Mac OS ist es der Pfad *Lesson07/07Start/PoetryPond.com ƒ/PoetryPond.com.π*.

Beim Arbeiten mit dieser Lektion werden Sie die Dateien im Ordner *Start* überschreiben. Vergewissern Sie sich, dass Sie über eine Sicherung (ein Backup) der Start- und End-Dateien verfügen. Falls Sie die Start- und End-Dateien wieder herstellen möchten, kopieren Sie sie von der *Adobe GoLive Classroom in a Book*-CD.

4 Doppelklicken Sie auf die Datei *Index.html* im Site-Fenster, um die Homepage der WebSite *Poetry* zu öffnen.

Die Grundstruktur und einfache Formatierungen dieses Dokumentes wurden durch das Hinzufügen der Basis-HTML-Tags, wie <h1>, <h2> und <p>, zum Roh-Text erreicht. Das feinere Design, wie Schriftgröße und -farbe, Randbreite und sogar der weiße Hintergrund des Dokumentes, wurden mit einem Stylesheet hinzugefügt.

Sie werden sich das Dokument zuerst ohne die Stylesheet-Formatierung ansehen.

5 Klicken Sie in das Dokumentfenster, um es zu aktivieren. Klicken Sie auf der rechten Seite des Dokumentfensters auf das »Auge«-Symbol unterhalb der Schaltfläche »CSS«. Das Dialogfeld »Layout Einstellungen« wird aufgerufen.

Klicken auf »Auge«-Symbol

Ausschalten der Option »Style Sheets benutzen« im Dialogfeld »Layout Einstellungen«

6 Schalten Sie die Option »Style Sheets benutzen« im Dialogfeld »Layout Einstellungen« aus. Beachten Sie, wie sich die Darstellung des Dokumentes im Dokumentfenster ändert, wenn das *Stylesheet* nicht benutzt wird.

In diesem Beispiel verlieren die Überschriften ihre Farbeinstellungen, die Schriftart ändert sich und der Hintergrund des gesamten Dokumentes kehrt zurück zum Standardgrau einer Basis-HTML-Seite.

Style Sheet *eingeschaltet*

Style Sheet *ausgeschaltet*

Sie können diesen Wechsel des Dokumentes zur Basis-HTML-Struktur im Menü »Format« überprüfen.

7 Fügen Sie im Dokumentfenster in die Überschrift *Live webcast of poetry reading* eine Texteinfügemarke ein und wählen Sie anschließend das Menü **Format** aus dem Hauptmenü.

Das Häkchen neben *Überschrift 2* zeigt, dass der Text mit dem Tag *HTML <h2>* gekennzeichnet ist. Der Text *Events* ist mit *Überschrift 1* formatiert, was mit dem HTML-Tag *<h1>* übersetzt wird; die Absätze des Hauptteils sind mit dem Format *Ohne* formatiert, was mit dem HTML-Tag *<p>* übersetzt wird.

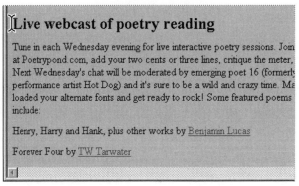

Überschrift 2-*Format und entsprechender Text im Dokument*

8 Klicken Sie auf den Reiter »HTML« ( ) im Dokumentfenster, wenn Sie mit HTML noch nicht so sehr vertraut sind, um zu sehen, wie Adobe GoLive den HTML-Kode geschrieben und die unterschiedlichen Textstücke mit Tags ausgezeichnet hat.

9 Klicken Sie auf den Reiter »Layout« (▣), um wieder zurück in die Layout-Ansicht des Dokumentes zu gelangen.

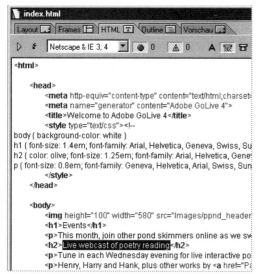

HTML-Ansicht

Sie werden nun einen Blick auf die Formatierung des Stylesheets werfen.

10 Rufen Sie wieder das Dialogfeld »Layout Einstellungen« auf, indem Sie auf das »Auge«-Symbol (👁) rechts im Dokumentfenster klicken. Schalten Sie die Option »Style Sheets benutzen« wieder ein. Das Dokumentfenster wird nun mit der Formatierung des Stylesheets dargestellt.

Mit Hilfe des Menüs »Root« im Dialogfeld »Layout Einstellungen« können Sie jeden der verbreiteten Browser auswählen, um zu sehen, wie sich die Darstellung ändert. Allerdings ist diese Voransicht nur eine Simulation der Darstellung in einem Browser und kein wirklicher Ersatz für die tatsächliche Voransicht in einem aktuellen Browser.

11 Klicken Sie auf die Schaltfläche »CSS« ( ) oben rechts im Dokumentfenster. Damit öffnen Sie das Stylesheet-Fenster *Index.html*.

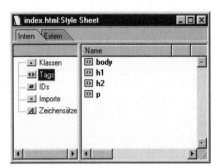

Die Registerkarte »Intern« in diesem Fenster stellt die unterschiedlichen Stylesheet-Selektoren dar, die Adobe GoLive unterstützt. Diese Selektoren beinhalten Klassen, Tags, IDs, Importe und Zeichensätze. (Klicken Sie auf das Symbol links neben *Tags*, falls die einzelnen Selektoren nicht dargestellt werden, damit die Liste aufklappt und dargestellt wird.)

- *Tags* sind wahrscheinlich die flexibelsten Selektoren: Mit ihnen können Sie den sichtbaren Teil einer HTML-Dokument-Struktur neu formatieren. Der Designer kann jedem HTML-Tag einen *Style* zuweisen, der dann automatisch jedem Auftreten des HTML-Tags im gesamten Dokument zugewiesen wird. Tag-basierte Stile sind vollständig kompatibel mit Browsern, die keine CSS1-Information lesen können. Daher wird mit älteren Browsern, die keine Stylesheets unterstützen, die bloße HTML-Formatierung dargestellt, während neuere Browser, die Stylesheets unterstützen, die erweiterte Formatierung darstellen. Tag-Selektoren sind außerdem nützlich, um sicherzustellen, dass Ihre Dokumente auch in alternativen Browsern oder kleinen PDA-Geräten (beispielsweise *Palmtops*) darstellbar sind.

- *Klassen*-Selektoren fügen im Gegensatz zu HTML-Tags, die für jedes Auftreten die gleiche Formatierung verwenden, nur in bestimmten Fällen einem Textblock Stilformate hinzu. Im Gegensatz zu Tags sind Klassen unabhängig vom Dokumentaufbau; sie werden vom Designer festgelegt und müssen von Hand hinzugefügt werden. Klassen sind nützlich bei auffälligen Formatierungen wie Warnhinweisen oder Zusammenfassungen, die aus dem übrigen

Text hervorstechen sollen oder für das Erzeugen von Spezialeffekten, wie unterschiedliche Schriftgrößen oder Farben innerhalb eines Wortes. Allerdings sollten Sie Klassen nicht für den Aufbau der Dokumentdarstellung benutzen; die Formatierung greift nicht, wenn Betrachter nicht-CSS-kompatible Browser verwenden. Benutzen Sie stattdessen Tag-Selektoren, um so viel Design wie möglich zu erreichen und heben Sie sich Klassen-Selektoren für besonderes (aber nicht notwendiges) Design auf, zumindest so lange, bis die Unterstützung der *Cascading Style Sheets* durch Browser weiter verbreitet ist und Sie sichergehen können, dass die meisten Ihrer Betrachter die aktuelleren Browser verwenden.

- *ID-Selektoren* ermöglichen Ihnen das Einbetten bestimmter Stile in einzelne Textabsätze oder -bereiche Ihres Dokumentes und das Erzeugen von Formateigenschaften einzelner Elemente. ID-Selektoren ermöglichen Ihnen außerdem, die Einstellungen von Rahmen und ihrer Breite, Sichtbarkeit und absoluter Position festzulegen. Um ID-Selektoren in Adobe GoLive hinzuzufügen, ist das Bearbeiten des HTML-Kodes notwendig.

- *Importe* und *Zeichensätze* zeigen die Importregeln und Zeichensätze (falls vorhanden), die Adobe GoLive beim Lesen eines vorhandenen Dokumentes vorfindet. Diese Elemente sind schreibgeschützt und können nicht bearbeitet werden.

ID-, Importe- und Zeichensatz-Selektoren werden in dieser Lektion nicht behandelt; Sie finden aber weitere Informationen im *Adobe GoLive 4.0 Handbuch*.

12 Beachten Sie, dass die Registerkarte »Intern« im Stylesheet *Index.html* bereits einige allgemeine HTML-Tags aufführt.

13 Falls der Inspektor nicht bereits geöffnet ist, wählen Sie **Ansicht: Inspektor** (Windows) bzw. **Fenster: Inspektor** (Mac OS), um ihn aufzurufen.

14 Klicken Sie auf einen Tag-Selektor im Stylesheet-Fenster *Index.html*, um ihn auszuwählen. Der CSS-Selektor-Inspektor wird aufgerufen.

15 Stellen Sie sicher, dass die Registerkarte »Allgemein« ( ) im CSS-Selektor-Inspektor ausgewählt ist.

16 Klicken Sie im Stylesheet-Fenster auf die unterschiedlichen Tags. Beachten Sie, dass in der Registerkarte »Allgemein« des CSS-Selektor-Inspektors die Stilformate mit ihren entsprechenden Selektoren, Eigenschaften und Werten erscheinen.

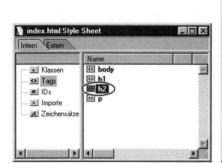

Tag-Selektor im Stylesheet-Fenster ausgewählt

Stilregeln im CSS-Selektor-Inspektor dargestellt

Aktualisieren eines Stils im gesamten Dokument

Sie werden jetzt einen Formatierungsstil bearbeiten, um zu sehen, wie Ihr Dokument sofort aktualisiert wird.

1 Falls nötig, ändern Sie die Größe des Dokumentfensters, damit Sie ein paar unterschiedliche Überschriften und normale Textabsätze sehen können.

2 Wählen Sie im Stylesheet-Fenster *Index.html* das Tag *h2*. Beachten Sie, dass seine Merkmale in der Registerkarte »Allgemein« im CSS-Selektor-Inspektor aufgeführt werden.

3 Klicken Sie auf den Reiter »Zeichensatz« (**F**) im CSS-Selektor-Inspektor. Wählen Sie eine andere Farbe aus dem Popup-Menü »Farbe« (wir haben *Maroon* gewählt) und beobachten Sie, wie sich die Änderung sofort im Dokumentfenster auswirkt.

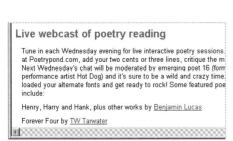 

Dem h2-*Tag eine andere Farbe hinzufügen*

So einfach ist es, eine von Ihnen festgelegte Stilformatierung zu ändern und global hinzuzufügen.

4 Geben Sie **1.0** in das Textfeld »Größe« ein, um die Schriftgröße etwas zu verkleinern, und wählen Sie *em* aus dem Popup-Menü; klicken Sie anschließend auf die Schaltfläche »Eingabe« oder drücken Sie die Eingabetaste.

(Immer wenn hinter einem Textfeld die Schaltfläche »Eingabe« erscheint, müssen Sie sie anklicken oder die Eingabetaste drücken, um den neuen Wert des Textfeldes zuzuweisen.)

Beachten Sie die unterschiedlichen Maßeinheiten im Popup-Menü »Größe«. *Em* ist eine gut geeignete Maßeinheit für die Verwendung in Stylesheets, weil sie sich immer relativ zur Schriftgröße des Browsers verhält; *1 em* (Geviert) entspricht der Punktgröße des verwendeten Schriftsatzes. Ein Beispiel: Wenn die voreingestellte Schriftgröße eines Browsers für <body> 14 Punkt beträgt, würden *2 em* 28 Punkt entsprechen.

Wahlweise können Sie prozentuale Einheiten verwenden, weil diese ebenfalls relativ sind. Auf der anderen Seite sind Pixel nicht immer die beste Wahl, weil sie Text auf eine bestimmte Größe zwingen, die in der Darstellung abhängig von Betriebssystem und Monitorauflösung unterschiedlich ausfallen kann.

Wenn Sie mit Hilfe des CSS-Inspektors einen *Style* erzeugen, schreibt Adobe GoLive den HTML-Kode für Sie. Sie werden sich jetzt diesen HTML-Kode ansehen.

5 Klicken Sie im CSS-Selektor-Inspektor auf den Reiter »Allgemein« und achten Sie auf die Eigenschaften des h2-Tags.

6 Schalten Sie nun im Dokumentfenster auf die HTML-Ansicht, indem Sie auf den Reiter »HTML« oben im Fenster klicken.

7 Beachten Sie die Darstellung:

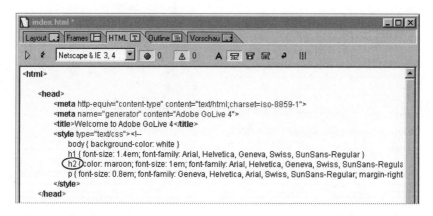

wobei *h2* der Selektor ist und die Information in Klammern bestimmt, dass die Farbeigenschaft einen Wert *Maroon* hat, die Schriftgröße einen Wert *1 em* hat und so weiter.

Denken Sie immer daran, dass *Style*-Anweisungen eine Festlegung bestehend aus einem Selektor und einer Anweisung über Eigenschaft und Wert eines Elementes sind (das heißt, sein genaues Aussehen).

8 Klicken Sie im Dokumentfenster auf den Reiter »Layout«, um zurück in die Layout-Ansicht zu gelangen.

Bearbeiten eines Stils in einem Stylesheet

Sie werden in der Lektion fortfahren und einen weiteren *Style* im internen Stylesheet bearbeiten. Diesmal werden Sie den *Style* des <p>-Tags bearbeiten, um die Ränder des *Body*-Textes zu ändern.

1 Klicken Sie oben rechts im Dokumentfenster *Index.html* auf die Schaltfläche »CSS« ( ), um das Fenster *Index.html:Style Sheet* erneut aufzurufen.

2 Klicken Sie im Stylesheet-Fenster auf das Symbol links von *Tags*, um die Ansicht zu erweitern; wählen Sie danach das <p>-Tag aus. Beachten Sie seine Eigenschaften, die in der Registerkarte »Allgemein« im CSS-Selektor-Inspektor dargestellt werden.

3 Klicken Sie auf den Reiter »Block« ( ) im CSS-Selektor-Inspektor. Der rechte und der linke Rand sind im Moment auf 2% eingestellt.

4 Geben Sie **5** in die Textfelder »Seiten-Außenränder« ein und drücken Sie die Eingabetaste nach jedem Eintrag, um die Ränder proportional einzurücken.

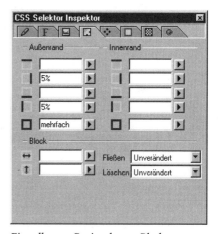

Seitenränder proportional eingerückt   *Einstellungen Registerkarte »Block«*

Beachten Sie, wie der linke und der rechte Rand im Dokumentfenster an den Body-Text angepasst werden.

Wie Sie sehen, kann mit Einstellungen Folgendes gesteuert werden: Text (einschließlich Einzüge, Abstände und Ausrichtung), Rahmen- und Dokumenträder, Platzierung, Ränder, Hintergrund und Aufzählungen (mit Merkpunkten und Markierungen). Maße und Farben werden dabei durch Werte bestimmt.

Hinweis: Noch kann mit den Browsern der Versionsnummer 4.0 lediglich eine geringe Anzahl von Stileigenschaften dargestellt werden; dazu gehören Basis- und Zeichensatzeigenschaften. Allerdings unterstützen Browser zunehmend mehr Stylesheet-Eigenschaften. Um beste Ergebnisse zu erzielen, sollten Sie die von Ihnen gewünschten Eigenschaften immer mit den neuesten der beliebtesten Browser überprüfen. Für mehr Informationen lesen Sie »Voransicht der Ergebnisse in aktuellen Browsern« auf Seite 310.

Hinzufügen eines Styles

Sie werden jetzt einen neuen Tag-basierten Style erzeugen, um die Art der Darstellung der Hypertext-Verknüpfungen im gesamten Dokument zu ändern; dabei wird die Standard-HTML-Unterlinie entfernt, die Farbe geändert und ein fetter Schriftschnitt zugewiesen. Das Standard-HTML-Tag für das Formatieren von Hypertext-Verknüpfungen lautet <a>. Immer wenn Sie eine Hypertext-Verknüpfung erzeugen und dafür den Verknüpfungsbefehl verwenden, schreibt Adobe GoLive automatisch den HTML-Kode für Sie und zeichnet das Element als <a> aus.

1 Um einem Stylesheet einen neuen Style hinzuzufügen, klicken Sie auf die Schaltfläche »Neues HTML-Tag« ( ) in der Stylesheet-Werkzeugleiste. Im Stylesheet-Fenster wird im Ordner »Tags« ein neues Element mit der Bezeichnung »newTag« eingerichtet.

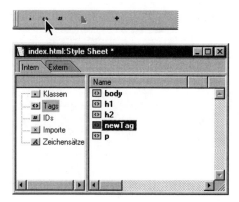

2 Klicken Sie im CSS-Selektor-Inspektor auf den Reiter »Allgemein« und benennen Sie den Style mit **a**, um ihn namentlich dem HTML-Verknüpfungs-Tag anzupassen.

Immer, wenn Sie einen Tag-Selektor erzeugen, müssen die Tag-Namen denen des HTML-Kodes angepasst werden. *Style*-Definitionen verwenden keine Klammern, daher sollten Sie sie nicht als Teil des Namens verwenden. Die Tabelle »Gebräuchliche HTML-Tags« auf

Seite 298 führt gebräuchliche HTML-Tags auf und zeigt die Adobe-GoLive-Befehle, die benutzt werden, um sie hinzuzufügen.

3 Drücken Sie die Eingabetaste, um das *Tag* zu erzeugen.

4 Klicken Sie auf den Reiter »Zeichensatz« (**F**) im CSS-Selektor-Inspektor.

5 Wählen Sie im Abschnitt »Auszeichnung« die Option »Ohne«, um die Unterstreichung der Hypertext-Verknüpfungen zu entfernen. Beachten Sie, dass die Unterlinien unter allen vorhandenen Verknüpfungen im Dokument entfernt werden.

Sie werden nun die Farbe des Hypertext-Zeichensatzes ändern.

6 Wählen Sie im Popup-Menü »Farbe« eine neue Farbe und im Popup-Menü »Gewicht« eine neue Option aus. (Wir haben »Olive« und »Fetter« gewählt.)

Adobe GoLive bietet eine Vielzahl von Möglichkeiten, die Farbe von Verknüpfungen zu ändern. Allerdings können Sie bei Verwendung eines Tag-basierten *Styles* für die Änderung der Hypertext-Darstellung alle Verknüpfungen auf Ihrer WebSite global aktualisieren, indem Sie einfach den *Style* bearbeiten. Weiter hinten in dieser Lektion werden Sie eine ähnliche Methode benutzen, um die Hintergrundfarbe der Seite zu ändern.

Hinweis: Um einen Tag- oder Klassen-Selektor aus einem Stylesheet zu entfernen, wählen Sie das Element im Stylesheet-Fenster aus; unter Windows wählen Sie **Bearbeiten: Löschen** *und klicken anschließend auf* **OK**; *unter Mac OS wählen Sie* **Bearbeiten: Löschen** *und klicken dann auf »Entfernen«.*

7 Wählen Sie **Datei: Speichern**, um das Dokument *Index.HTML* zu speichern. Dabei wird auch das interne Stylesheet gespeichert.

8 Schließen Sie das Dokument.

Gebräuchliche HTML-Tags

Hier finden Sie ein paar gebräuchliche HTML-Tags, die Sie für das Erzeugen von Tag-basierten Styles *in Cascading Style Sheets* benutzen können.

Elementname	Abkürzung für	GoLive-Werkzeugleiste oder Menübefehl	Block oder Inline	Beschreibung
a	Link oder Anchor	Neue Verknüpfung	Inline	Hervorgehoben
blockquote		»Ausrichtung«-Befehle	Block-Ebene	Eingerückt
body			Block-Ebene	Inside canvas
br	Break	Umschalt- + Eingabetaste	Block-Ebene	Erzwungener Umbruch
em	Emphasis	Betonung oder Kursiv	Inline	Kursiv
h1, h2... h6	Heading levels	Überschrift 1, Überschrift 2 usw.	Block-Ebene	Große Zeichensätze
i	Italic	Kursiv oder Betonung	Inline	Kursiv
img	Image		Inline	Als Bild
li	List item	»Unnummerierte Aufzählung«-Befehle	Block-Ebene	Markierte Aufzählung
ol	Ordered list	»Nummerierte Aufzählung«-Befehle	Block-Ebene	Nummerierte Aufzählung
p	Paragraph	Eingabe	Inline	Normaler Text
strong		Fett	Inline	Fett

Erzeugen eines Stylesheets

Nachdem Sie nun ein Stylesheet erkundet haben, ist es an der Zeit, Ihr eigenes Stylesheet von Grund auf zu erzeugen.

Adobe GoLive unterstützt zwei unterschiedliche Arten von Stylesheets: interne und externe. Bisher haben Sie mit einem einfachen internen Stylesheet gearbeitet. Interne und externe Stylesheets unterscheiden sich in der Art, wie sie mit Webseiten zusammenarbeiten. *Interne Stylesheets* werden ausschließlich dem Dokument zugewiesen, in dem sie erzeugt wurden, und ihre *Styles* lassen sich nicht für den Gebrauch mit anderen Dokumenten exportieren und benutzen.

Externe Stylesheets sind viel anpassungsfähiger als interne Stylesheets; sie lassen sich einer Gruppe von Dokumenten oder sogar einer ganzen WebSite zuweisen. Anstatt für jede einzelne Seite, der Sie besondere Formatierungen zuweisen möchten, jeweils interne Stylesheets zu bestimmen, ist es einfacher, ein eigenständiges externes Stylesheet-Dokument zu erzeugen. Sie können dann von jeder Seite aus auf dieses externe Stylesheet verweisen, um so seine *Style*-Optionen zur Verfügung zu stellen.

1 Doppelklicken Sie auf die Datei *Spotlight.html* im Ordner *Pages* im Site-Fenster, um die Datei zu öffnen.

2 Klicken Sie auf die Schaltfläche »CSS« ( ) im Dokumentfenster, um das Stylesheet-Fenster *Spotlight.html* aufzurufen.

Beachten Sie, dass in der Registerkarte »Intern« des Stylesheet-Fensters keine Styles dargestellt werden. Das Dokument weist lediglich seine Basis Formatierungen durch HTML-Tags auf; bis jetzt sind keine Styles mit Tags verbunden.

3 Um ein neues externes Stylesheet zu erzeugen, wählen Sie **Datei: Neu Spezial: Neues Stylesheet Dokument**, um ein neues Fenster *Ohne Titel 2.css* zu öffnen.

Dieses Fenster stellt eine Aufzählung von Selektoren dar (Klassen, Tags, IDs, Importe und Zeichensätze), die mit der Aufzählung identisch ist, die Sie bereits weiter vorne in dieser Lektion in der Registerkarte »Intern« im Stylesheet-Fenster gesehen haben. Der einzige Unterschied besteht darin, dass dieses Stylesheet ein eigenständiges Dokument ist, getrennt von den Seiten, denen seine Styles zugewiesen werden.

4 Falls der Inspektor nicht bereits dargestellt wird, wählen Sie **Ansicht: Inspektor** (Windows) bzw. **Fenster: Inspektor** (Mac OS), um ihn aufzurufen.

5 Um einen neuen Style hinzuzufügen, klicken Sie auf die Schaltfläche »Neues HTML-Tag« in der Stylesheet-Werkzeugleiste. Im Stylesheet-Fenster wird ein neues Element im Ordner *Tags* dargestellt.

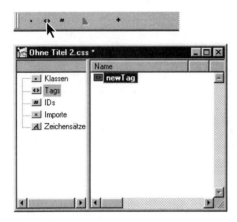

6 Klicken Sie auf den Reiter »Allgemein« im CSS-Selektor-Inspektor und benennen Sie den Style mit **h2**. Drücken Sie die Eingabetaste, um das *Tag* zu erzeugen.

7 Klicken Sie auf den Reiter »Zeichensätze« (**F**) im CSS-Selektor-Inspektor, damit Sie Zeichensatzeigenschaften festlegen können.

8 Klicken Sie auf die Schaltfläche »Neu« und benutzen Sie die Popup-Menüs, um eine Zeichensatzfarbe und -familie zu wählen. Wählen Sie außerdem eine Zeichensatzgröße. (Wir haben *Maroon*, *1 em* und die Gruppe »Sans serif« als Zeichensatzfamilie gewählt.)

Sie haben nun den *Style* erzeugt, aber im Dokument hat sich nichts verändert. Im Gegensatz zu internen Stylesheets, die sofort ihre entsprechenden Dokumente aktualisieren, müssen externe Stylesheets zuerst gespeichert und anschließend einem Dokument zugewiesen werden, damit auch die *Styles* hinzugefügt werden.

Speichern und Verknüpfen eines Stylesheets

Sie werden jetzt das Stylesheet speichern und mit Ihrem HTML-Dokument verknüpfen. Wenn Sie ein Stylesheet erst einmal mit Ihrem Dokument verknüpft haben, fügt Adobe GoLive seine *Styles* automatisch hinzu.

1 Vergewissern Sie sich, dass das Fenster *Ohne Titel 2.css* aktiviert ist. Wählen Sie anschließend **Datei: Speichern**, benennen Sie das Dokument *Ohne Titel 2.css* mit **MyPoetry.css** und speichern Sie es im Ordner *Styles* im Ordner *PoetryPond.com*.

Es ist wichtig, die Endung *.css* zu verwenden, damit Browser das Dokument als Stylesheet erkennen können. Es ist nicht unbedingt erforderlich, das Stylesheet in einem Ordner *Styles* zu speichern, es hilft aber dabei, Ihre WebSite geordnet und übersichtlicher zu halten.

2 Klicken Sie auf die Schaltfläche »CSS« ( ) oben rechts im Dokumentfenster, um das Stylesheet-Fenster *Spotlight.html* darzustellen, falls es nicht bereits aufgerufen ist. Dieses Fenster zeigt alle internen und externen Stylesheets an, die mit Ihrer HTML-Seite verbunden sind.

3 Klicken Sie im Stylesheet-Fenster auf den Reiter »Extern«. Die Palette zeigt an, dass gegenwärtig keine externen Stylesheets mit Ihrer Seite verknüpft sind.

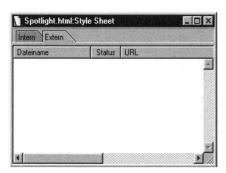

4 Vergewissern Sie sich, dass die Datei *MyPoetry.css* in Ihrem *PoetryPond.com*-Site-Fenster sichtbar ist.

5 Ziehen Sie die Datei *MyPoetry.css* aus dem Site-Fenster auf die Registerkarte »Extern« im Stylesheet-Fenster *Spotlight.html*.

Die zweite Überschrift in Ihrem Dokument (mit dem Tag *h2*) wird automatisch neu formatiert und spiegelt damit die *Style*-Änderungen, die Sie im vorigen Abschnitt vorgenommen haben, wider; die Registerkarte »Extern« im Stylesheet-Fenster wird aktualisiert und gibt so die Verknüpfung zwischen dem Dokument *MyPoetry.css* und Ihrer HTML-Seite wider.

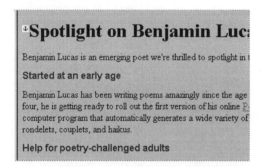

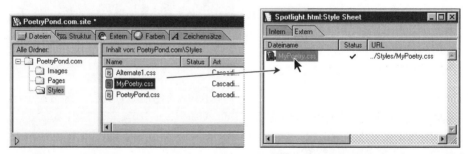

Stylesheet hinzugefügt (oben); Verknüpfen des externen Stylesheets durch Ziehen in das Stylesheet-Fenster Extern *(unten)*

So einfach ist es, ein externes Stylesheet zu erzeugen und es mit einem Dokument zu verknüpfen. Sie werden jetzt damit fortfahren, die Formatierung des *Spotlight.HTML*-Dokumentes zu verfeinern, indem Sie es mit einem weiteren Stylesheet verknüpfen. Dieses Stylesheet enthält bereits zahlreiche Styles, damit Sie gleich beginnen können. Sie werden diese Styles bearbeiten und auch ein paar neue hinzufügen.

6 Wählen Sie im WebSite-Fenster die Datei *PoetryPond.css* im Ordner *Styles* innerhalb des Ordners *PoetryPond.com*. Dieses Mal ziehen Sie das Stylesheet auf das Seite-Symbol (▤) im Dokumentfenster *Spotlight.HTML*.

Dies ist eine andere Methode, um externe Stylesheets mit einem Dokument zu verknüpfen.

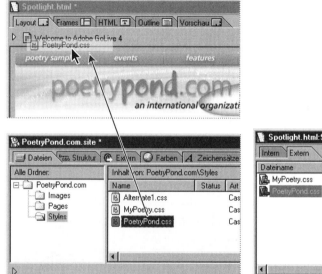
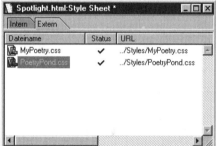

Verknüpfen mit einem externen Stylesheet durch Ziehen auf das Seite-Symbol (links); aktualisiertes StyleSheet-Fenster Extern *(rechts)*

Die zweite Überschrift (Tag *h2*) wird wieder neu formatiert, um die von Ihnen hinzugefügten Eigenschaften des Stylesheets widerzuspiegeln. Ein Kennzeichen von *Cascading Style Sheets* ist es, dass Sie einem Dokument mehr als ein Stylesheet hinzufügen und *Styles* kumulativ oder einzeln hinzufügen können.

Wenn ein neues Stylesheet dieselben *Style*-Namen benutzt wie das vorige, werden die neueren *Styles* den Vorrang übernehmen und die *Styles* im älteren Stylesheet außer Kraft setzen. In diesem Fall hebt das Tag *h2* das gleichnamige Tag im vorigen Stylesheet (*MyPoetry.css*) auf.

Cascading Style Sheets

Eines der Grundmerkmale von CSS ist die Kaskadierung. Das bedeutet, dass einem Dokument mehrere Stylesheets aus unterschiedlichen Quellen zugewiesen werden können und alle von ihnen die Darstellung des Dokumentes beeinflussen können. Beispielsweise kann der voreingestellte Browser ein Stylesheet hinzufügen, der Autor kann ein Stylesheet zugewiesen haben, um ein Dokument zu formatieren, und Betrachter können ihre eigenen Stylesheets hinzufügen, zum Beispiel eine größere Zeichensatzgröße zum Ausgleich für ihre Sehbehinderung oder als Ausdruck ihrer Zeichensatzvorlieben. Im Konfliktfall wählt der CSS immer nur einen Wert, üblicherweise in folgender Gewichtung: zuerst den des Autors, dann den des Betrachters und zum Schluss den aus der Voreinstellung des Browsers. (Um die Style-Anweisungen eines Autors aufzuheben, kann der Betrachter dessen Stylesheets ausschalten oder bestimmten Style-Anweisungen eine höhere Prioritätsstufe zuweisen.)

Erzeugen eines Klassen-Styles

Sie werden nun einen neuen Klassen-Selektor erzeugen und seinen Style dem Text der Datei *Spotlight.html* der Site *Poetry* hinzufügen. Die erste Klasse, die Sie erzeugen werden, wird einen besonderen Text (*pull quote*) formatieren – ein kleiner Text oder ein Zitat, das von dem übrigen Text zum Zwecke der Auszeichnung und der grafischen Wirkung abgesetzt ist.

1 Doppelklicken Sie in der Registerkarte »Extern« auf *PoetryPond.css*, um das Stylesheet zu öffnen.

2 Klicken Sie in der Stylesheet-Werkzeugleiste auf die Schaltfläche »Neue Klasse« ( ). Der Inspektor wird zum CSS-Selektor-Inspektor.

3 Benennen Sie in der Registerkarte »Allgemein« ( ) im CSS-Selektor-Inspektor die neue Klasse mit **pullquote** und drücken Sie die Eingabetaste.

4 Klicken Sie auf den Reiter »Zeichensätze« (**F**) im CSS Selektor Inspektor und benutzen Sie die Popup-Menüs und Textfelder, um die Zeichensatzeigenschaften von *pullquote* festzulegen. (Wir haben die Farbe *Olive*, die Größe von *0.75 em* und den Stil *Italic* gewählt.)

5 Klicken Sie auf den Reiter »Block« ( ) im CSS-Selektor-Inspektor und legen Sie den linken und den rechten Rand fest. (Wir wählten 15%.)

 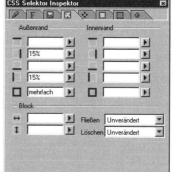

Registerkarte »Zeichensatz«   *Registerkarte »Block«*

Obwohl Sie den Klassen-Selektor nun erzeugt haben, wirkt er sich erst aus, wenn Sie ihn einer Auswahl auf der Seite zuweisen.

Klassen-Selektoren fügen eher bestimmten Bereichen eines Textblockes als allen Bereichen, die ein gemeinsames HTML-Tag teilen, Style-Formatierungen hinzu. Im Gegensatz zu Tag-Selektoren, die automatisch den entsprechenden HTML-Tags zugewiesen werden, müssen Klassen-Selektoren ausdrücklich einer Auswahl zugewiesen werden.

6 Setzen Sie im Dokumentfenster eine Einfügemarke in Lucas' Beispielgedicht (*Lucas' sample poem*). Der Inspektor wird zum Text-Inspektor.

7 Klicken Sie auf den Reiter »Style« im Text-Inspektor.

8 Klicken Sie in der Zeile *pullquote* in die Spalte »Par«, um Ihrem ausgewählten Text diese Klasse hinzuzufügen.

Textauswahl   *Klasse dem Element* Par *(Absatz) hinzugefügt*

Die Option »Par« fügt einen *Style* einem ganzen Absatz (oder einem HTML-Block-*Tag*) hinzu. Im Gegensatz dazu fügt das Formatieren eines Inline-Elementes den *Style* nur der Auswahl hinzu. Für eine Übersicht über Block- und Inline-HTML-*Tags* lesen Sie die Tabelle »Gebräuchliche HTML-Tags« auf Seite 298.

Die Registerkarte »Style« führt außerdem das Element *Div* auf, einen gesonderten Abschnitt der HTML-Seite, und den *Style* »Area«, der dem gesamten Abschnitt »Body« einer HTML-Seite eine Klasse hinzufügt. In dieser Lektion werden diese beiden Elemente allerdings nicht behandelt.

Duplizieren eines Styles

Sie werden jetzt eine neue Klasse für die Beschreibung des Autors erzeugen, indem Sie den gerade erstellten Selektor kopieren.

1 Wählen Sie im Stylesheet-Fenster *PoetryPond.css* die gerade von Ihnen erzeugte Klasse *pullquote* aus. Sie werden diese Klasse duplizieren und danach ihren Zeichensatz ändern, um eine neue Klasse zu erstellen.

2 Klicken Sie in der Stylesheet-Werkzeugleiste auf die Schaltfläche »Duplizieren« ( ), um den Klassen-Selektor zu duplizieren. Nun wird sowohl im Stylesheet-Fenster unter der Überschrift *Klassen* als auch in der Registerkarte »Allgemein« im CSS-Selektor-Inspektor ein neues Element *pullquote2* erscheinen.

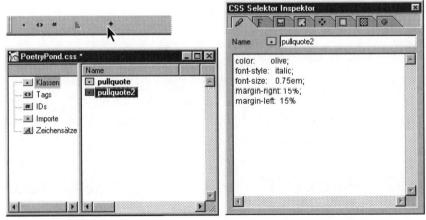

Duplizierte Klasse   *Duplizierte Klassen-Eigenschaften*

Sie werden jetzt die Eigenschaften dieser duplizierten Klasse bearbeiten.

3 Geben Sie der Klasse in der Registerkarte »Allgemein« im CSS-Selektor-Inspektor den Namen **author** und drücken Sie die Eingabetaste.

4 Klicken Sie auf den Reiter »Zeichensätze« (**F**) im CSS-Selektor-Inspektor. Beachten Sie, dass die Merkmale der Klasse *pullquote* bereits dargestellt werden. Ändern Sie die Farbe des Zeichensatzes in *Schwarz* und den Stil in *Ohne*.

5 Klicken Sie auf den Reiter »Block« im CSS-Selektor-Inspektor und geben Sie für den oberen Rand *–1%* ein, um den Abstand zwischen diesem Block und dem Block *pullquote* zu verringern; drücken Sie dann die Eingabetaste.

Sie werden nun Ihrer Seite diese neue Klasse zuweisen.

6 Wählen Sie in Ihrem Dokumentfenster den Text *Benjamin Lucas* direkt unterhalb des Blockes *pullquote* aus.

7 Klicken Sie in der Registerkarte »Style« im Text-Inspektor in der Zeile des *author*-Selektors in die Spalte »Par«. Damit aktualisieren Sie Ihre Seite mit dieser neuen Formatierung.

8 Wählen Sie bei aktiviertem *PoetryPond.css*-Stylesheet **Datei: Speichern**. Im Gegensatz zu einem internen Stylesheet, das einem Dokument hinzugefügt ist und als Teil desselben betrachtet wird, ist ein externes Stylesheet abgetrennt und muss daher bei jeder Änderung ausdrücklich mit gespeichert werden.

9 Aktivieren Sie das Dokumentfenster *Spotlight.HTML* und wählen Sie **Datei: Speichern**.

Ändern der Hintergrundfarbe

Sie werden jetzt die Hintergrundfarbe der Seite ändern und dafür ein Stylesheet verwenden. Adobe GoLive bietet eine Anzahl von Methoden für das Ändern der Hintergrundfarbe einer Seite. Dies mit einem Stylesheet durchzuführen, ist praktisch, weil Sie so den Hintergrund aller Seiten, die das Stylesheet verwenden, mit einem einzigen Schritt ändern können.

Sie verwenden einen Tag-Selektor für das HTML-Body-Element, um Ihrem Dokument eine Hintergrundfarbe mit Hilfe eines *Styles* zuzuweisen. Das Body-Element enthält den gesamten dargestellten Inhalt Ihrer HTML-Seite.

1 Bringen Sie das Body-Element zur Ansicht, indem Sie auf den Reiter »HTML« ( ) in Ihrem Dokumentfenster klicken. Schauen Sie sich den Inhalt zwischen <body> und </body> an.

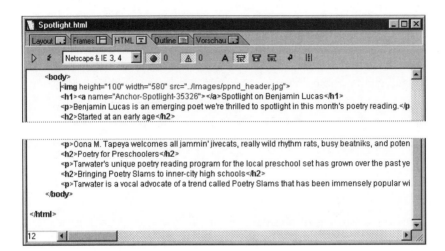

2 Klicken Sie auf den Reiter »Layout«, um zurück in die Layout-Ansicht zu gelangen.

3 Klicken Sie in das Fenster *PoetryPond.css*, um es zu aktivieren. Klicken Sie anschließend auf die Schaltfläche »Neues HTML-Tag« in der Stylesheet-Werkzeugleiste. Im Stylesheet-Fenster erscheint unter der Überschrift *Tags* ein neues Element.

4 Geben Sie dem neuen Element in der Registerkarte »Allgemein« im CSS-Selektor-Inspektor den Namen **body** und drücken Sie die Eingabetaste.

5 Klicken Sie auf den Reiter »Hintergrund« ( ) im CSS-Selektor-Inspektor und wählen Sie *Weiß* aus dem Popup-Menü »Farbe«. Der Hintergrund Ihres Dokumentes ändert sich in Weiß.

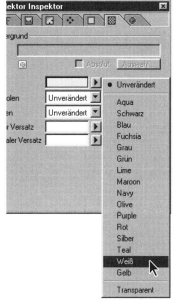 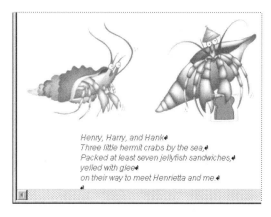

Auswählen der Hintergrundfarbe Weiß *Ergebnis*

Sie können das Body-Element außerdem benutzen, um die Farbe des Body-Textes zu ändern, indem Sie den Body-Selektor im Stylesheet-Fenster *PoetryPond.css* auswählen, auf den Reiter »Zeichensatz« im CSS-Selektor-Inspektor klicken und dort anschließend eine Farbe und andere Eigenschaften wählen.

Wenn Sie möchten, können Sie jetzt andere Hintergrundfarben und unterschiedliche Farbkombinationen für Hintergrund und Text ausprobieren.

6 Wählen Sie **Datei: Speichern**, um die Änderungen des *PoetryPond.css*-Stylesheets zu speichern.

Wie Sie bei dem *h2-Tag*-Selektor, der der Überschrift der Ebene 2 (*heading level 2*) zugewiesen wurde, beobachten konnten, werden Formatierungen von *Cascading Style Sheets* zuerst allgemein und danach spezieller zugewiesen. Das Body-*Tag* hat die Kontrolle über den gesamten Text im Dokument, bis ein speziellerer *Style* (beispielsweise *h1* oder *h2*) eine andere Farbe für eine besondere Textauswahl vorschreibt.

Voransicht der Ergebnisse in aktuellen Browsern

Es ist ratsam, immer die neuesten Browser-Versionen sowohl von Netscape als auch von Microsoft auf Ihrem Computer zu installieren, damit Sie in der Voransicht überprüfen können, wie wirkungsvoll und genau Ihre Stylesheets in den unterschiedlichen Umgebungen funktionieren.

Webbrowser müssen *CSS1-Tags* unterstützen, um Stylesheets erkennen zu können und richtig zu interpretieren. Gegenwärtig stellen die Browser mit den Versionsnummern 4.0 nur ein paar Style-Eigenschaften dar. Manche Eigenschaften funktionieren nur mit einem Browser, andere funktionieren überhaupt nicht, verursachen aber auch keine Probleme und wieder andere führen zu Abstürzen des Browsers. Besuchen Sie *Web Review's Style Sheets Reference Guide* unter *www.webreview.com/guides/style/#charts*, um eine Aufzählung der Browsersicheren Merkmale zu erhalten.

1 Falls Sie bisher noch keinen bevorzugten Browser bestimmt haben, wählen Sie nun **Bearbeiten: Voreinstellungen** und klicken auf das Browser-Symbol im linken Teil des Dialogfeldes »Voreinstellungen«. Im rechten Teil wählen Sie die Browser aus und klicken die Kontrollkästchen neben ihren Namen an (vergewissern Sie sich, dass jeweils ein Häkchen dargestellt wird). Klicken Sie dann auf OK.

Wenn kein Browser bestimmt wurde, werden Sie aufgefordert, einen Browser auszuwählen, damit in der Voransicht keine leere Seite dargestellt wird.

2 Klicken Sie auf die Schaltfläche »Im Browser anzeigen« in der Dokumentfenster-Werkzeugleiste oder wählen Sie **Spezial: Im Browser anzeigen**, um das Dokument *Spotlight.HTML* in Ihrem Browser darzustellen.

3 Beachten Sie, wie die dem Dokument zugewiesenen unterschiedlichen Tag-Selektoren (*a*, *body*, *h2* usw.) und Klassen-Selektoren (*pullquote* und *author*) in jedem der Browser dargestellt werden.

Stylesheet-Voransicht Netscape Communicator 4.0   Stylesheet-Voransicht Internet Explorer 4.5

4 Wenn Sie eine höhere Genauigkeit in der Voransicht wünschen, starten Sie Ihren Browser und öffnen Sie das *Spotlight.HTML*-Dokument direkt in Ihrem Browser.

Adobe GoLive simuliert das Zuweisen eines Stylesheets durch einen Browser, kann aber möglicherweise nicht die neuesten eingearbeiteten Stylesheet-Standards wiedergeben.

Wenn Sie mehr als einen Browser gestartet haben, können Sie überprüfen, wie jeder der Browser die unterschiedlichen Style-Selektoren darstellt. (Sie sollten sich vergewissern, dass Sie die neueste Version des jeweiligen Browsers installiert haben.)

5 Kehren Sie zurück zu Adobe GoLive und schließen Sie das *Spotlight.HTML*-Dokument und seine Stylesheets.

6 Schließen Sie das Site-Fenster *PoetryPond.com*.

Damit ist diese Lektion beendet. Um noch mehr Erfahrungen im Umgang mit Stylesheets zu erlangen, können Sie die Übung im nächsten Abschnitt ausprobieren.

Eigene Übungen

Es ist leicht, *Cascading Style Sheets* Ihrem Dokument hinzuzufügen oder sie wieder zu entfernen. Um mehr Erfahrung zu erlangen, können Sie mit einem Stylesheet arbeiten, das die gleichen Basis-HTML-*Tags* verwendet, aber unterschiedliche *Style*-Eigenschaften besitzt. Sie werden sehen, wie einfach es ist, *Styles* zuzuweisen und zu ändern, wenn Sie dieses andere Stylesheet hinzufügen.

1 Wählen Sie **Datei: Öffnen** und öffnen Sie die WebSite *PoetryPond.com* (Windows) bzw. *PoetryPond.com.π* (Mac OS):

   - Unter Windows ist es der Pfad *Lesson07/07Start/PoetryPond.com Folder/PoetryPond.com.site*.
   - Unter Mac OS ist es der Pfad *Lesson07/07Start/PoetryPond.com ƒ/PoetryPond.com.π*.

2 Doppelklicken Sie im Site-Fenster *Spotlight.html* im Ordner *Pages*, um dieses Dokument zu öffnen. Sie werden diesem Dokument eine externe Stylesheet-Referenz hinzufügen.

3 Klicken Sie auf die Schaltfläche »CSS« ( ) oben rechts im Dokumentfenster, um das Stylesheet-Fenster zu öffnen.

4 Klicken Sie auf den Reiter »Extern« im Stylesheet-Fenster.

5 Klicken Sie auf die Schaltfläche »Neues Objekt« ( ) in der Stylesheet-Werkzeugleiste. Ein neues Element mit der Bezeichnung »(Leere Referenz!)« erscheint in der Registerkarte »Extern« im Stylesheet-Fenster und der Inspektor wird zum Externer-Stylesheet-Inspektor.

6 Verknüpfen Sie ausgehend vom Externer-Stylesheet-Inspektor die Datei *Alternate1.css* mit dem Dokument *Spotlight.HTML* und verwenden Sie dabei eine der folgenden Methoden:

   - Ziehen Sie von der »Point & Shoot«-Schaltfläche auf die Datei *Alternate1.css* im Ordner *Styles* im Site-Fenster.

- Klicken Sie auf »Auswahl«, suchen Sie die Datei *Alternate1.css* im Pfad *PoetryPond.com/Styles* und klicken Sie auf »Öffnen«.

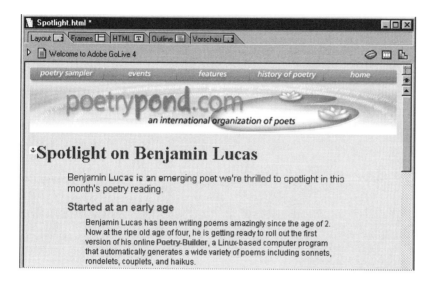

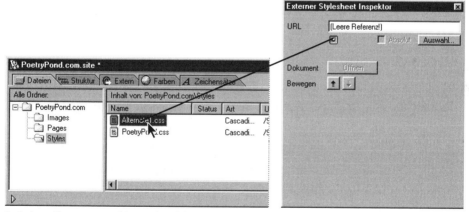

Stylesheet Alternate1.css *hinzugefügt (oben); Verknüpfen des externen Stylesheets mit der Schaltfläche »Point & Shoot« (unten)*

7 Beobachten Sie, wie das Stylesheet das Dokument neu formatiert.

8 Schließen Sie das Site-Fenster *PoetryPond.com*.

9 Schließen Sie das Dokument *Spotlight.HTML*, ohne Ihre Änderungen zu speichern.

Fragen

1. Wie unterscheiden sich *Styles* von Basis-HTML-Formatierungen?
2. Was bedeutet »Cascading« im Zusammenhang mit Stylesheets?
3. Warum zeigen manche Browser keine Styles an, die einem Dokument zugewiesen wurden?
4. Wie können Sie sicherstellen, dass Ihre Stylesheets mit der Mehrzahl der Browser funktionieren?
5. Welche Werkzeuge verwenden Sie in Adobe GoLive, um ein Stylesheet zu erzeugen?
6. Worin besteht der Unterschied zwischen einem internen und einem externen Stylesheet?
7. Was ist der Unterschied zwischen einem Klassen-Selektor und einem Tag-Selektor?
8. Worin liegt der Vorteil in der Verwendung eines Stylesheets für das Setzen der Farbe eines Hypertextes oder des Seitenhintergrundes?

Antworten

1. HTML steuert den Aufbau von Information (beispielsweise unterschiedliche relative Überschriften), aber nicht ihre Darstellung. Stylesheets ermöglichen den Web-Designern das Erweitern der HTML-Formatierung durch präzises Platzieren von Text und die Kontrolle über Zeichensätze und die Formatierung anderer Elemente auf der Seite. Stylesheets können zum Beispiel benutzt werden, um Zeichensatzgröße und -farbe, Ränder und sogar die Hintergrundfarbe eines Dokumentes zuzuweisen.

2. Einem Dokument können ein oder mehrere *Cascading Style Sheets* (CSS) hinzugefügt werden, um die Dokumentdarstellung zu beeinflussen. Beispielsweise können erst der Browser, dann der Autor bzw. Designer und auch noch der einzelne Betrachter jeweils einem Dokument Stylesheets hinzufügen. Der Einfluss der einzelnen Stylesheets »kaskadiert«, so dass nur einer der Werte zugewiesen wird, üblicherweise der des Designer-Stylesheets. *Styles* innerhalb eines Stylesheets kaskadieren ebenfalls und werden einem Dokument

progressiv zugewiesen. Wenn ein Dokument mehrere Stylesheets verwendet, kann das letzte Stylesheet außerdem vorher zugefügte Stylesheets außer Kraft setzen, wenn alle dieselben *Tags* teilen; es kann aber auch vorher hinzugefügte Stylesheets erweitern.

3 Ein Webbrowser muss CSS1-Tags unterstützen, damit er Stylesheets erkennen und korrekt interpretieren kann. Gegenwärtig stellen die Browser der Versionsnummer 4.0 nur ein paar Style-Eigenschaften dar und unterschieden sich darin, welche Eigenschaften sie unterstützen.

4 Um Stylesheets erfolgreich zu verwenden, ist es wichtig, immer auf dem neuesten Stand zu sein, zu wissen, welche aktuellen Browser welche Stylesheet-Eigenschaften unterstützen, mit dem Zuweisen unterschiedlicher Eigenschaften zu unterschiedlichen HTML-Elementen zu experimentieren und die Ergebnisse immer in aktuellen Browsern in der Voransicht zu betrachten, um die Wirkung Ihrer Stylesheets zu testen.

5 Drei Adobe-GoLive-Werkzeuge ermöglichen Ihnen das Erzeugen und Bearbeiten von Stylesheets und das Verknüpfen mit externen Stylesheets: das Stylesheet-Fenster, die Stylesheet-Werkzeugleiste und der CSS-Selektor-Inspektor.

6 Interne Stylesheets sind Bestandteil eines Dokumentes und werden mit ihm zusammen gespeichert und können nicht exportiert werden. Sie müssen für jede Seite, für die ihre Formatierung gelten soll, einzeln definiert werden. Externe Stylesheets können einer Gruppe von Dokumenten oder einer ganzen WebSite zugewiesen werden. Sie können dann von jeder anderen Seite aus eine Referenz auf dieses externe Stylesheet setzen, um seine Optionen zur Verfügung zu stellen.

7 *Tag*-Selektoren werden von Adobe GoLive automatisch ihren entsprechenden HTML-*Tags* zugewiesen und sind vollständig kompatibel mit Browsern, die keine CSS1-Informationen lesen können. *Tags* ermöglichen Ihnen das Neuformatieren der sichtbaren Teile eines HTML-Dokumentes aufgrund seines Aufbaus und sind daher wahrscheinlich die anpassungsfähigsten Selektoren. Klassen-Selektoren fügen nur speziellen Textblöcken und nicht allen Stellen, die ein gemeinsames HTML-Tag besitzen, *Style*-Formatierungen hinzu. Im

Gegensatz zu Tags sind Klassen-Selektoren unabhängig von der Dokument-Struktur; Sie werden vom Designer definiert, müssen aber manuell hinzugefügt werden.

8 Wenn Sie die Farbe oder andere Merkmale eines Hypertextes oder den Seitenhintergrund mit Hilfe eines Stylesheets festlegen, können Sie danach den Hypertext oder den Hintergrund aller Seiten, die dieses Stylesheet verwenden, mit einer einzigen Bearbeitung ändern.

Lektion 8

8 | Aufbau von WebSites

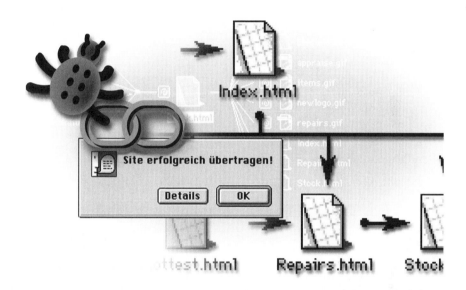

Mit dem mächtigem WebSite-Verwaltungswerkzeug in Adobe GoLive können Sie Ihre WebSite sowohl aufbauen als auch verwalten. Dieses Werkzeug beinhaltet das WebSite-Fenster, das alle Objekte Ihrer Seite darstellt und die WebSite-Ansicht, die gleichzeitig ein Hierarchie-Betrachter und ein Designer ist.
Andere Werkzeuge ermöglichen Ihnen das Verwalten von Ordnern, Dateien, Verknüpfungen und das Importieren von WebSites in Adobe GoLive sowie das Übertragen Ihrer WebSite auf einen Webserver.

In dieser Lektion lernen Sie Folgendes:

- Betrachten einer gut aufgebauten WebSite
- Importieren einer vorhandenen fremden WebSite in das Adobe-GoLive-Format
- Erkunden des WebSite-Fensters
- Reparieren von Fehlern
- Verwalten von Ordnern
- Hinzufügen neuer Seiten
- Verwenden des Site-Papierkorbes
- Aufbauen und Entwerfen Ihrer WebSite mit Hilfe der WebSite-Ansicht
- Ändern von Verknüpfungen und Datei-Referenzen
- Importieren von Ressourcen und Entfernen ungenutzter Ressourcen
- Aufräumen und Exportieren Ihrer WebSite
- Übertragen Ihrer WebSite auf einen Webserver

Für diese Lektion werden Sie etwa eineinhalb Stunden benötigen. Entfernen Sie, falls nötig, den Ordner mit der vorigen Lektion von Ihrer Festplatte und kopieren Sie den Ordner *Lesson08* an seine Stelle.

WebSite-Aufbau mit Adobe GoLive

Eine WebSite in Adobe GoLive enthält eine Site-Datei, die dazu benutzt wird, Daten der WebSite zu verwalten und zu speichern. Es ist wichtig, dass Sie alle Arbeiten, insbesondere Hinzufügen, Entfernen und Umbennenen von Dateien, innerhalb der Adobe-GoLive-Site-Datei und nicht auf dem Desktop durchführen. Falls Sie doch einmal eine Datei auf dem Desktop hinzugefügt haben, müssen Sie Ihr Site-Fenster aktualisieren, wenn Sie das nächste Mal Adobe GoLive starten.

Ein weiterer Grund dafür, ausschließlich in Adobe GoLive zu arbeiten, ist der, dass GoLive zusätzliche Dateien und Ordner mit den Werkzeugen erzeugt, mit denen eine WebSite verwaltet wird. Beispielsweise wird ein Ordner *.data* angelegt, der Komponenten, Formularblöcke und den Site-Papierkorb aufnimmt.

Vorbereitungen

In dieser Lektion werden Sie lernen, wie Sie eine vorhandene WebSite mit Hilfe von Adobe GoLive verwalten können.

1 Starten Sie Adobe GoLive.

2 Schließen Sie die Datei *Ohne Titel.html*.

3 Wählen Sie **Datei: Öffnen** und öffnen Sie die Datei *Gage.site* im Pfad *Lesson08/08End/Gage.site*.

Diese Site enthält eine Anzahl von HTML-Seiten und zwei Ordner, *Animations* und *Images*, die Grafikdateien enthalten. Wenn Sie diese Lektion abgeschlossen haben, wird Ihre WebSite genauso aussehen.

4 Erweitern Sie das Site-Fenster falls nötig:

- Unter Windows klicken Sie auf den Pfeil (▷) unten links im Site-Fenster.
- Unter Mac OS klicken Sie auf das Symbol (▨) oben rechts im Site-Fenster.

Der erweiterte Teil des Site-Fensters enthält drei Reiter: Fehler, FTP und Extra. Wenn Sie diese Registerkarten öffnen, werden Sie sie leer vorfinden. Die fertig aufgebaute WebSite enthält keine Fehler oder Extras und wurde bisher nicht auf eine FTP-Site geladen.

LEKTION 8
Aufbau von WebSites

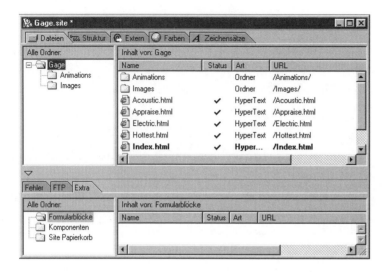

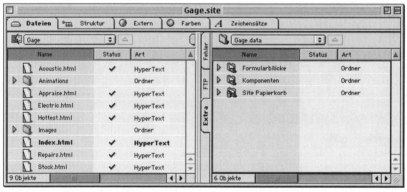

Gage Site-*Fenster, mit Darstellung des Datei- und Ordneraufbaus und dem Fenster, das die Reiter Fehler, FTP und Extra enthält*

5 Schließen Sie das Site-Fenster *Gage.site*. Damit wird auch die WebSite geschlossen.

Importieren einer vorhandenen Site in Adobe GoLive

Sie werden nun mit den Dateien im Ordner *Start* arbeiten, der eine WebSite *Gage* enthält, die nicht mit Adobe GoLive erstellt wurde. Ihre erste Aufgabe ist es nun, die Site in Adobe GoLive zu importieren.

1 Wählen Sie **Datei: Neue WebSite: Lokalen WebSite-Ordner importieren**. Klicken Sie auf die obere Schaltfläche »Auswahl« und suchen Sie den Ordner *08Start*. Wählen Sie dort den Ordner *Gage*. Dies ist die WebSite, die Sie in das Adobe GoLive-Format importieren werden.

2 Klicken Sie auf OK (Windows) oder auf »Wähle "Gage"« (Mac OS). Im oberen Textfeld des Dialogfeldes »WebSite-Ordner importieren« wird der Pfad des Ordners dargestellt.

Da die Site bereits eine Seite *Index.html* besitzt, erkennt Adobe GoLive diese als die Homepage und stellt sie automatisch im unteren Textfeld dar. Wenn die Seite *Index.html* fehlen würde, müssten Sie mit Hilfe der Schaltfläche »Auswahl« nach der Homepage der WebSite suchen.

Hinweis: Wenn auf Ihrem Desktop ein Site-Ordner sichtbar ist, können Sie ihn direkt auf das obere Textfeld des Dialogfeldes »WebSite-Ordner importieren« ziehen.

Importieren einer Site mit Hilfe des Dialogfeldes »WebSite-Ordner importieren«

3 Klicken Sie auf »Importieren«.

Die WebSite wird in das Adobe-GoLive-Format importiert und stellt alle Ordner, Dateien und andere Site-Objekte dar.

4 Wählen Sie **Datei: Speichern als**, geben Sie der Datei den Namen **Gage.site** und speichern Sie sie im Ordner *08Start*. (Achten Sie darauf, sie nicht versehentlich im Ordner *08End* zu speichern.)

Erkunden der Site im Site-Fenster

Die Registerkarte »Dateien« im Site-Fenster stellt alle Objekte Ihrer Site dar; hier können Sie Ordner, Dateien und andere Site-Objekte erzeugen, umbenennen, verschieben und löschen. Die Site umfasst einen Ordner *Animations*, ein paar Grafikdateien und einige HTML-Seiten. Beachten Sie, dass in den Statusspalten mancher Dateien kleine Häkchen-Symbole dargestellt werden, die darauf hinweisen, dass ihre Verknüpfungen korrekt sind. Andere Dateien weisen Fehler-Symbole ( ) auf, die anzeigen, dass sie fehlerhafte Verknüpfungen enthalten. Diese fehlerhaften Verknüpfungen werden in der Registerkarte »Fehler« des Site-Fensters dargestellt, auf die Sie später in dieser Lektion noch zurückkommen werden.

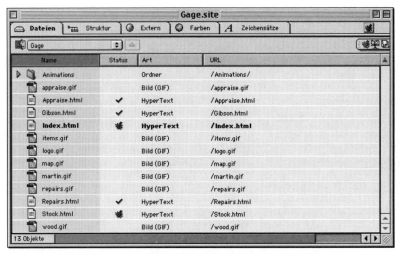

Darstellung der Site in der Registerkarte »Dateien« im Site-Fenster

1 Wählen Sie im Site-Fenster die Datei *Index.html*.

Der Inspektor wird zum Datei-Inspektor. Dieser Inspektor ermöglicht Ihnen das Umbenennen von Dateien, Verwalten ihrer Eigenschaften, Betrachten ihrer Inhalte und Ändern Ihrer Homepage. Mit seiner Hilfe können Sie eine Menge unterschiedlicher Dateien wie Seiten, Bilder und Mediadateien verwalten.

Datei-Inspektor

2 Klicken Sie im Datei-Inspektor auf den Reiter »Seite« und beachten Sie, dass die Option »Startseite« ausgewählt ist und diese Datei somit zu Ihrer Homepage macht. Allerdings ist die Option nicht hervorgehoben. Der einzige Weg, eine andere Datei als Homepage zu bestimmen, besteht darin, sie zu öffnen und ihre Option »Startseite« auszuwählen.

3 Wählen Sie *logo.gif* im Site-Fenster. Die Reiter des Datei-Inspektors stehen nun für Bildeigenschaften.

4 Klicken Sie im Datei-Inspektor auf den Reiter »Inhalt«, um eine Miniaturansicht (ein *Thumbnail*) des Bildes zu sehen. Wählen Sie ein weiteres Bild und dann noch ein drittes.

Sie können mit Hilfe der Registerkarte »Inhalt« des Bild-Inspektors durch alle Ihre Bilder rollen und nach einem gewünschten Bild suchen.

5 Wählen Sie **Ansicht: Hyperlink-Inspektor** (Windows) bzw. **Fenster: Hyperlink-Inspektor** (Mac OS). Dadurch wird der Hyperlink-Inspektor aufgerufen.

Der Hyperlink-Inspektor stellt Verknüpfungen vom Bild auf die HTML-Seiten dar, in denen das Bild angezeigt wird. (Wählen Sie ein paar andere Bilder aus, um zu beobachten, wie der Hyperlink-Inspektor sich ändert.) Der Hyperlink-Inspektor ist ein sehr nützliches Werkzeug, mit dem Sie Verknüpfungen erkennen, verwalten und korrigieren können. Seine »Point & Shoot«-Fähigkeit ( ) ermöglicht Ihnen das einfache Erzeugen und Ändern von Verknüpfungen und den problemlosen Umgang mit fehlerhaften Verknüpfungen.

6 Klicken Sie auf das Symbol der Seite *Index.html* im Hyperlink-Inspektor. Der Inspektor ändert seine Darstellung, um alle Verknüpfungen von der und auf die Seite darzustellen. (Wenn nötig, vergrößern Sie das Fenster des Inspektors, damit Sie alle Verknüpfungen sehen können.)

Wenn Sie auf eine der Verknüpfungen der Datei *Index.html* klicken, ändert sich das Zentrum des Inspektors erneut. Auf diese Weise können Sie den Hyperlink-Inspektor benutzen, um alle Ihre Verknüpfungen in Ihrer WebSite zu überprüfen. Außerdem eignen sich die unterschiedlichen Inspektor-Fenster zum Aktualisieren und Bearbeiten von Informationen über Ihre Site-Objekte und deren Verknüpfungen.

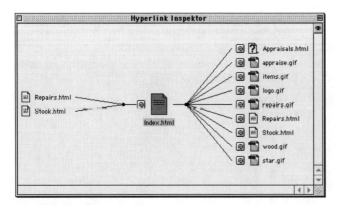

Hyperlink-Inspektor

7 Schließen Sie den Hyperlink-Inspektor.

Erkunden des erweiterten Site-Fensters

Sie werden jetzt einen Blick auf die Merkmale des erweiterten Site-Fensters werfen.

1 Erweitern Sie das Site-Fenster:

- Unter Windows klicken Sie auf den Pfeil (▶) unten links im Site-Fenster.
- Unter Mac OS klicken Sie auf das Symbol (▨▨▨) oben rechts im Site-Fenster.

Wenn Sie möchten, können Sie die Reiter-Trennzeile zwischen den beiden Fensterabschnitten ziehen, um ihre Größe zu ändern. Außerdem wollen Sie vielleicht das Site-Fenster nach unten auf Ihren Bildschirm ziehen. Auf diese Weise bleibt es sichtbar, wenn Sie Site-Dateien öffnen.

Hinweis: Um das erweiterte Fenster wieder zusammenzuklappen, klicken Sie erneut auf das Symbol oben auf der Trennlinie zwischen den beiden Fensterabschnitten.

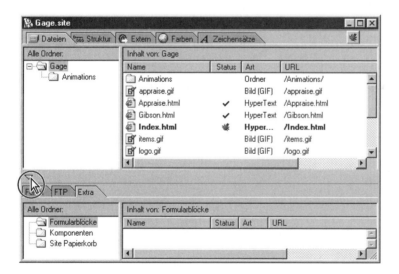

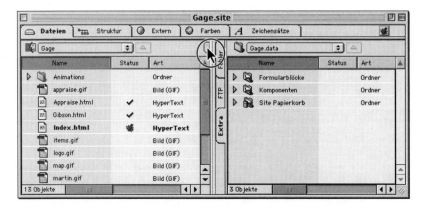

Die Erweiterung des Site-Fenster enthält drei Reiter: Fehler, FTP und Extra.

2 Klicken Sie auf den Reiter »Extra«, um die Registerkarte zu öffnen.

Diese Registerkarte enthält drei Ordner: Komponenten, Site-Papierkorb und Formularblöcke. Diese Ordner wurden von Adobe GoLive erzeugt und in den Ordner *Gage.data* verschoben, als Sie die WebSite importiert haben.

- Komponenten sind HTML-Seiten, die Sie in andere HTML-Seiten einbetten können. Sie können eine einzelne Komponente erzeugen und sie immer wieder benutzen. Beispiele für Komponenten sind eine Navigationsleiste mit ihren eigenen Bildern und Verknüpfungen, ein Copyright-Feld oder auch formatierter Text.

- Der Site-Papierkorb enthält jedes Site-Objekt, das Sie von Ihrer Site entfernt haben. Von hier aus können Sie es entweder auf den Desktop-Papierkorb oder zurück in Ihre Site ziehen.

- Formularblöcke sind Seitenvorlagen, die Framesets, Bilder, Stylesheets usw. enthalten können, die immer wieder benötigt werden.

Zum jetzigen Zeitpunkt sind alle drei Ordner leer.

3 Klicken Sie auf den Reiter »FTP«.

Diese Registerkarte ist ebenfalls leer. Nachdem Sie mit Ihrem FTP-Server verbunden waren, führt diese Registerkarte alle Dateien und Ordner (zusammen mit dem Datum der letzten Überarbeitung) auf, die Sie auf den Server geladen haben.

4 Klicken Sie auf den Reiter »Fehler«.

Diese Registerkarte führt jeden Fehler Ihrer WebSite auf. Beachten Sie, dass einige Fehlerarten in der Registerkarte dargestellt werden: eine Datei, die sich außerhalb der Site befindet, ein unbestimmte Verknüpfung (oder *Leere Referenz*) und einige fehlende Dateien.

5 Klicken Sie unter Windows auf den Ordner *Dateien (außerhalb)*, um ihn zu öffnen.

Die Datei, die sich außerhalb der WebSite befindet, wird dargestellt.

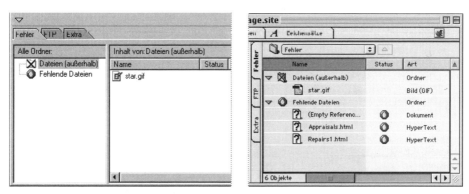

Darstellung von Fehlern in der Registerkarte »Fehler« des Site-Fensters

Reparatur von Fehlern

Sie werden jetzt die Fehler reparieren, die in der Registerkarte »Fehler« angezeigt werden. Zuerst werden Sie das Problem mit der Datei beheben, die sich außerhalb der Site befindet.

Auffinden von Dateien außerhalb der Site

Eine verwaiste Datei ist eine Datei, auf die Ihre Site verweist, die aber nicht gefunden werden kann oder die sich im Site-Papierkorb befindet. Benutzen Sie die Registerkarte »Fehler«, um Probleme zu erkennen, und stellen Sie sicher, dass Sie die Datei mit aufnehmen, bevor Sie Ihre Site auf einen Webserver laden. Das Kopieren der Datei in Ihren Site-Ordner wird das Problem lösen.

LEKTION 8
Aufbau von WebSites

1 Wählen Sie in der Registerkarte »Fehler« die Datei *Star.gif*. Beachten Sie, dass der Inspektor zum Datei-Inspektor wird. Die Registerkarte »Inhalt« stellt das Bild, eine blinkende Animation, dar. Damit können Sie überprüfen, ob Sie mit der richtigen Datei arbeiten.

2 Ziehen Sie die Datei aus der Registerkarte »Fehler« auf den Ordner *Animations* in der Registerkarte »Dateien« im Site-Fenster.

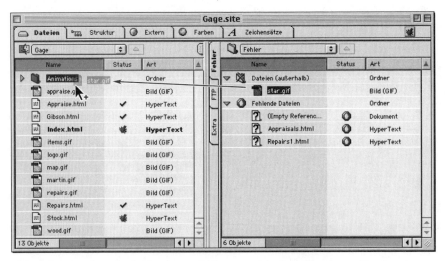

Ziehen einer Datei aus der Registerkarte »Fehler« zurück in die Registerkarte »Dateien« im Site-Fenster

3 Klicken Sie im Dialogfeld »Dateien kopieren« auf OK. Damit bestätigen Sie, dass Sie die Datei in Ihre WebSite kopieren und ihre Verknüpfungen aktualisieren möchten.

Falls Sie mit dem Fallenlassen der Datei auf dem Ordner *Animations* zu langsam waren, kann es sein, dass der Ordner geöffnet wurde. Unter Mac OS gelangen Sie dann wieder zurück in das Wurzelverzeichnis (*Root*), indem Sie auf die Schaltfläche »Navigation« (▲) oben in der Registerkarte »Dateien« klicken.

Hinweis: *Wenn Sie eine Datei in Ihr Site-Fenster kopieren, macht Ihr Desktop ebenfalls eine Kopie. Daher befinden sich nun Kopien der Datei* Star.gif *sowohl in Ihrem Site-Fenster als auch innerhalb des Ordners* Gage *auf Ihrem Desktop.*

Reparatur fehlender Dateien und fehlerhafter Hypertext-Verknüpfungen

Sie werden jetzt die fehlenden Dateien reparieren, die in Registerkarte »Fehler« des Site-Fensters angezeigt werden. Benutzen Sie den Hyperlink-Inspektor, um herauszufinden, welche Dateien die fehlerhaften Referenzen oder Verknüpfungen aufweisen. Sie können das Problem mit fehlenden Dateien auf mindestens drei Arten lösen:

- Indem Sie alle Referenzen auf die Datei entfernen.
- Indem Sie alle Referenzen auf eine neue Datei verweisen lassen.
- Indem Sie mit Hilfe des Fehler-Inspektors nach der Datei suchen und sie in Ihre Site kopieren.

1 Wählen Sie in der Registerkarte »Fehler« des Site-Fensters die fehlende Datei *(Leere Referenz!)*. Beachten Sie, wie der Inspektor zum Fehler-Inspektor wird und die Datei *(Leere Referenz!)* im Textfeld »URL« angezeigt wird.

2 Wählen Sie **Ansicht: Hyperlink-Inspektor** (Windows) bzw. **Fenster: Hyperlink-Inspektor** (Mac OS). Der Hyperlink-Inspektor zeigt die leere Referenz und die Datei, die sie enthält, an.

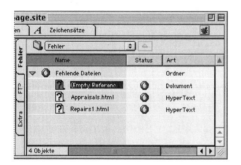 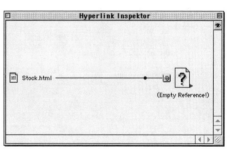

Betrachten einer leeren Referenz im Hyperlink-Inspektor

3 Doppelklicken Sie auf die Datei *Stock.html* in der Registerkarte »Dateien« des Site-Fensters. Es fehlt eine Bilddatei oben links auf der Seite. An ihrer Stelle befindet sich ein leerer Platzhalter. Falls nötig, vergrößern oder verschieben Sie die Datei *Stock.html*, damit Sie die Registerkarte »Dateien« des Site-Fensters gut sehen können.

4 Wählen Sie den Bildplatzhalter in *Stock.html* aus.

5 Drücken Sie die Alt- (Windows) bzw. Befehlstaste (Mac OS) und ziehen Sie gleichzeitig mit gedrückter Maustaste eine Linie vom Bildplatzhalter auf die Datei *Logo.gif* in der Registerkarte »Dateien« des Site-Fensters. Lassen Sie die Maustaste los. Das schwarze Gage-Logo wird auf der Seite dargestellt.

Adobe GoLive hat die Fehlermeldung *Leere Referenz!* aus dem Site-Fenster entfernt.

Hinweis: Falls die Registerkarte »Dateien« teilweise verdeckt wird, halten Sie den Mauszeiger über den sichtbaren Bereich, bis die Registerkarte automatisch nach vorne kommt.

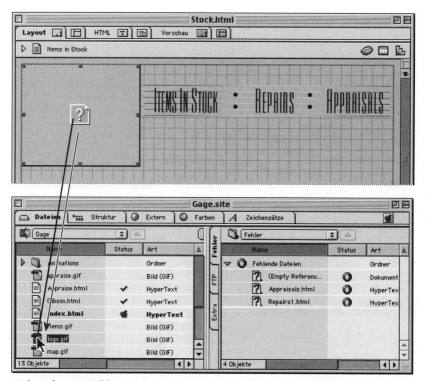

Verknüpfen eines Bildes mit einer HTML-Seite mit Hilfe einer »Point & Shoot«-Linie auf eine Datei im Site-Fenster

Es gibt noch eine unterbrochene Hypertext-Verknüpfung auf der Seite, aber dieser Fehler ist nicht so einfach zu finden.

6 Falls nötig, vergrößern oder verschieben Sie die Datei *Stock.html*, damit Sie ihren gesamten Inhalt sehen können.

7 Klicken Sie auf die Schaltfläche »Hyperlink-Fehler zeigen/verbergen« ( ) in der Werkzeugleiste. Die fehlerhafte Verknüpfung wird rot hervorgehoben. (Sie müssen vielleicht auf der Seite ein wenig nach unten rollen, um es sehen zu können.)

8 Doppelklicken Sie auf den hervorgehobenen Text (das Wort *Repairs*), um die Verknüpfung auszuwählen. Der Inspektor wird zum Text-Inspektor und der fehlerhafte URL wird im Textfeld »URL« rosa hervorgehoben.

9 Ziehen Sie im Text-Inspektor von der Schaltfläche »Point & Shoot« auf die Datei *Repairs.html* in der Registerkarte »Dateien«. Falls die Registerkarte »Dateien« teilweise verdeckt wird, halten Sie den Mauszeiger über der Registerkarte, bis sie automatisch nach vorne kommt. Falls Sie die Datei *Repairs.html* in der Registerkarte nicht sehen, können Sie in der Dateiliste nach unten rollen, indem Sie den Mauszeiger nach unten auf die letzte sichtbare Datei im Fenster bewegen.

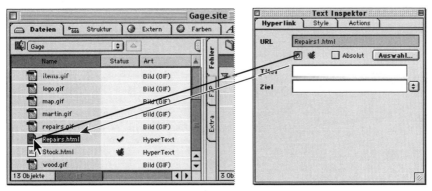

Verwenden der Schaltfläche »Point & Shoot« des Text-Inspektors, um eine unterbrochene Verknüpfung zu reparieren

Die rosa Hervorhebung wird aus dem Textfeld »URL« im Text-Inspektor und dem Wort *Repairs* entfernt. Beachten Sie, dass die Hyperlink-Fehlerwarnung *Repairs1.html* ebenfalls entfernt wurde. Klicken Sie auf die Schaltfläche »Hyperlink-Fehler zeigen/verbergen« in der Werkzeugleiste und stellen Sie sicher, dass keine weiteren fehlerhaften Verknüpfungen mehr vorhanden sind.

10 Wählen Sie **Datei: Speichern** und schließen Sie die Datei *Stock.html*.

Es ist nur noch ein Fehler übrig: Eine fehlende Datei muss noch repariert werden. Als Nächstes werden Sie den Hyperlink-Inspektor benutzen, um die Verbindung mit *Appraisals.html* zu reparieren.

11 Wählen Sie *Appraisals.html* in der Registerkarte »Fehler« des Site-Fensters. Der Hyperlink-Inspektor zeigt an, dass *Index.html* die einzige Seite ist, die eine Verknüpfung mit der fehlenden Datei enthält.

Die Verknüpfung von *Index.html* bezieht sich auf eine Datei mit dem Namen *Appraisals.html*, aber die Registerkarte »Dateien« enthält eine Datei *Appraise.html*. Die Datei wurde zwischenzeitlich umbenannt, ohne anschließend alle ihre Verknüpfungen zu aktualisieren.

Sie werden die Schaltfläche »Point & Shoot« im Hyperlink-Inspektor benutzen, um diesen Fehler zu reparieren. Vergewissern Sie sich, dass Sie sowohl das Site-Fenster als auch die Datei *Appraisals.html* im Hyperlink-Inspektor sehen können.

12 Ziehen Sie eine Linie von der Schaltfläche »Point & Shoot« neben der Datei *Appraisals.html* auf die Datei *Appraise.html* in der Registerkarte »Dateien« des Site-Fensters.

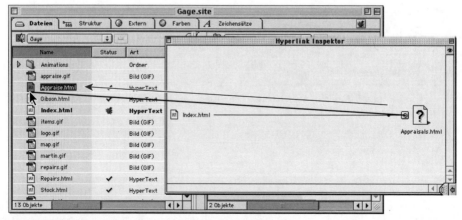

Reparieren von Dateireferenzen mit dem Hyperlink-Inspektor

13 Klicken Sie im Dialogfeld »Referenz ändern« auf OK, um zu bestätigen, dass Sie alle Referenzen auf diese Datei ändern möchten.

14 Schließen Sie den Hyperlink-Inspektor.

Nun sollten alle Fehler beseitigt sein und neben allen Ihren HTML-Seiten in der Registerkarte »Dateien« müssten jetzt Häkchen dargestellt werden, die darauf hinweisen, dass alle Verknüpfungen in Ordnung sind. Sie können in der Registerkarte »Dateien« auf die Spaltenüberschrift »Art« klicken, um alle Dateien nach Dateiart sortieren zu lassen. Dabei werden alle HTML-Dateien gruppiert; dies wird Ihnen bei der Überprüfung ihrer Verknüpfungen helfen.

Hinweis: Die »Point & Shoot«-Methode im Hyperlink-Inspektor, im Fehler-Inspektor, im Text-Inspektor, in der Datei selbst und in der Registerkarte »Fehler« funktioniert immer in derselben Weise.

Verwalten von Ordnern

Sie werden nun den Aufbau der WebSite verbessern, indem Sie ihre Ordner und Dateien umstellen. Da Adobe GoLive Ihre Verknüpfungen dynamisch aktualisiert, brauchen Sie keine Angst davor zu haben, jedes Mal neue Verknüpfungen herstellen zu müssen, wenn Sie Ordner und Dateien ändern.

Erzeugen eines Ordners und Hinzufügen von Dateien

Wenn Ihre Site wächst, müssen Sie Ordner anlegen, die alle Dateien aufnehmen und verwalten können. Sie werden damit beginnen, einen neuen Ordner für Bilder anzulegen und Dateien in ihn zu verschieben.

1 Klicken Sie irgendwo in die Registerkarte »Dateien« des Site-Fensters, um sie zu aktivieren. Vergewissern Sie sich, dass der Ordner *Gage* (im Wurzelverzeichnis) geöffnet ist.

2 Klicken Sie auf die Schaltfläche »Neuer Ordner« ( ) in der Werkzeugleiste der Site.

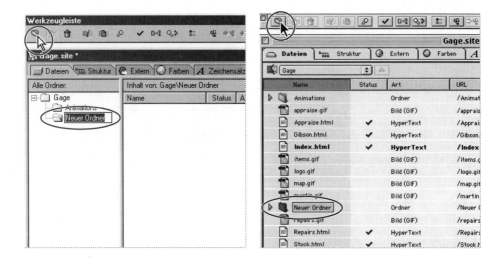

3 Klicken Sie unter Mac OS in die Titelleiste des Inspektors, um ihn in den Ordner-Inspektor zu ändern.

4 Geben Sie im Textfeld »Name« des Ordner-Inspektors **Pix** ein. Drücken Sie danach die Eingabetaste oder klicken Sie auf die Schaltfläche »Eingabe« ( ). Der Name des Ordners wird geändert.

Sie können den Namen einer jeden Datei und eines jeden Ordners ändern, indem Sie ihn in der Registerkarte »Dateien« auswählen und einen neuen Namen direkt über den alten Namen eingeben oder den neuen Namen im Textfeld des Inspektors eingeben.

5 Heben Sie die Auswahl des Ordners *Pix* in der Registerkarte »Dateien« auf. Klicken Sie alle Bilddateien (alle Dateien mit der Endung .gif) und den Ordner *Animations* mit gedrückter Strg- (Windows) bzw. Umschalttaste (Mac OS) an, um sie alle auszuwählen.

Unter Windows müssen Sie nach dem Auswählen aller Elemente die Strg-Taste wieder loslassen, weil Sie sie sonst nur kopieren und nicht verschieben würden.

6 Ziehen Sie die ausgewählten Elemente in den Ordner *Pix*.

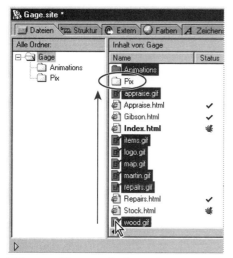 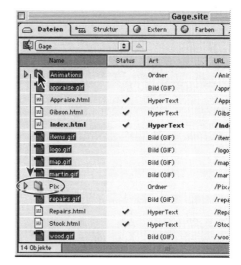

Ziehen von Elementen in den Ordner Pix

7 Klicken Sie im Dialogfeld »Dateien bewegen« auf OK. Adobe GoLive aktualisiert nun dynamisch alle Verknüpfungen.

8 Wählen Sie **Datei: Speichern**.

Verschieben eines Ordners

Als Nächstes werden Sie den Ordner *Animations* aus dem Ordner *Pix* zurück in den Ordner *Gage* bewegen und alle seine Verknüpfungen aktualisieren.

1 Doppelklicken Sie auf den Ordner *Pix* im Site-Fenster, um ihn zu öffnen, falls nicht bereits geschehen.

2 Wählen Sie den Ordner *Animations* und ziehen Sie ihn auf den Ordner *Gage* (im Wurzelverzeichnis):

- Unter Windows ziehen Sie den Ordner *Animations* aus dem rechten Teil des Fensters der Registerkarte »Dateien« auf den Ordner *Gage* im linken Teil des Fensters.

- Unter Mac OS ziehen Sie den Ordner *Animations* auf die Schaltfläche »Navigation« ( ) oben in der Registerkarte »Dateien«, lassen dabei aber die

LEKTION 8
Aufbau von WebSites

Maustaste nicht los. Falls Sie sie doch loslassen, wird der Ordner *Animations* wieder in den Ordner *Pix* zurückkehren. Wenn der Wurzelordner aufspringt, ziehen Sie den Ordner *Animations* auf die Namensleiste oben in der Registerkarte »Dateien« und lassen erst dann die Maustaste los.

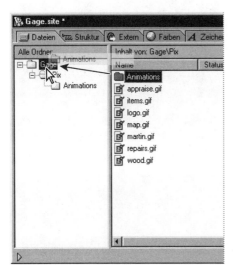 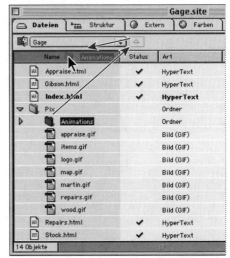

Verwenden der Schaltfläche »Navigation«, um den Ordner Animations *in das Wurzelverzeichnis zu bewegen*

3 Klicken Sie im Dialogfeld »Dateien bewegen« auf OK. Der Ordner *Animations* wird im Wurzelverzeichnis angezeigt und alle seine Verknüpfungen wurden aktualisiert.

Umbenennen eines Ordners

Sie werden nun den Ordner *Pix* in *Images* umbenennen. Aber zunächst werden Sie die Dateiverwaltungsanwendung *Explorer* (Windows) öffnen, damit Sie beobachten können, wie Änderungen innerhalb von Adobe GoLive automatisch Ihren Desktop aktualisieren. Unter Mac OS stellt der *Finder* automatisch alle Veränderungen auf Ihrem Desktop dar.

1 Verkleinern Sie das Fenster der Anwendung Adobe GoLive auf etwa die Hälfte Ihrer Bildschirmgröße. Behalten Sie das Site-Fenster im Blick.

2 Öffnen Sie den Ordner *Pix* mit Hilfe Ihres Betriebssystems:

- Unter Windows wählen Sie den Ordner *Pix* und klicken Sie auf die Schaltfläche »Im Explorer zeigen« ( ) in der Werkzeugleiste. Sie können auch mit der rechten Maustaste auf den Ordner *Pix* klicken und im Kontextmenü »Im Explorer zeigen« auswählen. Passen Sie das *Explorer*-Fenster in der Größe an und ziehen Sie es neben das Anwendungsfenster von Adobe GoLive.

- Unter Mac OS wählen Sie den Ordner *Pix* und klicken auf die Schaltfläche »Im Finder zeigen« ( ) in der Werkzeugleiste. Sie können den Ordner *Pix* in der Registerkarte »Dateien« auch mit gedrückter Befehlstaste anklicken. Passen Sie das Fenster in der Größe an und ziehen Sie es neben das Site-Fenster.

Sie sollten jetzt beide Fenster, das Adobe-GoLive-Fenster und das Explorer-Fenster (Windows) bzw. Finder-Fenster (Mac OS), nebeneinander betrachten können.

3 Ändern Sie den Namen des Ordners *Pix* in der Registerkarte »Dateien« in **Images**. Drücken Sie die Eingabetaste.

Beachten Sie, wie sich der Ordnername auch auf Ihrem Desktop geändert hat. Adobe GoLive arbeitet mit Ihrem Betriebssystem zusammen, um die Zuverlässigkeit der Verknüpfungen innerhalb Ihrer WebSite zu gewährleisten.

4 Schließen Sie den Explorer (Windows) bzw. andere Fenster (Mac OS) auf Ihrem Desktop.

Hinzufügen von neuen Seiten zu Ihrer Site

Sie werden Ihrer WebSite nun zwei neue Seiten hinzufügen und dafür zwei unterschiedliche Methoden benutzen. Jede der Methoden kopiert automatisch die entsprechende Datei und platziert sie in Ihrem Site-Ordner, ohne dafür die Original-Datei zu bewegen.

Zuerst werden Sie eine Datei mit dem Befehl »Dateien hinzufügen« hinzufügen.

1 Wählen Sie im Site-Fenster den Ordner *Gage*.

2 Wählen Sie **Site: Dateien hinzufügen**, suchen Sie den Ordner *Other Files* in Ihrem Ordner *08Start*. Öffnen Sie ihn und wählen Sie die Datei *Hottest.html* aus.

LEKTION 8
Aufbau von WebSites

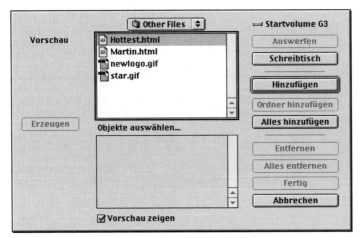

Verwenden des Befehls »Dateien hinzufügen«, um Ihrer Site eine Datei hinzuzufügen

3 Klicken Sie auf »Hinzufügen« und anschließend auf »Fertig«. Sie sollten nun die Datei *Hottest.html* in der Registerkarte »Dateien« des Site-Fensters sehen können.

Jetzt werden Sie eine weitere Datei hinzufügen, indem Sie sie aus dem Explorer (Windows) bzw. vom Desktop (Mac OS) auf Ihre Site ziehen.

4 Suchen Sie ausgehend vom Explorer (Windows) bzw. dem Desktop (Mac OS) den Ordner *Other Files* in Ihrem Ordner *08Start*. Passen Sie die Fenstergröße an, falls nötig.

5 Ziehen Sie die Datei *Martin.html* aus dem Ordner *Other Files* auf den Ordner *Gage* in der Registerkarte »Dateien« des Site-Fensters.

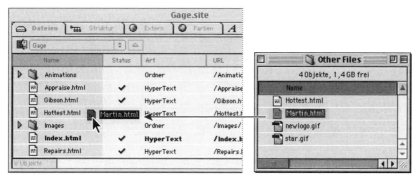

Ziehen einer Datei aus dem Explorer (Windows) bzw. vom Desktop (Mac OS) auf die Registerkarte »Dateien« des Site-Fensters

Beachten Sie, wie die neu hinzugefügten Dateien im Ordnerfenster des Ordners *Gage* erscheinen, das im Explorer (Windows) bzw. auf dem Desktop (Mac OS) geöffnet ist.

6 Schließen Sie den Explorer (Windows) bzw. jedes Desktop-Fenster (Mac OS).

Hinweis: *Wenn Sie innerhalb von Ordnern im Explorer (Windows) bzw. auf dem Desktop (Mac OS) Dateien entfernen oder hinzufügen, ohne sie in Adobe GoLive zu kopieren, müssen Sie die Schaltfläche »Aktualisieren« (*☑*) in der WebSite-Werkzeugleiste drücken, um die Dateien auch zu Ihrer Site hinzuzufügen oder aus ihr zu entfernen.*

Verwenden des Site-Papierkorbes

Der Site-Papierkorb kann dazu benutzt werden, um ein Site-Objekt, das Sie nicht mehr in Ihrer Site haben möchten, zu entfernen ohne es endgültig zu verwerfen. Durch Verwendung des Site-Papierkorbes können Sie es später wieder mit allen seinen Verknüpfungen zurückholen. Sie verschieben ein Site-Objekt in den Site-Papierkorb, indem Sie es auf die Registerkarte »Site-Papierkorb« ziehen oder das Objekt auswählen und auf die Schaltfläche »Auswahl löschen« (🗑) in der WebSite-Werkzeugleiste klicken.

Sie werden jetzt eine Datei aus Ihrer WebSite entfernen, die Sie nicht länger benötigen, von der Sie aber glauben, dass Sie sie vielleicht besser noch behalten sollten.

1 Wählen Sie in der Registerkarte »Dateien« des Site-Fensters die Datei *Gibson.html* aus.

2 Klicken Sie auf die Schaltfläche »Auswahl löschen« (🗑) in der WebSite-Werkzeugleiste.

3 Klicken Sie auf OK. Damit wird die Datei in den Site-Papierkorb verschoben.

Wenn Sie ein Element zurückholen möchten, ziehen Sie es aus dem Ordner *Site-Papierkorb* des Site-Fensters auf die Registerkarte »Dateien« und aktualisieren seine Verknüpfungen.

1 Öffnen Sie die Registerkarte »Extra« im erweiterten Site-Fenster.

2 Doppelklicken Sie auf den Ordner *Site-Papierkorb* und suchen Sie die Datei *Gibson.html*.

3 Ziehen Sie die Datei *Gibson.html* aus dem Ordner *Site-Papierkorb* auf die Registerkarte »Dateien« des Site-Fensters.

4 Klicken Sie auf OK, um alle Verknüpfungen zu aktualisieren.

Um ein Objekt endgültig aus Ihrer Site zu entfernen:

- Wählen Sie es aus und drücken Sie die Löschtaste.
- Ziehen Sie es auf den Desktop-Papierkorb.

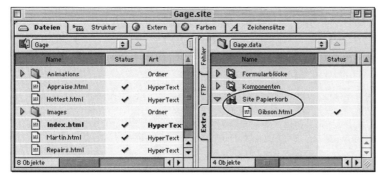

Betrachten einer Datei im Site-Papierkorb

Ändern der Site-Papierkorb-Voreinstellungen

Sie können das Verhalten von Adobe GoLive beim Bewegen von Elementen in den Site-Papierkorb ändern, indem Sie die Voreinstellungen ändern. Per Voreinstellung werden Elemente nicht endgültig gelöscht und Sie werden gewarnt, bevor sie verschoben werden. Gehen Sie folgendermaßen vor, wenn Site-Elemente endgültig gelöscht werden sollen:

1. Wählen Sie **Bearbeiten: Voreinstellungen**, um das Dialogfeld »Voreinstellungen« zu öffnen.

2. Wählen Sie **WebSite** und anschließend **In den Papierkorb des Systems** (Windows) bzw. **In den Papierkorb des Finders** (Mac OS).

Mit dieser Option werden alle ausgewählten Elemente direkt in den Papierkorb des Betriebssystems verschoben und nicht mehr in den Site-Papierkorb.

3. Klicken Sie auf OK.

Navigation in der Struktur-Ansicht

Die Struktur-Ansicht ist ein mächtiges Werkzeug für die Navigation in Ihrer WebSite. Hier können Sie Ihre WebSite in Verknüpfungs-Ansicht, Navigations-Ansicht und Outline-Ansicht betrachten. Sie erhalten einfache Diagramme Ihrer Site und diese Ansicht ermöglicht Ihnen das Verwalten der Verknüpfungen und Seiten. In dieser Lektion werden Sie sie dazu benutzen, Verknüpfungen in Ihrer Site zu überprüfen, Seiten hinzuzufügen und Verknüpfungen mit ihnen zu erzeugen.

1 Klicken Sie auf den Reiter »Struktur« des Site-Fensters, um die Struktur-Ansicht zu öffnen.

2 Falls nötig, klicken Sie auf das Auge-Symbol ( ) oberhalb des vertikalen Rollbalkens oder wählen Sie **Ansicht: Inspektor** (Windows) bzw. **Fenster: Inspektor** (Mac OS), um das Dialogfeld »WebSite Ansicht Einstellungen« zu öffnen.

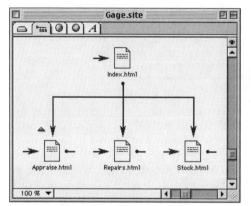

WebSite-Ansicht

WebSite-Ansicht-Fenster

Die WebSite-Ansicht stellt die Seite *Index.html* ganz oben in der Site-Hierarchie dar und drei weitere Seiten auf einer Ebene darunter. Es gibt Hyperlink-Symbole für »Ankommender Hyperlink« ( ) und »Ausgehender Hyperlink« ( ), die Verknüpfungen zu und von Seiten in anderen Bereichen der Site-Hierarchie anzeigen.

3 Klicken Sie auf eines der Hyperlink-Symbole von *Appraise.html*. Daraufhin wird der Hyperlink-Inspektor aufgerufen und zeigt alle Verknüpfungen von der und auf die Seite.

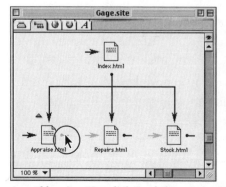

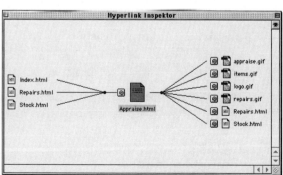

Auswählen eines Hyperlink-Symbols, um seine Verknüpfungen im Hyperlink-Inspektor anzusehen

4 Wählen Sie ein anderes Hyperlink-Symbol aus. Der Hyperlink-Inspektor ändert sich, um diese Seite darzustellen.

5 Schließen Sie den Hyperlink-Inspektor, wenn Sie fertig sind.

Sie können Teilbereiche Ihrer Site-Hierarchie aus- oder einblenden. Das ist besonders dann nützlich, wenn Sie mit einer großen WebSite arbeiten.

6 Bewegen Sie den Zeiger auf das Seitensymbol für *Index.html*, bis unterhalb von ihm ein nach unten weisender Pfeil erscheint. Klicken Sie auf den Pfeil. Die Site wird auf das Seitensymbol *Index.html* reduziert.

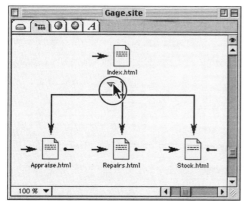 

Ausblenden der Site-Hierarchie durch Reduzierung auf das Seitensymbol Index.html   *Ergebnis*

7 Bewegen Sie den Zeiger über das Mehrfachseitensymbol *Index.html*, bis unterhalb von ihm ein nach rechts weisender Pfeil erscheint. Klicken Sie auf den Pfeil. Die WebSite wird eingeblendet und zeigt alle anderen Seiten.

Dies sind nur ein paar der Möglichkeiten, die die Hyperlinkansicht bietet. Sie können außerdem die Navigationsansicht benutzen.

8 Klicken Sie irgendwo in das WebSite-Ansicht-Fenster, um die Auswahl der Seite *Index.html* aufzuheben.

9 Wählen Sie in der Registerkarte »Struktur« des WebSite-Ansicht-Fensters die Navigationsansicht. (Sie können diese Option auch über die Schaltfläche »Navigationsansicht« ( ) in der WebSite-Werkzeugleiste erreichen.) Benutzen Sie diese Option, um Objekte auf Ihrer WebSite anzuordnen und sich durch die Objekte Ihrer WebSite zu bewegen.

Das WebSite-Ansicht-Fenster besitzt vier Registerkarten, mit denen Sie jeweils die Eigenschaften der Struktur, der Filter, der Anzeige und der Farbe der Site-Ansicht bestimmen können. Werfen Sie einen Blick auf die Registerkarten und ihre Optionen.

10 Klicken Sie auf den Reiter »Filter« im WebSite-Ansicht-Fenster. Diese Registerkarte ermöglicht Ihnen die Auswahl der WebSite-Objekte, die Sie in der WebSite-Ansicht darstellen lassen möchten. Wählen Sie *HTML-Dateien* und *Media-Dateien*. Beachten Sie, wie sich der Inhalt der WebSite-Ansicht verändert hat. Es werden nun alle Media-Dateien entlang der HTML-Seiten dargestellt.

11 Ziehen Sie den horizontalen Rollbalken der WebSite-Ansicht nach rechts, um alle hinzugefügten Media-Dateien sehen zu können.

12 Wählen Sie die Option »Wenn nicht erreichbar«.

13 Die beiden Dateien, die Sie vorhin zu Ihrer WebSite hinzugefügt haben, *Martin.html* und *Hottest.html*, sowie eine weitere nicht erreichbare Bilddatei, *Martin.gif*, werden angezeigt. Rollen Sie ein wenig nach rechts, wenn nötig, um die Dateien sehen zu können.

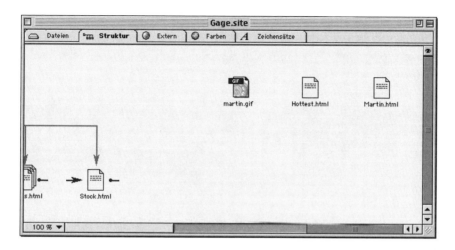

Adobe GoLive hält auch eine Outline-Ansicht der WebSite-Struktur bereit.

14 Klicken Sie auf den Reiter »Anzeige« im WebSite-Ansicht-Fenster und wählen Sie den Anzeige-Modus »Outline« unten in der Registerkarte.

Der Modus »Outline« stellt eine tabellarische Ansicht Ihrer WebSite dar. Unter Mac OS werden außerdem Informationen über Status, Art (der Datei) und URL eines jeden Objektes zur Verfügung gestellt.

15 Klicken Sie im Modus »Outline« auf das Symbol links neben der Seite *Index.html*, um die Baum-Ansicht zu erweitern. In diesem Modus können Sie die Ansicht sowohl erweitern und reduzieren als auch WebSite-Objekte verschieben.

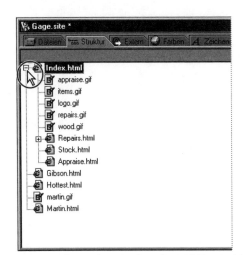 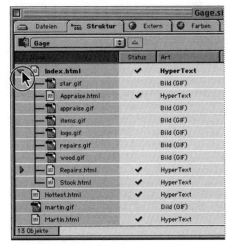

Erweitern des Modus »Outline« der WebSite-Ansicht

16 Wählen Sie die Anzeige-Option »Graph« in der Registerkarte »Anzeige« im WebSite-Ansicht-Fenster, um wieder zurück zu einer hierarchischen Ansicht Ihrer WebSite zu gelangen.

17 Klicken Sie, falls nötig, in den Leerraum in der WebSite-Ansicht, um das WebSite-Ansicht-Fenster wieder aufzurufen.

18 Probieren Sie in der Registerkarte »Anzeige« ein paar der anderen Ansicht-Optionen aus. Wenn Sie damit fertig sind, wählen Sie *Symbole*, *Dateiname* und Anzeige »Graph«; bestimmen Sie für das horizontale Raster den Wert **55** und für das vertikale Raster den Wert **140**.

Verwenden des WebSite-Navigators

Möglicherweise ist Ihr Bildschirm nicht groß genug, um Ihre gesamte WebSite darzustellen, daher verfügt Adobe GoLive über einen WebSite-Navigator, der Ihnen dabei behilflich ist, sich in der gesamten Hierarchieansicht zu bewegen. Der WebSite-Navigator ist ein eigenständiges Fenster, das Ihre gesamte WebSite darstellt und mit einer Markierung den gegenwärtigen sichtbaren Bereich Ihrer WebSite in der WebSite-Ansicht hervorhebt.

1 Klicken Sie auf die Schaltfläche »WebSite-Navigator öffnen« ( ) (Windows) bzw. ( ) (Mac OS) in der WebSite-Werkzeugleiste.

2 Platzieren Sie den Zeiger innerhalb der Markierung im WebSite-Navigator und benutzen Sie das Hand-Symbol, um die Markierung auf der WebSite zu bewegen. Beobachten Sie, wie die WebSite-Ansicht sich entsprechend den Bewegungen der Markierung verändert.

3 Schließen Sie das WebSite-Navigator-Fenster, wenn Sie mit dem Betrachten Ihrer WebSite fertig sind.

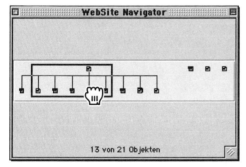

Bewegen der WebSite-Navigator-Markierung

Einfügen von Seiten in Ihre WebSite-Ansicht

Wie Sie sehen, sind die von Ihnen eingefügten neuen Seiten, *Hottest.html* und *Martin.html*, noch nicht Bestandteil der Haupt-Ansicht. Der Grund ist, dass Sie noch keine Verknüpfungen mit ihnen erzeugt haben, so dass sie vom übrigen Teil Ihrer WebSite nicht erreichbar sind. Eine dieser Seiten ist bereits für die Veröffentlichung vorgesehen, so dass Sie sie mit dem Rest Ihrer WebSite verknüpfen können.

1 Klicken Sie auf den Reiter »Filter« im WebSite-Ansicht-Fenster und heben Sie die Auswahl der Media-Dateien auf. Dadurch wird das Verwalten Ihrer Seiten vereinfacht. Falls nötig, rollen Sie oder passen Sie das Ansichtfenster an, damit Sie die unerreichbaren Dateien sehen können.

2 Klicken Sie auf die Schaltfläche »Navigationsansicht« in der WebSite-Werkzeugleiste.

3 Ziehen Sie die Seite *Hottest.html* etwas unterhalb der Seite *Index.html* und lassen Sie sie los, wenn der blaue nach unten weisende Pfeil erscheint. Die Seite *Hottest.html* wird unter die Seite *Index.html*, rechts von der Seite *Stock.html*, bewegt. Beachten Sie die gestrichelte Linie zwischen *Index.html* und *Hottest.html*, die anzeigt, dass zwischen diesen Seiten noch keine Verknüpfung besteht.

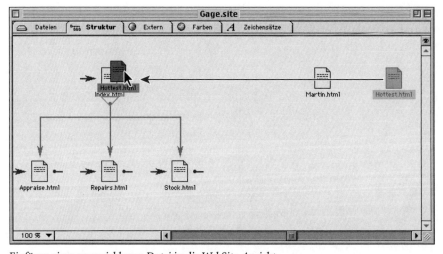

Einfügen einer unerreichbaren Datei in die WebSite-Ansicht

Wenn Sie Seiten auf andere Seiten in der Ansicht ziehen, können blaue Pfeile über, unter oder auf derselben Ansichtsebene erscheinen und Ihnen so anzeigen, wo das Fallenlassen von Seiten im Dateibaum erlaubt ist.

4 Belassen Sie die Datei *Martin.html* an ihrem Platz. Sie befindet sich weiter im Aufbau.

Erzeugen von Verknüpfungen zwischen Seiten mit Hilfe der WebSite-Ansicht

Sie werden jetzt die Verknüpfung zwischen der Seite *Index.html* und der Seite *Hottest.html* erzeugen.

1 Doppelkicken Sie in der WebSite-Ansicht auf die Seite *Index.html*, um sie zu öffnen.

2 Verschieben Sie, falls nötig, die Seite *Index.html* oder passen Sie sie so an, dass Sie sowohl die WebSite-Ansicht als auch den Text *Check Out This Week's Hottest Buy* sehen können.

3 Wählen Sie den Text *Check Out This Week's Hottest Buy* aus.

4 Halten Sie die Alt- (Windows) bzw. Befehlstaste (Mac OS) gedrückt und ziehen Sie eine »Point & Shoot«-Linie vom ausgewählten Text auf die Seite *Hottest.html* in der WebSite-Ansicht. (Möglicherweise ist diese Seite teilweise durch die Seite *Index.html* verdeckt; halten Sie den Mauszeiger so lange über das Fenster der Seite *Hottest.html*, bis die WebSite-Ansicht automatisch nach vorne gebracht wird.)

Der Text-Inspektor stellt die neue Verknüpfung mit der Seite *Hottest.html* im Textfeld »URL« dar. Beachten Sie in der WebSite-Ansicht, dass die Linie zur Seite *Hottest.html* jetzt durchgezogen ist und damit eine Verknüpfung anzeigt.

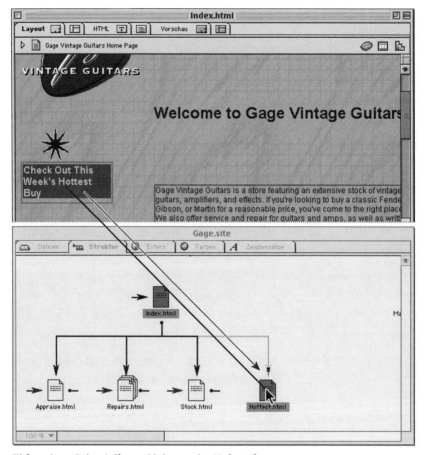

Ziehen einer »Point & Shoot«-Linie, um eine Verknüpfung zu erzeugen

5 Speichern und schließen Sie die Seite *Index.html*.

Erzeugen neuer Seiten in der WebSite-Ansicht

Ihre WebSite benötigt zwei neue Seiten, in denen Ihre letzten Elemente vorkommen. Sie können sie direkt im WebSite-Ansicht-Fenster erzeugen.

1 Bringen Sie in der WebSite-Ansicht Ihren Zeiger auf das Symbol der Seite *Stock.html*. Die Schaltfläche »Neue Seite« ( ) (Windows) bzw. ( ) (Mac OS) erscheint über, unter oder an den Seiten der Seite. Mit dieser Schaltfläche können Sie neue Seiten über, unter oder auf derselben Ebene wie einer vorhandenen Seite erzeugen.

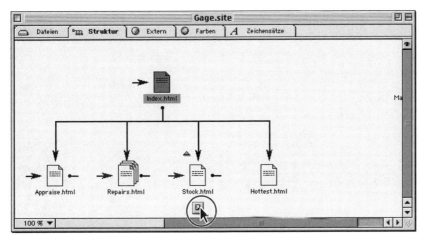

Schaltfläche »Neue Seite«

2 Klicken Sie auf die Schaltfläche »Neue Seite«, wenn sie unter der Seite *Stock.html* erscheint. Es wird eine neue Seite *Neu.html* unter der Seite *Stock.html* dargestellt. Verwenden Sie, falls nötig, den WebSite-Navigator oder den vertikalen Rollbalken, um die neue Seite sehen zu können.

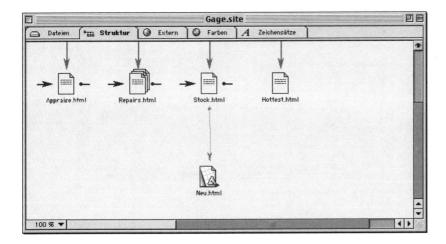

3 Wiederholen Sie Schritt 2, um eine weitere neue Seite zu erzeugen. Achten Sie darauf, dass beide neuen Seiten auf derselben Ebene der Ansicht dargestellt werden.

Hinweis: *Falls Sie einen Fehler machen und eine Seite in eine Ebene einfügen, die Sie nicht möchten, wählen Sie die Seite aus und klicken auf die Schaltfläche »Auswahl löschen« ( ) in der Site-Werkzeugleiste. Bestätigen Sie anschließend, dass Sie die Seite in den Site-Papierkorb bewegen möchten.*

4 Wählen Sie die Namen der neuen Seiten aus und ändern Sie sie in *Acoustic.html* und *Electric.html*.

Zwischen diesen neuen Seiten und ihrer übergeordneten Seite werden gestrichelte grüne Linien dargestellt, die anzeigen, dass bisher keine Verknüpfungen auf diese Seiten weisen. Sie werden die Verknüpfungen im nächsten Abschnitt vervollständigen.

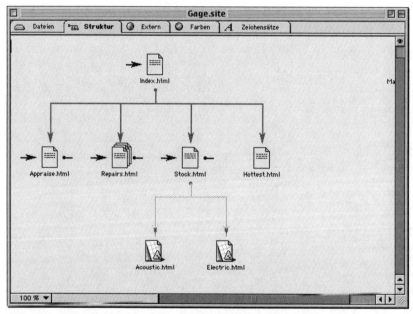

Gestrichelte grüne Linien zeigen fehlende Verknüpfungen zwischen Seiten an

Erzeugen von Verknüpfungen mit neuen Seiten mit Hilfe der WebSite-Ansicht

Sie werden jetzt diese beiden neuen Seiten mit dem Rest der WebSite verknüpfen und dafür die WebSite-Ansicht benutzen. Zuerst werden Sie *Acoustic.html* mit *Stock.html* verknüpfen.

1 Doppelkicken Sie in der WebSite-Ansicht auf das Symbol der Seite *Stock.html*, um die Seite zu öffnen.

2 Wählen Sie die Wörter *Acoustic Guitars* unten auf der Seite aus.

3 Halten Sie die Alt-Taste (Windows) bzw. die Befehlstaste (Mac OS) gedrückt und ziehen Sie eine »Point & Shoot«-Linie vom ausgewählten Text auf das Symbol der Seite *Acoustic.html* in der WebSite-Ansicht. Damit verknüpfen Sie den Text mit der Seite.

4 Wählen Sie die Wörter *Electric Guitars* unten auf der Seite aus.

5 Wiederholen Sie Schritt 3 und verknüpfen Sie diesmal den Text mit dem Symbol der Seite *Electric.html* in der WebSite-Ansicht.

6 Speichern und schließen Sie die Seite *Stock.html*.

7 Aktualisieren Sie den Bildschirmaufbau, indem Sie ein anders Symbol anklicken.

Die Verknüpfungen mit den Seiten *Acoustic.html* und *Electric.html* werden nun mit durchgezogenen Linien dargestellt. Sie haben soeben zwei neue Seiten erzeugt, sie mit anderen Seiten verknüpft und Ihre WebSite-Ansicht aktualisiert.

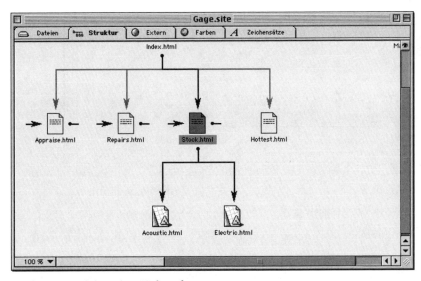

Durchgezogene Linien zeigen Verknüpfungen an

Verschieben von neuen Dateien in das Wurzelverzeichnis

Immer, wenn Sie in der WebSite-Ansicht neue Seiten anlegen, erzeugt Adobe GoLive einen Ordner *NewFiles* (Windows) bzw. *NeueSeiten* (Mac OS) in der Registerkarte »Dateien« des Site-Fensters, um die neuen Dateien dort aufzunehmen. Das ist für Dateien, die sich noch im Aufbau befinden, sehr nützlich, aber Sie werden die Dateien jetzt in einen anderen Ordner verschieben.

1 Klicken Sie auf den Reiter »Dateien« des Site-Fensters, um ihn zu öffnen. Öffnen Sie anschließend den Ordner *NewFiles* bzw. *NeueSeiten*, um die neuen Seiten *Acoustic.html* und *Electric.html* darzustellen.

Es befinden sich zwei gelbe Symbole (⚠) neben diesen Seiten, die anzeigen, dass sie sich noch im Aufbau befinden. Die Symbole werden nicht mehr angezeigt, wenn Sie beginnen, Inhalt hinzuzufügen.

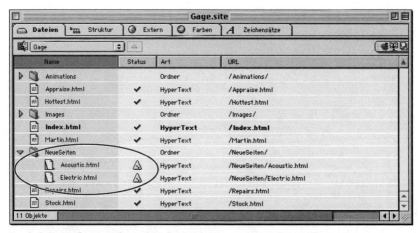

Symbole Im Aufbau *werden neben den beiden neuen Seiten dargestellt*

2 Klicken Sie mit gedrückter Umschalttaste auf die beiden Seiten, um sie auszuwählen, ziehen Sie sie in den Ordner *Gage* (im Wurzelverzeichnis) und aktualisieren Sie die Verknüpfungen.

Beachten Sie, dass Sie die Dateien unter Mac OS zunächst in die Namensleiste oben auf der Registerkarte »Dateien« ziehen müssen, um sie dann auf dem Wurzelverzeichnis-Ordner fallen lassen zu können.

Ändern aller Hyperlink-Verknüpfungen und Datei-Referenzen

Wenn Sie eine Seite entfernen und durch eine andere ersetzen, können Sie gleichzeitig dynamisch alle Verknüpfungen auf die Seite übertragen. Das bezieht sich auch auf das Ändern eines Bildes, das in Ihrer WebSite immer wieder benutzt wird. Mit der Option »Referenz ändern« ist es sehr einfach, dies durchzuführen.

Sie werden dieses Merkmal ausprobieren, indem Sie das Logo, das sich auf den meisten Seiten der *Gage*-WebSite befindet, von *Logo.gif* in *Newlogo.gif* ändern.

1 Doppelklicken Sie auf die Datei *Index.html* in der Registerkarte »Dateien« des WebSite-Fensters. Sie können das *Gage Vintage Guitars*-Logo in der Ecke oben links auf der Seite sehen. Dies ist das Bild, das Sie ändern werden.

2 Passen Sie, falls nötig, *Index.html* so an, dass Sie sowohl das WebSite-Fenster als auch das Logo sehen können.

3 Wählen Sie die Datei *Logo.gif* im Ordner *Images* in der Registerkarte »Dateien« des Site-Fensters.

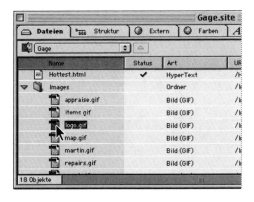 

4 Wählen Sie **Site: Referenzen ändern**. Suchen Sie den Ordner *Other Files* im Ordner *08Start* und öffnen Sie die Datei *Newlogo.gif*. Der neue Dateipfad wird im Dialogfeld »Referenzen ändern« dargestellt.

Suchen nach der Datei Newlogo.gif

5 Klicken Sie auf OK und bestätigen Sie anschließend, dass Sie alle Referenzen des Bildes ändern möchten.

Alle Referenzen auf die alte Datei werden geändert und das neue Logo wird auf der Seite *Index.html* dargestellt.

Neues Logo wird auf der Seite Index.html *dargestellt*

6 Speichern und schließen Sie die Seite *Index.html*.

Wenn Sie überprüfen möchten, ob auch alle anderen Seiten aktualisiert wurden, können Sie diese Seiten öffnen.

Importieren von Ressourcen und Entfernen von unbenutzten Ressourcen

Ihre WebSite besitzt nun eine Datei, die Sie nicht mehr benötigen (*Logo.gif*) und eine Datei, die von Ihrer WebSite referenziert wird, sich aber nicht im WebSite-Ordner befindet (*Newlogo.gif*). Die letztgenannte Datei ist eine verwaiste Datei; sie wird in der Registerkarte »Fehler« des WebSite-Fensters aufgeführt. Sie werden die Datei *Newlogo.gif* in Ihre WebSite importieren und dazu das Dialogfeld »WebSite aufräumen« benutzen. Gleichzeitig werden Sie die Datei *Logo.gif* und alle anderen unbenutzten Dateien und Nicht-Datei-Objekte, wie zum Beispiel URLs und E-Mail-Adressen, entfernen.

1 Wählen Sie **Site: WebSite aufräumen**. Wählen Sie alle Optionen in den Abschnitten »Benutzte Objekte aufnehmen« und »Unbenutzte Objekte entfernen«. Klicken Sie auf OK.

Hinweis: *Das Aufräumen der WebSite liest die gesamte WebSite neu ein und aktualisiert sie; außerdem werden dabei auch die Dateien auf Ihrem Desktop aufgeräumt.*

Das Dialogfeld »WebSite aufräumen« zeigt an, dass die Datei *Newlogo.gif* in der WebSite referenziert ist, sich aber nicht im WebSite-Ordner befindet.

2 Klicken Sie auf OK, um die Datei *Newlogo.gif* in den WebSite-Ordner zu kopieren.

Eine Liste mit allen Dateien, die aktualisiert werden müssen, wird im Dialogfeld »Dateien kopieren« angezeigt.

3 Klicken Sie auf OK, um diese Dateien zu aktualisieren.

Eine Liste mit nicht-referenzierten Dateien wird dargestellt, die in den Site-Papierkorb bewegt werden sollen. Es sind *Logo.gif*, *Martin.gif* und *Martin.html*.

4 Klicken Sie auf OK, um diese Objekte von Ihrer WebSite zu entfernen.

Hinweis: *Sie können einzelne Dateien vor dem Site-Papierkorb bewahren, indem Sie das Kontrollkästchen neben ihnen deaktivieren. Allerdings werden diese Dateien nicht verknüpft und bleiben unbenutzt.*

Beachten Sie, dass der Fehler mit der verwaisten Datei, die sich außerhalb des WebSite-Ordners befand, in der Registerkarte »Fehler« des Site-Fensters nicht mehr angezeigt wird. Adobe GoLive hat diese Datei (*Newlogo.gif*) in den Ordner *NewFiles* in der Registerkarte »Dateien« des Site-Fensters bewegt.

5 Wählen Sie die Datei *Newlogo.gif*, bewegen Sie sie in den Ordner *Images* und aktualisieren Sie ihre Verknüpfungen.

6 Löschen Sie den leeren Ordner *NewFiles*, indem Sie ihn auswählen und auf die Schaltfläche »Auswahl löschen« klicken.

7 Speichern Sie Ihre Site.

Herzlichen Glückwunsch! Sie haben nun das Buch *Adobe GoLive 4.0 Classroom in a Book* durchgearbeitet. Sie haben die grundlegenden Begriffe und Fähigkeiten erlernt, die für das Benutzen der Anwendung notwendig sind. Sie haben Webseiten mit Grafiken erzeugt, Sie haben mit Text, mit Animationen, mit CGI-Formularen, mit *Cascading Style Sheets* gearbeitet und Ihre WebSite für die Präsentation vorbereitet.

Der letzte Schritt ist das Laden Ihrer WebSite auf einen Webserver, damit die Welt in den Genuss Ihrer Arbeit kommt. Da Sie hierfür bestimmte Hard- und Software benötigen, die nicht mit dem Adobe-GoLive-4.0-Paket geliefert wurde, können Sie diesen Schritt allein wagen.

Eigene Übungen

Bevor Betrachter Ihre WebSite im Internet besuchen können, müssen Sie sie auf eine FTP-Site auf einem Webserver laden (*Upload*). Ihr Internet-Service-Provider kann Ihnen bei Fragen zum Upload und dem Verwalten und Unterhalten Ihrer WebSite behilflich sein.

Laden Ihrer WebSite auf einen Webserver (Upload)

Haben Sie Ihre eigene WebSite erst einmal fertig gestellt, werden Sie sie auf eine FTP-Site auf einem Webserver laden wollen, von wo aus sie von allen betrachtet werden kann, die Ihre WebSite besuchen. Adobe GoLive besitzt zwei FTP-Werkzeuge:

- Ein eingebautes FTP-Werkzeug, das Bestandteil des WebSite-Fensters ist. Sie können es für den Upload Ihrer WebSite auf den Webserver oder zum ferngesteuerten Bearbeiten von Seiten verwenden.

- Ein eigenständiges *FTP Upload & Download*-Fenster. Sie können es benutzen, um FTP-Server im Web zu erreichen und um Dateien aus der Anwendung zu übertragen (*Upload* oder *Download*).

Sie werden einen Upload Ihrer WebSite mit Hilfe der zweiten Methode durchführen. Lesen Sie das *Adobe GoLive 4.0 Handbuch*, um mehr über das eingebaute FTP-Werkzeug zu erfahren.

1 Vergewissern Sie sich, dass Sie die folgende Einstellungen Ihres Computers richtig vorgenommen haben: PPP, TCP/IP und Modem. Vergewissern Sie sich außerdem, dass Sie über Folgendes verfügen:

- Zugriffsrechte auf einen Webserver.
- Den Namen des Webservers und des gewünschten Verzeichnisses.
- Ihre Benutzer-ID und das Kennwort.

2 Wählen Sie **Datei: FTP-Übertragung**. Dadurch wird das Dialogfeld »FTP-Übertragung« geöffnet.

3 Geben Sie die FTP-Adresse des gewünschten Webservers in das Textfeld »Server« ein.

4 Geben Sie im Textfeld »Verzeichnis« den Verzeichnispfad des Ordners auf der FTP-Site oder dem Webserver an, auf dem Sie Ihre WebSite platzieren möchten.

Hinweis: In den meisten Fällen haben Sie nur Zugriff auf einen einzigen Ordner, so dass Sie in dieses Textfeld nichts einzugeben brauchen.

5 Geben Sie im Textfeld »Benutzer« Ihre Benutzer-ID ein. Klicken Sie anschließend auf das Popup-Menü neben dem Textfeld und fügen Sie diesen Webserver Ihren Voreinstellungen hinzu.

6 Geben Sie in das Textfeld »Passwort« Ihr Kennwort ein, falls nötig.

7 Klicken Sie auf »Verbinden«. Dadurch wird eine Verbindung zwischen Ihrem Computer und dem Webserver hergestellt. Haben Sie tatsächlich Verbindung mit dem Webserver (sie sind *eingeloggt*), werden der Inhalt des von Ihnen gewählten Verzeichnisses auf dem Webserver im Fenster »Alle Ordner« (Windows) des Dialogfeldes dargestellt.

8 Um Ihre WebSite auf den Server zu laden, wählen Sie alle Dateien und Ordner Ihrer WebSite aus und ziehen sie in das Fenster »Alle Ordner« des Dialogfeldes »FTP-Übertragung«.

9 Wenn alle Dateien und Ordner übertragen wurden, schließen Sie das Dialogfeld.

Die Dateien und Ordner auf der FTP-Site des Webservers werden in der Registerkarte »FTP« des WebSite-Fensters dargestellt, wenn Sie auf die Schaltfläche »Übertragung zum Server« in der Site-Werkzeugleiste klicken. Außerdem wird auch das Datum der Übertragung angezeigt. Sie können Dateien auf der FTP-Site oder dem Webserver jederzeit aktualisieren, indem Sie das Dialogfeld »FTP-Übertragung« öffnen und die neuen Dateien auf das FTP-Verzeichnis ziehen.

Fragen

1 Was ist eine verwaiste Datei und wie reparieren Sie sie?

2 Wie legen Sie einen neuen Ordner an und wie bewegen Sie Dateien in ihn hinein? Was passiert, wenn Sie die Dateien bewegt haben?

3 Wie holen Sie eine Datei zurück, die Sie entfernt und in den Site-Papierkorb verschoben haben?

4 Welches sind die beiden Methoden, mit denen eine Datei aus einem Ordner außerhalb Ihrer WebSite Ihrer WebSite hinzugefügt werden kann?

5 Wie erzeugen Sie ein neues Seiten-Symbol unter einem vorhandenen Seiten-Symbol in der WebSite-Ansicht?

6 Wie erzeugen Sie mit Hilfe der WebSite-Ansicht eine Verknüpfung von einem Text einer übergeordneten Seite auf eine untergeordnete Seite?

Antworten

1 Eine verwaiste Datei ist eine Datei, die in Ihrer WebSite referenziert wird, aber sich entweder nicht in dem referenzierten Ordner befindet oder in den Site-Papierkorb bewegt wurde. Sie reparieren die Datei, indem Sie sie entweder zurück in den referenzierten Ordner bewegen oder alle Referenzen auf sie ändern oder die Datei aus dem Site-Papierkorb zurück in Ihre WebSite ziehen.

2 Sie verwenden die Schaltfläche »Neuer Ordner«, um einen neuen Ordner anzulegen. Sie können Dateien hinzufügen, indem Sie sie entweder in den Ordner ziehen (falls sie sich bereits in Ihrer WebSite befinden) oder indem Sie den Befehl »Dateien hinzufügen« benutzen (falls sie sich nicht in Ihrer WebSite befinden). Wenn Sie Dateien, die sich bereits in Ihrem WebSite-Ordner befinden, in den neuen Ordner bewegen, aktualisiert Adobe GoLive dynamisch die Verknüpfungen dieser Dateien.

3 Sie können eine Datei wieder aus dem Site-Papierkorb zurückholen, indem Sie sie aus dem Site-Papierkorb in die Registerkarte »Dateien« im Site-Fenster ziehen.

4 Sie können Ihrer WebSite eine Datei von außerhalb hinzufügen, indem Sie entweder den Befehl »Dateien hinzufügen« verwenden oder die Datei aus Ihrem Ordner außerhalb der WebSite in die Registerkarte »Dateien« im WebSite-Fenster ziehen.

5 Sie bringen den Mauszeiger auf das vorhandene Seiten-Symbol, bis die Schaltfläche »Neue Seite« unter ihr erscheint. Klicken Sie auf die Schaltfläche und benennen Sie das neue Seiten-Symbol um.

6 Öffnen Sie die übergeordnete Seite, wählen Sie den Text aus, klicken Sie auf die Schaltfläche »Neuer Hyperlink« in der WebSite-Werkzeugleiste und erzeugen Sie die Verknüpfung, indem Sie:

- eine »Point & Shoot«-Linie direkt vom Text auf das Symbol der untergeordneten Seite in der WebSite-Ansicht ziehen.
- die Schaltfläche »Point & Shoot« im Text-Inspektor verwenden.
- die Schaltfläche »Point & Shoot« im Hyperlink-Inspektor benutzen.

Index

A

Absolute Pfade 158
Abspielen-Schaltfläche 223
Adobe Certified Expert Programm 13
Adresse 49
Aktion
    Definition 233
    Fenster einstellen 163
    hinzufügen 162, 234
        zu Animationen 237–240
        zu Rollover-Effekt 236
    Maus 163
    Maus-Rollover-Effekt 209
    On Load 235
    Verknüpfung 212
Aktives Bild
    klicken 211
    Normal 210
    Maus, Symbol 211
Aktualisieren 43
Ändern der Datei-Referenzen 357
Animation 34, 43
    Aktion hinzufügen 237–240
    Keyframes 221
    Pfad bearbeiten 224–226
    Rahmen 220
        mehrere 227–232
Anker 34, 141, 150
    erzeugen 150–154
    platzieren 151
    Text 151
    überprüfen 154
Auge-Symbol 286
Ausrichten und Verteilen von Objekten 107

B

Beispielfarbfelder 27
Beschränken 22
Bilder 30, 32. 45, 48
    Bildkarten 164
    hinzufügen 102–107
    Vorschau im Datei-Inspektor 110
Bildkarten 164
    Bilder einfugen 165
    erzeugen 164–168
    Hot spot
        Bereiche 166
        Farben 168
    testen 172
    verknüpfen 170
Browser 27

C

Cascading Style Sheets *siehe* CSS 283
Common Gateway Interface (CGI) 247
Create New Page button 352
CSS
    .css (Endung) 301
    aktualisieren 292–294
    Ändern und Vergleichen von Style Sheets 312
    bearbeiten 295
    Cascading, Definition 304
    Definition 283
    Duplizieren eines Styles 306
    ein- und ausschalten 287
    erzeugen 299–301
    Erzeugen eines Klassen-Selektors 304–306
    externes Style Sheet, Definition 299
    Gewicht 304
    Hintergrundfarbe 307
    Hinzufügen eines neuen Styles 296–297
    internes Style Sheet
        Definition 299
        erkunden 286
    Klassen-Selektoren, Definition 305
    Speichern 301
    Style-Sheet-Selektoren 290–291
    Verknüpfen mit Dokumenten 301
    Voransicht 310

D

Datei
    absolute Pfade 159
    außerhalb der Site 329
    Namenerweiterung 22
    Referenzen ändern 357
Dithering 27
Dokumentfenster 17
Drag 21
Dynamic 44
Dynamische Komponente 98
    bearbeiten 130

E

Effekt, Blende 239–240
End Form tags 248
Erstellen 17, 46, 49
Extern 49

F

Farbpalette 27, 61
    Spezial 117
    Spezial-Farbpalette aktualisieren 121
Fehlerhafte Verknüpfungen 173

Feld 37, 43
Fenstergröße, Voreinstellung setzen 61
Fett, Schaltfläche 64
Formular 248
    Ausrichten von Spalten 262
    Erzeugen mit Tabellen 250–252
    Hinzufügen
        Adressfeld 254
        Bild 262
        clickable images 269
        Eingabe-Schaltfläche 271
        Feld 252–255
        Listenfeld 267
        Name-Feld 252
        Optionsfeld 264
        Popup-Menü 257
        Rücksetzen-Schaltfläche 271
    Magazinelemente 260–262
    Rand und Zelle 259
    Ränder 272
    Tabelle einfügen 250
    Tabulatorreihenfolge 272
Formular-Tag
    End Form 248
    Formular 248
Frame, Inhalt hinzufügen 196–198
Frame-Editor
    Registerkarte im Dokument-Fenster 188
Frame-Set
    ändern 189
    Definition 184
    erzeugen 187
    Frames hinzufügen 195
    Frames löschen 195
    Größe (Menü) 193
    hinzufügen 188–189
    Inhalt-Frame 192
    Inspektor 189
    Rollbalken hinzufügen 194
    Skalieren 194
    Vertikale Orientierung, Option 191
FTP-Übertragung 361

G
GIF 29
Gruppenordner 18

H
Homepage
    entwerfen 110
    Hintergrundbild 110
    Seitenkomponenten hinzufügen 111
HTML
    Erklärung 283
    Outline Editor 85
    Regeln 283
    Registerkarte im Dokument-Fenster 189
    Selektor 283
    Source Editor 84
Hyperlinks 42
    Verknüpfungen, ändern 357
Hypertext 141
    Verknüpfung,
        Reparatur 333
        erzeugen 154–156

I
Inspektor 29
    Aktionen 235
    Bild 147
    CSS Selektor 285
    Datei-Inspektor 110, 324
    Externer Inspektor 312
    Stylesheet-Inspektor 312
    Feld 210
    Formular
        Auswahlfeld 265
        Auswahlliste 267
        Bild-Inspektor 270
        Feld-Inspektor 271
        Textfeld-Inspektor 273
    Frame 192
    Frame-Set 189
    Hyperlink 326
    Keyframe 231
    Komponenten 112
    Layout

        Einstellungen (Dokument) 83
    Raster 119
    Mehrfachauswahl 107
    Ordner 336
    Rahmen 125, 214
    Seite 61, 99
    Site 344
    Tabelle 70, 251
Installieren, Lektionsdateien 11

J
JavaScript 34, 35, 40
Joint 29
JPEG 29

K
Keyframe
    bearbeiten 224
    bewegen 222
    erzeugen 221
    Rahmen steuern 222
Kontextsensitiv 29
Kursiv, Schaltfläche 65

L
Layout 17, 24
    Inspektor 83
    Textrahmen 112
Leere Referenz (Warnhinweis) 102
Lesezeichen 150
Lektionsdateien installieren 11
Linksbündig ausrichten 75
Listeneintrag einrücken, Schaltfläche 67

M
Maus-Rollover-Effekt 209
Mehrfachselektion 31
Menü
    Absatzformat 64
    Aktion 236
    Effekt 237

Execute 235
Font Size 75
FPS (Frames pro Sekunde) 223
Horizontale Ausrichtung 255
Rahmen 173, 237
Root 289
Vertikale Ausrichtung 255
Separator 74

N
Namen 25
Nummerierte Liste, Schaltfläche 65

O
Objekte, ausrichten und verteilen 107
Ordner 48, 52
Originalbilder 42

P
Palindrom
 Schaltfläche 223
 Steuerelement 223
Papierkorb-Schaltfläche 353
Pfad, absoluter 158
Plug 41

Q
QuickTime 35, 41

R
Rahmen 44, 45
 animieren 220
 benennen 215
 Bilder hinzufügen 125–129, 217
 Definition 213
 erzeugen 214–216
 hinzufügen 125
 Keyframes 221

mehrere animieren 227–232
 sperren 227–228
 Stapelreihenfolge 219, 232
 verwenden 123
Randgröße
 Option (Registerkarte FrameSet-Inspektor) 190
 Referenz 49
 ändern (Option) 357
Registerkarte
 Frame-Editor 188
 HTML 189
Relative 157
Rollover-Aktionen 236
Rollovers 42
Root 34

S
Schaltfläche
 Abspielen 223
 Auge 344
 Auswahl löschen 342
 Farbwahl 168
 Fett 64
 Gleicher Abstand 108
 Hyperlink entfernen 156
 Hyperlink-Fehler zeigen/verbergen 333
 Im Browser anzeigen 154
 Kursiv 65
 Linksbündig ausrichten 75
 Listeneintrag
  ausrücken 67
  einrücken 67
 Navigationsansicht 345
 Neu
  HTML-Tag 296
  Hyperlink 147
  Ordner 335
  Seite 352
 Nummerierte Liste 65
 Oben ausrichten 107
 Palindrom 223
 Papierkorb 353
 Plus 306
 Stop 224

Unnummerierte Liste 66
Voransicht Frame (nur Mac OS) 197
WebSite-Navigator 349
Wiederholen 223
Zeitachsen-Editor 220
Zeile einfügen 76
Zentrieren 131
Schlüsselwort 33
Seiten
 dynamische Komponenten erzeugen 98
 entwerfen 60
 Entwurf aktualisieren 120
 Hintergrundfarbe ändern 61 62
 Hinzufügen von Bildern 102–107
 Layout-Raster 100
 Rahmen 123
 Text hinzufügen 62
 Vorschau 83, 132
Seitentitel 60
Site 19, 94, 349
 aufräumen 359
 Datei außerhalb der Site 329
 Dateien hinzufügen 96–97
 Erzeugen von Ordnern 335
 Fehlerbehandlung 329
 fehlerhafte Dateien, Reparatur 331–335
 Hinzufügen neuer Seiten 339
 Homepage 323
 importieren 323
 Papierkorb, Elemente zurückholen 342
 Papierkorb, Inhalt betrachten 342
 Site-Hyperlink-Symbole 344
 Site-Papierkorb 342
 Struktur-Ansicht 343
 Übertragen auf einen Web-Server 361–362
 Umbenennen von Ordnern 338

Verschieben von Ordnern 337
verwaiste Datei 329
Verwalten von Ordnern 335
Site-Fenster
    Erkunden 327–329
    Extra-Reiter 328
    Fehler-Reiter 329
    FTP-Reiter 328
    Ordner
        Formularblöcke 328
        Komponenten 328
        Site-Papierkorb 328
Standard 29
Standardbreite 27
Standardseite 27
Startseite 20
Steuerelement
    Palindrom 223
    Wiederholen 223
Stop-Schaltfläche 224
Style Sheet
    Fenster 290
    Werkzeugleiste 285
Suchen und ersetzen 81–82
Suchmaschinen 33
Symbolgröße 23

T

Tabellen 38
    Daten hinzufügen 73–74
    formatieren 74–79
    Spaltenüberschriften formatieren 77
    Text importieren 73
    Zeilen hinzufügen 76
Tastenkombination 37
Text 47
    bearbeiten 81–82
    Drag & Drop 63
    Farbe ändern 68, 117
    formatieren 63
    hinzufügen 63
    in Tabellen 115
    Kopieren und ersetzen 63
    Layout Textrahmen 63, 112
    Listen 65–67
    Rahmen 63
    Stil 63
    Tabellen hinzufügen 69–72
Text-Anker 151

U

Überleitung hinzufügen 238
Unnummerierte Liste, Schaltfläche 66
URL-Verwaltung (Voreinstellungen), absolute Pfade 159

V

Verknüpfung 47, 149
    Bildkarten 164, 170
    durch Auswahl erzeugen 156
    dynamische Komponenten 145
    Einführung 141
    Farbe 159–160
    fehlerhaft 173
    Fehlersuche 173
    Hervorhebung 159–160
    Hypertext 154
    mit Homepage 200
    mit neuem Frame-Set 201
    mit URL erzeugen 156
    Point & Shoot 147
    Reparatur fehlender Dateien 331
    Voreinstellungen für Warnung 173
    Verwenden von Bildern 144–149
    Ziel 199
Versatz 32
Verschiebung 27
Verteilen 32
Verwaiste Datei 329
Verwalten 50
Voreinstellungen, URL Verwaltung 159
Vorschau 34
    Web-Seiten 83

W

Web 27
Webbrowser 35
Web-Seiten *siehe* Seiten 60
Webserver 22
WebSite *siehe* Sites 94, 323
    Ansicht 344
    aufräumen 359
    Dateien hinzufügen 95
    Fenster, Drag & Drop von Inhalten 95
    Hinzufügen von Symbolen 352
    Navigationsansicht 345
    Navigator, Definition 349
        Einfügen neuer Seiten 349–350
    Verknüpfen, Seiten 351, 354
    Verknüpfungsansicht 345
    Verschieben neuer Dateien 356
    Wiederholen
        Schaltfläche 223
        Steuerelement 223

Z

Zeichensätze hinzufügen 79
Zeitachsen-Editor, mehrere Spuren 228
Zellinnenrand, Option 71
Zentriert 26
Ziel-Verknüpfungen 199